LA

POLITIQUE UNIVERSELLE.

Paris. — Imprimerie SERRIÈRE et comp, rue Montmartre, 123

ÉMILE DE GIRARDIN

LA
POLITIQUE UNIVERSELLE
DÉCRETS DE L'AVENIR.

Et l'on ne met point du vin nouveau dans de vieux vaisseaux.   SAINT LUC.

Pour bâtir sur des ruines, il faut d'abord démolir. Après avoir démoli, il faut bâtir.
VITRUVE. *Traité d'architecture.*

Tout annonce je ne sais quelle grande unité, vers laquelle nous marchons à grands pas.
J. DE MAISTRE. *Soirées de Saint-Pétersbourg.*

La découverte de l'imprimerie a changé les conditions sociales; la presse, machine qu'on ne peut plus briser, continuera à détruire l'ancien monde, jusqu'à ce qu'elle en ait formé un nouveau.
CHATEAUBRIAND. *Mémoires d'outre-tombe.*

Une grande révolution démocratique s'accomplit parmi nous. Tous la voient, mais tous ne la jugent pas de la même manière.
A. DE TOCQUEVILLE. *De la Démocratie en Amérique.*

DEUXIÈME ÉDITION.
BRUXELLES : MARS 1852. — PARIS : SEPTEMBRE 1854.

PARIS
LIBRAIRIE NOUVELLE
BOULEVARD DES ITALIENS 15, EN FACE DE LA MAISON DORÉE
ET CHEZ A. TARIDE, GALERIE DE L'ODÉON

AVIS DES ÉDITEURS.

En lisant ce livre que nous réimprimons, il importe de ne pas oublier qu'il a été écrit et imprimé, en 1852, à Bruxelles, pendant les deux mois que l'auteur a dû y séjourner par suite du décret portant la date du 9 janvier 1852.

PRÉFACE.

La science n'a pas de patrie.

Toute science qui cesse d'être hypothétique tend à devenir universelle.

L'universalité est le caractère distinctif de toute science au même degré que la nationalité est le caractère distinctif de toute littérature.

Dès que la politique aura acquis l'exactitude d'une science, la politique revêtira ce caractère d'universalité et pourra prendre et garder le titre que je lui donne de : POLITIQUE UNIVERSELLE.

L'unique question est donc de savoir si la Politique est susceptible de devenir une science, non une science morale, ainsi qu'on l'appelle, ce qui ne veut rien dire mais une science exacte ayant des principes certains, absolus, incontestables, incontestés, invariables, qui tendent à devenir les mêmes en tous pays et en tout temps.

Je le crois.

Ce n'est qu'une question d'avenir.

Comme l'Homme et comme le Monde, la Politique a trois âges :

L'âge où les peuples se battent : l'âge de la Force ;

L'âge où les hommes se comptent : l'âge de la Liberté ;

L'âge où peuples et hommes, réduits à l'impuissance de contester la vérité démontrée, cessent de se battre et de se compter : l'âge de la Science.

C'est cette conviction qui a donné naissance à ce livre d'un simple laboureur de la pensée, qui ne sait rien, si ce n'est que le grain semé dans le sillon se convertit en épi et que le gland foulé aux pieds des passants contient le chêne qui abritera des générations contre l'orage.

Laboureur de la pensée ! Voilà tout ce que j'ai la prétention d'être ; je n'ai nullement celle de me croire le propriétaire des idées que j'émets ou que je recueille, que je sème ou que je vanne.

De toutes les paternités, la paternité des idées est la plus douteuse, conséquemment celle qu'il est le moins permis de revendiquer. Qui a engendré une idée ? On ne le sait jamais bien. Aussi ne tiens-je compte que de la priorité d'application ; je préfère l'idée mère à l'idée vierge, le fruit greffé au fruit sauvage. Rowland-Hill est le véritable inventeur de la réforme postale, non point par droit de conception, car ce n'est pas à lui

qu'est venue la première idée de la taxe uniforme *,
mais par droit d'application. Qui le premier a découvert
la vapeur? Est-ce Héron d'Alexandrie, 120 ans avant
notre ère? Est-ce Blasco de Garay, en 1543? Est-ce
Salomon de Caus, en 1615? Est-ce Branca, en 1620?
Est-ce Worcester, en 1633? Est-ce Papin, en 1690? Est-
ce Watt, né en 1736 et mort en 1819? Qu'importe!

Dès qu'une idée me paraît bonne, me paraît mûre,
je ne me fais aucun scrupule de me l'assimiler, pas
plus que je ne me fais de scrupule d'ouvrir les yeux à
la clarté du jour, ou les poumons à l'air qu'ils ont besoin de respirer.

Le nouveau n'est pas ce que je cherche; ce que je
cherche, c'est l'idée juste. L'homme n'invente pas, il
observe. J'observe, et où j'aperçois un principe fécond,
je me demande aussitôt comment il serait possible d'en
tirer toutes les conséquences utiles, d'en étendre toutes
les applications fructueuses?

Ce livre est une esquisse de l'Avenir tel que je l'entrevois. J'y *propose* les idées que je crois justes; je ne
les *impose* pas. Pour moi, la liberté n'est pas un vain
mot; c'est un principe, auquel je ramène tout, auquel
je subordonne tout. Il se peut que les idées que *j'expose*
ne soient ni les plus justes, ni les plus simples. Dans
ce cas, je déclare à l'avance, de la manière la plus formelle, qu'il ne m'en coûterait absolument aucun sacrifice d'amour-propre de les abandonner pour adopter
celles qui se recommanderaient par une simplicité et
par une justesse plus grandes.

* Je l'avais proposée en 1832 à M. Conte, directeur-
général des postes; elle n'a été appliquée en Angleterre
qu'en 1840.

Tout vérifier sans prévention, ne rien condamner sans examen ; telle est la méthode à laquelle la science et l'industrie ont dû toutes leurs conquêtes, tous leurs progrès. Pas de *progrès* sans *essais*. Puisque cette méthode, qui est celle de la Liberté, a si parfaitement réussi à l'industrie et à la science, pourquoi ne pas l'étendre à l'économie sociale et à l'administration publique ? Le péril des révolutions périodiques serait-il donc moindre que le danger des essais successifs ? Sur une échelle réduite, tout peut se vérifier sans perturbation. Cette échelle s'offre d'elle-même, c'est la Commune. Ce qu'un État ne saurait entreprendre sans tout bouleverser, une Commune peut l'essayer sans rien troubler. C'est ainsi qu'un procédé nouveau ou qu'un mécanisme perfectionné passe de la manufacture qui l'a adopté la première à la seconde, qui l'imite, de la seconde à la troisième, et ainsi successivement.

Tout essayer, tout vérifier, tout simplifier ; c'est la doctrine de l'Expérience substituée à la doctrine de l'Infaillibilité ; c'est la mienne. L'homme n'est pas infaillible, il ne sait que ce que lui enseigne l'expérience et n'est certain que de ce qu'elle a démontré. Liberté entière de condamner mes idées ; mais liberté entière pour toutes les idées de se produire. Que chacun fasse comme moi ; que chacun creuse son sillon dans le vaste champ de la Liberté ; que chacun cherche quelles sont les véritables lois de l'Humanité, afin de les appliquer à la Société. Qui aura découvert ces lois aura trouvé l'Unité universelle.

LIVRE PREMIER.

Il viendra un temps fatal et prédestiné qu'Ahrimane sera destruit, et lors la terre sera toute plate, unie et esgale, et il n'y aura plus qu'une vie et une sorte de gouvernement parmi les hommes qui n'auront plus qu'une langue entr'eux et vivront heureusement.

PLUTARQUE.

Toute l'humanité ne sera qu'une seule famille.

SAINT JEAN.

L'humanité est son œuvre à elle-même.

VICO.

Le genre humain doit se réunir en un vaste corps organisé, ayant connaissance de lui-même. Les intérêts particuliers feront place à l'amour universel, et le but de l'existence sera de former une vie sociale, juste, vertueuse et grandiose à la fois.

FICHTE.

Que les hommes soient égaux ou non, ils doivent se traiter comme s'ils l'étaient ; car s'ils sont inégaux, ils entreront en lutte, et comme elle ne peut pas toujours durer, dans le traité de paix qui suivra, ils seront bien obligés de se regarder comme égaux.

HOBBES.

Une idée qui se révèle à travers l'histoire en étendant chaque jour son salutaire empire, une idée qui, mieux que toute autre, prouve le fait, si souvent contesté, mais plus souvent encore mal compris, de la perfectibilité générale de l'espèce, c'est l'idée d'humanité. C'est elle qui tend à faire tomber les barrières que des préjugés et des vues intéressées de toute sorte ont élevées entre les hommes, et à faire envisager la race humaine dans son ensemble, sans distinction de religion, de nation, de couleur, comme une grande famille de frères, comme un corps unique, marchant vers un seul et même but, le libre développement des forces morales. Ce but est le but final, le but suprême de la sociabilité et en même temps la direction imposée à l'homme par sa propre nature, par l'agrandissement indéfini de son existence.

HUMBOLDT.

Il faut nous tenir prêts pour un événement immense dans l'ordre divin, vers lequel nous marchons avec une vitesse accélérée qui doit frapper tous les observateurs. Il n'y a plus de religion sur la terre : le genre humain ne peut demeurer dans cet état.

J. DE MAISTRE.

L'ère des peuples est venue, reste à savoir comment elle sera remplie ; il faudra d'abord que l'Europe se nivelle dans une même existence.

CHATEAUBRIAND.

Une nouvelle ère se prépare ; le monde est en travail ; tous les esprits sont attentifs.

BALLANCHE.

Toutes les familles ne seront qu'une famille, et toutes les nations qu'une nation.

LAMENNAIS.

Les assurances enlèvent au malheur sa funeste puissance en divisant ses effets.

Par les assurances, les entreprises les plus hardies n'offrent que très peu de dangers, les plus terribles fléaux perdent de leur horreur.

ROSSI.

L'ASSURANCE UNIVERSELLE.

La politique universelle, telle que je la conçois, c'est l'assurance universelle.

A chacun sa tâche :

Aux prêtres catholiques d'enseigner et de démontrer l'existence de la Trinité, du péché originel, de l'éternité des peines, du purgatoire, de la transsubstantiation, de la consubstantialité du Verbe, de l'infaillibilité des conciles œcuméniques, des sept sacrements, savoir : le baptême, la pénitence, l'ordre, la communion, la confirmation, le mariage, l'extrême-onction ; ·

Aux ministres protestants d'enseigner et de démontrer que le culte extérieur, le sacrifice de la messe, les indulgences, le purgatoire, les images, la hiérarchie de l'Église, sont des erreurs, et qu'il n'existe et ne doit exister que deux sacrements : le baptême et la cène ;

Aux ministres luthériens d'enseigner et de démontrer que, dans l'Eucharistie, il n'y a point, après la consécration, de changement d'une substance en une autre ; que Jésus-Christ y est réellement présent, mais qu'alors il n'y a plus ni pain ni vin ;

Aux ministres calvinistes d'enseigner et de démontrer la non-existence de la présence réelle, attendu que Jésus-Christ n'est réellement et substantiellement que dans le ciel ;

Aux théologiens de se mettre d'accord sur les questions de savoir si la mère est immaculée, si le Verbe est engendré, semblable ou consubstantiel à son Créateur; si la grâce est efficace, versatile, nécessitante, coopérante, concomitante et congrue;

Aux ministres du culte israélite, aux rabbins d'enseigner et de démontrer qu'il y a un Dieu créateur de tous les êtres, qui peut subsister sans aucune partie de l'univers, mais sans lequel rien ne peut subsister; que Dieu est un, indivisible, mais d'une unité différente de toutes les unités; que Dieu est incorporel; qu'il n'a aucune qualité corporelle possible et qui se puisse imaginer; qu'on doit adorer et servir Dieu seul, sans médiation ni intermédiaire; que la loi laissée par Moïse est toute de Dieu, et ne renferme pas une syllabe qui soit purement de Moïse; que cette loi est immuable et qu'on ne peut rien y ajouter, rien en retrancher; qu'il viendra un messie, et que, bien qu'il tarde à venir, il ne faut pas douter de sa venue, à laquelle on ne doit assigner aucune époque, aucune limite dans le temps; que tous les morts ressusciteront à la fin des siècles, et que Dieu portera un jugement universel sur tous les humains en corps et en âme;

Aux ministres de l'islamisme, muftis et imans, d'enseigner et de démontrer l'unité de Dieu, son éternité, son indivisibilité; la mission de Mahomet, à qui l'ange Gabriel a révélé les préceptes de la loi renfermés dans le Coran; l'existence des anges, des prophètes, la prédestination absolue pour le bien et pour le mal, la résurrection au jour du jugement, l'existence du paradis, où l'âme jouira de toutes les félicités spirituelles, et le corps de toutes les voluptés sensuelles;

Aux philosophes de toutes les écoles d'enseigner et de démontrer le contraire de ce qu'enseignent et démontrent les ministres de tous les cultes.

Plus étroite est la tâche que je me suis assignée.

Je suppose, je veux supposer :

Que Dieu n'existe pas, ou que, s'il existe, il est impossible à l'homme d'en démontrer l'existence;

Que le monde existe par lui-même et par lui seul;

Que l'homme n'a aucune faute originelle à racheter;

Qu'il porte avec lui la mémoire et la raison comme la flamme porte avec elle la chaleur et la clarté;

Qu'il ne revit charnellement que dans l'enfant qu'il procrée;

Qu'il ne se survit intellectuellement que dans l'idée par laquelle il s'illustre ;

Qu'il ne doit donc pas s'attendre à recevoir dans une vie future la récompense ou le châtiment de sa conduite présente ;

Que le bien et le mal n'existent pas substantiellement, absolument, incontestablement par eux-mêmes ; qu'ils n'existent que nominalement, relativement, arbitrairement ;

Qu'il n'existe effectivement que des risques contre lesquels l'homme, obéissant à la loi de conservation qui est en lui et commandant à la matière, cherche à s'assurer par les moyens dont il dispose.

Les moyens qu'il emploie ont changé et changeront encore ; mais le but est resté constamment le même.

Moralement qu'appelle-t-on le bien ?

Moralement qu'appelle-t-on le mal ?

Si le meurtre s'appelle le mal, quel nom doit-on donner à la guerre ?

Si le vol s'appelle le mal, quel nom doit-on donner à la conquête ?

Si la privation de la liberté s'appelle le mal, quel nom doit-on donner à la domination ?

Si la duplicité s'appelle le mal, quel nom doit-on donner à la diplomatie ?

Du risque de l'attaque est née la nécessité de la défense ;

De la nécessité de la défense est née la pensée de s'associer ;

De la pensée de s'associer sont nées, sous divers noms, la commune et la nation, l'une étant à l'autre ce que la javelle est à la gerbe.

Les nations, afin de diminuer les risques d'atteinte portée à ce qu'elles appelaient et à ce qu'elles appellent encore leur indépendance, se sont longtemps appliquées à grossir le chiffre de leur population et à reculer la limite de leurs territoires jusqu'à ce qu'elles eussent pour frontières, autant que possible inviolables, les fleuves les plus larges et les montagnes les plus hautes.

Du risque d'être tué ou volé sont nées l'institution de la justice et l'organisation d'une puissance publique, dont l'exercice soit à l'abus de la force individuelle ce que le contre-poids est au poids.

Ainsi, chaque risque a donné lieu à un moyen cor
respondant de l'affaiblir ou de l'écarter.

La religion elle-même fut un moyen primitivemen
et universellement imaginé par le faible pour contenir
le fort, par l'opprimé pour fléchir l'oppresseur, par le
pauvre pour apitoyer le riche.

Isolément et absolument, l'homme par lui-même
vaut peu ;

Collectivement et relativement, il ne vaut beaucoup
que par les choses qu'il a réussi à placer sous sa dépendance. C'est ainsi qu'indirectement et en apparence
il se perfectionne, mais directement et en réalité il ne
se perfectionne pas.

S'il franchit maintenant l'espace plus rapidement
qu'il ne le franchissait autrefois, ce n'est pas qu'il marche plus vite ou plus longtemps qu'il ne marchait à
une autre époque ; c'est que la chose qui s'appelle
moyen de transport ou moyen de communication est,
relativement à elle-même, moins imparfaite.

De ce qui précède je tire cette conclusion, que c'est
à perfectionner les choses sans relâche et sans fin que
doit s'appliquer l'homme, puisqu'elles lui rendent multipliées presque à l'infini la valeur et la puissance qu'il
leur a données.

S'il est vrai de dire que les peuples ont le gouvernement qu'ils méritent, il n'est pas moins vrai d'ajouter
que l'homme a socialement le sort qui est le résultat
des efforts communs de sa génération et des générations antérieures.

Donc, la mère et le père qui se survivent dans la fille
et le fils, s'ils chérissent leurs enfants, ne doivent rien
épargner pour que leur postérité coure le moins de risques possible, conséquemment pour que l'ordre social
soit aussi parfait que le comporte l'amélioration des
choses.

Le calcul des probabilités appliqué à la mortalité humaine, aux risques maritimes, aux cas d'incendie ou
d'inondation, a donné naissance à une science nouvelle, qui n'est encore qu'à son berceau : — celle des
assurances. Le calcul des probabilités appliqué à la vie
des nations, aux cas de guerre et de révolution, est le
fondement de toute haute politique. Selon que ce calcul est rigoureux ou faux, approfondi ou dédaigné, la
politique est glorieuse ou funeste, grande ou petite.

Gouverner, c'est prévoir; ne rien prévoir, ce n'est pas gouverner, c'est courir à sa perte. Qu'est-ce qu'un souverain exilé? Qu'est-ce qu'un despote déchu? Qu'est-ce qu'un conquérant détrôné? Le jour où Napoléon écrivait : « *Je dépends des événements, je n'ai pas de vo-* » *lonté; j'attends tout de leur issue* », ce jour-là, l'Empereur n'était pas l'Empereur, il n'y avait plus en lui que l'homme pesant moins dans les balances humaines que M. Crochon déposant, le 22 juin 1815, sur la tribune de la chambre des représentants, le projet de déclaration suivant : « *La nation française renonce à jamais* » *à toute conquête, à toute guerre offensive et d'am-* » *bition.* »

« *J'ai toujours été gouverné par les circonstances.* » Dans cet aveu de Napoléon est l'explication de sa chute.

Il ne faut pas confondre les événements avec les incidents : les incidents sont des faits isolés, les événements ont un lien entre eux qui les rend solidaires; les incidents surgissent, les événements se déroulent. Les événements ne s'improvisent pas, ils n'éclatent jamais sans être précédés de loin par des nuages dont il soit possible à l'œil exercé de calculer la marche. La grande politique prévoit les événements, écarte les incidents, les simplifie; la petite politique, au contraire, s'attache aux incidents, les exagère et néglige les événements.

Souverains et ministres prennent trop rarement le temps de se recueillir, de jeter un regard en arrière, en avant et autour d'eux, de se demander où ils vont? Le succès et l'adulation les enivrent, le revers et l'ingratitude les abattent; dispositions également mauvaises que l'abattement et l'enivrement pour méditer avec fruit, pour juger les hommes avec discernement, pour apprécier les événements avec tact. Méditer, ce n'est pas hésiter quand il ne reste plus qu'à choisir à peu près au hasard entre deux résolutions extrêmes; méditer, c'est étudier les probabilités afin de s'y préparer de loin; c'est, au nom du passé et du présent, interroger l'avenir. Ainsi consulté, l'avenir déconcerte moins souvent qu'on ne croit les desseins qu'il a inspirés. L'imprévoyance des hommes fait la part de l'imprévu dans le monde beaucoup plus grande qu'elle ne devrait être.

Les risques sont de deux natures : premièrement, il

y a ceux qui existent par eux-mêmes ; de ce nombre
sont le naufrage, la foudre, l'incendie, la grêle, la gelée, l'inondation. etc.; deuxièmement, il y a ceux qui
n'existent que par le fait de la société telle que l'homme
l'a instituée ; de ce nombre sont la guerre, la piraterie.
le meurtre, le rapt, le viol, le vol, les fraudes, les voies
de fait, etc.

Tous ces risques tendent manifestement à devenir.
les uns plus rares, les autres plus faibles.

Déjà les premiers de ces risques, ceux qui existent
par eux-mêmes, ont été considérablement diminués
par les efforts opiniâtres de la science, victoires de
l'homme remportées sur la matière.

Les perfectionnements introduits dans la construction des navires, la découverte de la boussole, la précision des instruments, l'exactitude des cartes mari-
nes et enfin l'application de la vapeur à la navigation,
ont rendu les risques de naufrage de moins en moins
probables. Le voyageur qui va du Havre à New-
York en dix jours est infiniment moins exposé aux
risques de naufrage que dans le passé, où la même
traversée exigeait, pour s'opérer, six fois, dix fois, cent
fois plus de temps.

L'invention du paratonnerre a écarté, dans beaucoup
de cas, le risque ayant pour cause la chute de la foudre.

La maison construite en pierres et couverte en tuiles
est moins exposée au risque d'incendie que la maison
construite en bois et couverte en chaume. Partout les
maisons construites en bois et couvertes en chaume
tendent à disparaître ; partout les maisons construites
en pierres et couvertes en tuiles, ardoises ou zinc, tendent à se multiplier.

L'importation de la pomme de terre et certaines combinaisons d'assolements ont écarté le risque de fa-
mine, et rendu plus rare le risque de disette par suite
de grêle et de gelée. L'agronome, en divisant les risques, les a affaiblis ; l'assurance fera le reste.

Quant aux seconds de ces risques dont il a été parlé,
ceux-ci n'existant que par le fait de la société telle que
l'homme l'a instituée, il suffirait, pour qu'ils se dissi-
passent. de l'observation universelle de cet incontestable précepte, qui devrait être écrit sur tous les murs
des cités, sur toutes les portes des tribunaux, au revers
de toutes les monnaies. en tête de tous les contrats et

dans la mémoire de tous les enfants, afin de devenir la règle, sans exception, de tous les hommes : NE PAS FAIRE A AUTRUI CE QUE L'ON NE VOUDRAIT PAS QU'IL VOUS FÎT.

Graver dans la mémoire et la raison de l'enfant que le meurtrier, s'il pouvait tuer impunément, serait exposé à être impunément tué ; que le voleur, s'il pouvait voler impunément, serait exposé à être impunément volé ; que, s'il y a une probabilité sur mille pour que le voleur et le meurtrier ne soient pas découverts, il y a neuf cent quatre-vingt-dix neuf probabilités contre une pour qu'ils soient reconnus ; serait-ce donc plus difficile que de lui apprendre, sans que jamais il songe à le contester, que 2 multipliés par 2 égalent 4, et que la ligne la plus droite est toujours la plus courte ?

Il est possible de démontrer mathématiquement que, par l'effet de la loi de réciprocité, celui qui tue, frappe, vole, trompe ou diffame, agit contre lui-même, comme s'il se tuait, se frappait, se volait, se trompait ou se diffamait.

L'enfant auquel il aura été incontestablement démontré, sous toutes les formes, qu'enfreindre le précepte qui enseigne qu'on ne doit faire à qui que ce soit ce qu'on ne voudrait pas que qui ce soit vous fît, c'est se nuire à soi-même autant qu'à autrui, agira comme l'enfant qui sait qu'il se brûlerait la main en la plongeant dans l'eau bouillante ou en touchant à un tison enflammé ; il ne s'y expose pas ou ne s'y expose plus.

Relativement aux risques sociaux, toute la question se réduit donc à donner au précepte évangélique la rigueur incontestée d'un axiome géométrique.

Ayant pris pour point de départ de mes travaux les suppositions que je viens d'énoncer sommairement, je me suis demandé s'il était possible de concevoir et de fonder une société qui, réduisant tout mathématiquement à des risques judicieusement prévus et à des probabilités exactement calculées, aurait pour unique pivot l'assurance universelle ?

Je me suis demandé si une société fondée sur cette supposition, fausse ou vraie, et tournant sur ce pivot comme la terre tourne sur son axe, vaudrait moins que la société qui repose sur une distinction arbitraire entre le bien et le mal, distinction arbitraire, puisqu'elle a varié et qu'elle varie encore selon la diversité des temps et des pays, des religions et des lois ?

On remarquera que, respectant toutes les croyances, quoiqu'elles se contredisent, je n'attaque aucune des religions qui se pratiquent.

Chacune d'elles affirmant que les autres sont des impostures, ou pour le moins des erreurs, dans l'impuissance de les mettre d'accord, j'ai entrepris de me passer d'elles. J'ai éludé ainsi la difficulté, que je ne savais comment vaincre.

Deux mille quatre cents ans avant moi, Bias avait posé en principe qu'on doit s'abstenir de toute recherche sur l'essence de la Divinité.

Je ne dis pas que ce soient les religions qui aient tort.

Je ne prétends pas que ce soit moi qui aie raison.

S'il y a un Créateur;

Si ce divin Créateur est le souverain juge;

Si l'immatérialité de l'âme peut se démontrer;

Si moralement le bien et le mal ne sont pas relatifs d'individu à individu, de nation à nation, de siècle à siècle;

Si moralement le bien et le mal sont absolus, c'est-à-dire indépendants de l'éducation, du temps et de l'espace;

S'ils ont une sanction éternelle;

Si cette sanction est le lien d'une vie se rattachant à une autre vie, comme les anneaux d'une chaîne sans fin;

Mon souhait le plus ardent et ma prière de chaque jour sont que la religion qui est la vérité anéantisse, par l'éclat de l'évidence, toutes les religions qui sont l'erreur; que cette religion soit la loi éternelle et universelle, rendant inutile toute autre loi; que la science succède à l'ignorance en la dissipant comme la clarté du jour dissipe l'obscurité de la nuit; qu'enfin le règne de la justice sur la terre arrive et soit le règne de la paix entre tous les hommes et entre tous les peuples, aucun n'essayant de faire à l'autre ce qu'il ne voudrait pas qu'un autre lui fît.

NOTES DU LIVRE PREMIER.

ORIGINE DE L'ASSURANCE.

L'assurance, dans les temps anciens, n'avait point le caractère de prévoyance qu'elle porte aujourd'hui. Ses effets ne s'étendaient point au-delà de l'individu qui faisait partie de l'association, et ces sociétés n'étaient alors que de véritables confréries. Il paraît toutefois que les associations qui avaient pour but de pourvoir aux besoins du petit nombre par le moyen des contributions du plus grand nombre, existaient déjà en Angleterre longtemps avant la conquête des Normands, en 1066.

Hicks parle, dans son *Thesaurus*, de plusieurs sociétés de ce genre à Cambridge et à Exeter, et dont faisaient partie les nobles et les gentilshommes. Ce sont ces associations qui ont donné lieu à ce qu'on a appelé quelques siècles plus tard les sociétés de bienveillance, de prévoyance et d'assurance.

« Lorsqu'aucun membre sera sur le point d'aller au loin, disent les statuts d'Exeter, chacun de ses confrères contribuera pour cinq pence (1 fr. 50 c.), et pour un penny (30 c.), si *sa maison vient à brûler.* »

Il semblerait que ces associations furent instituées dans le principe pour protéger les membres associés contre les attaques illégales de voisins puissants, et aussi contre les éventualités des voyages, du feu et même de l'eau. Après la conquête, il fut créé des associations spéciales pour la propagation et l'*extension du commerce*; et c'est à ces associations que l'Angleterre a dû plus tard ces puissantes corporations dont elle conserve encore aujourd'hui des traces si nombreuses.

Les statuts de ces diverses constitutions ont été conservés : ceux de la société de Sainte-Catherine, fondée à Coventry sous le règne d'Edouard III, et dont l'extrait suivant est emprunté à Ansell, se trouvent en entier dans Dugdale.

« Si un membre vient à souffrir du feu, de l'eau, de vols, ou d'autres calamités, l'association aura à lui prêter une somme d'argent sans intérêts.

» S'il devient malade, ou infirme par suite de vieillesse, la société dont il fait partie devra l'assister suivant sa condition.

» Nulle personne connue notoirement pour s'être rendue coupable d'un crime capital, d'homicide, d'impudicité, de jeu, de sorcellerie, ou d'hérésie, ne devra être admise.

» Si un membre vient à tomber dans une mauvaise conduite, on l'admoneste d'abord, et, s'il se montre incorrigible, on l'expulse.

» Ceux qui viennent à décéder sans laisser de quoi subvenir aux dépenses de leurs funérailles doivent être ensevelis aux frais de la société. »

On choisissait généralement pour chef de la société le dernier maire de Coventry.

Longtemps après, lorsque le principe de l'association se fut dégagé des diverses combinaisons qui ne pouvaient qu'entraver ses bons effets, lorsqu'il eut pris le caractère essentiellement commercial, il fut d'abord appliqué aux dangers qui, à cette époque, présentaient le plus de gravité, c'est-à-dire aux risques maritimes.

L'assurance commerciale, proprement dite, s'étendit rapidement, à partir de la première partie du seizième siècle, en Italie, en Espagne et en Hollande. Toutefois, les premiers règlements complets qui aient paru sur cette matière remontent à la fin du quinzième siècle : le célèbre édit de Barcelone date du 3 juin 1484. L'ordonnance de Philippe II *pour la Bourse d'Amsterdam* est de 1593; *l'ordonnance de Rotterdam*, celle de Middelbourg, le *Coutumier pour les assurances d'Amsterdam*, datent de 1598.

Vint ensuite l'application des mêmes principes aux désastres causés par l'incendie. En 1609, dit Beekman dans son *Histoire des inventions et découvertes*, on présenta au comte Antony Gunter d'Oldembourg un plan d'après lequel les seigneurs des terres devaient assurer les maisons de leurs tenanciers contre l'incendie. Ceux-ci devaient estimer leurs maisons, soit séparement, soit collectivement, et lui payer un dollar par chaque cent dollars d'estimation. En retour de cette condition, le seigneur ou propriétaire s'engageait, dans le cas où, par la volonté de Dieu, leurs maisons viendraient à être détruites par tout incendie qui n'aurait pas les malheurs de la guerre pour cause, s'engageait, disons-nous, à prendre les pertes pour son compte, et à remettre à ceux qui en auraient souffert tout l'argent nécessaire pour rétablir leurs demeures.

L'auteur de ce projet exprime la conviction que, bien que les sinistres pussent d'abord être lourds, on arriverait cependant à recueillir graduellement, et d'année en année, une somme considérable; et que si l'on tenait compte des maisons détruites par le feu dans un espace de temps donné, les pertes ne s'élèveraient pas, à beaucoup près, au chiffre des fonds recueillis dans le même espace de temps. Il était dit, cependant, qu'il ne fallait j as que toutes les maisons de chaque ville fussent comprises dans la même assurance, attendu que leur valeur représentative pourrait s'élever à une somme trop considérable. On retrouve dans ce projet les éléments essentiels de toute assurance : moyenne des pertes et formation par l'accumulation d'un fonds destiné à en rembourser la valeur.

Le comte d'Oldembourg considéra ce projet comme bon et susceptible d'être mis à exécution par une compagnie de simples particuliers ; mais il ne voulut pas y prendre part sous prétexte, dit-il, que la Providence pourrait se laisser tenter ; que ses sujets pourraient en être mécontents et lui-même être accusé d'avarice.

La première compagnie d'assurances contre l'incendie, en Angleterre, date du 15 octobre 1681 ; mais ce ne fut qu'en 1696 que la compagnie mutuelle, qui reçut plus tard la dénomination de *La main dans la main*, ou la Bonne foi, arriva à une exécution complète. En 1718, elle comptait déjà 3,666 maisons assurées.

Ces divers systèmes d'assurances ayant pénétré dans les esprits, les Tables du docteur Halley sur la mortalité comparative du genre humain et la valeur relative des rentes viagères ayant aussi commencé à développer et à répandre les principes de l'assurance en cas de mort, plusieurs associations dans le genre des sociétés de prévoyance et de réversibilité s'établirent. La première, d'après Hatton, eut pour but l'établissement de douaires et de rentes viagères au profit des veuves. En 1698, la *Compagnie des Merciers* s'engagea, suivant Pocock, à verser, tous les ans, une somme de 72,200 fr., comme fonds destiné à garantir le payement annuel de 750 fr., sa vie durant, à toute veuve dont le mari aurait versé 2,500 fr. au fonds commun pendant son existence, et ainsi proportionnellement à toute contribution plus ou moins considérable.

Le premier établissement de ce genre qui reçut une consécration légale, fut autorisé, en 1706, par charte de la reine Anne, sous la dénomination de *Société amicale*, ou Assurance perpétuelle. Une autre société, connue alors sous le nom de *Société des actionnaires de la Bourse des négociants de Londres*, fut fondée par Charles Povey, en 1707. Elle devait se composer de 4,000 individus bien portants, âgés de six à cinquante-cinq ans ; chaque souscripteur devait verser 3 fr. 10 c. par trimestre, et, en retour de cette prime, 7,500 fr. devaient être répartis par égale portion entre les héritiers désignés de l'assuré.

La société, ajoute Hatton, devait mettre de côté, pendant cinq ans, 1,250 fr. tous les trimestres, pour servir à construire un bâtiment qui devait s'appeler *la Communauté des négociants admis à la Bourse*. A l'expiration de ces cinq années, cent des souscripteurs qui viendraient à être ruinés, devaient y être admis, et cinquante parmi les plus malheureux d'entre ceux-ci devaient en outre recevoir annuellement 250 fr. pour le reste de leur vie. Enfin, après un nouvel espace de cinq années, tous les sociétaires admis dans la communauté devaient recevoir la même rente viagère.

En 1719, le parlement anglais autorisa une compagnie pour l'assurance des bâtiments et des marchandises en mer. En 1720 fut établie une autre compagnie du même genre sous le nom de *Bourse royale*, qui étendit ses opérations aux assurances sur la vie. Enfin, la *Compagnie de Londres* obtint à la même époque les mêmes priviléges : telles sont les seules compagnies qui se soient occupées en Angleterre, jusqu'en 1762, d'assurances sur la vie. Vint alors la compagnie l'*Equitable*, dont la richesse et l'importance ont acquis une célébrité européenne. Enfin l'esprit d'association et de prévoyance a fait, depuis cette époque, de tels progrès en Angleterre, que l'on compte aujourd'hui, dans le Royaume-Uni, près de deux centes compagnies d'assurances sur la vie, qui se divisent en sociétés d'assurances *mutuelles*, en compagnies par actions, proprement dites, et en compagnies *mixtes*.

LHUILLIER DE L'ÉTANG.

DES ASSURANCES.

§ I.

De grandes sociétés d'assurances, garantissant toutes les valeurs, produiraient des avantages incalculables : bois, vignes, fruits, céréales, prairies, récoltes de toute espèce, meubles, produits et marchandises, instruments de travail, bestiaux, maisons; c'est-à-dire tout ce qui constitue la richesse, l'aisance et le nécessaire d'une nation, n'auraient plus rien à craindre de ces fléaux qui portent chaque année la désolation et la ruine sur plusieurs points du pays.

En garantissant les produits agricoles, l'assurance améliorerait instantanément le sort des habitants des campagnes. Le fermier pourrait compter sur la valeur de ses récoltes et le propriétaire sur le revenu de ses fermages; le crédit foncier aurait une base plus solide; l'élève du bétail et la culture feraient des progrès rapides et réguliers. L'industrie manufacturière, le commerce, si étroitement liés à l'agriculture, trouveraient dans le bien-être de 25 millions de cultivateurs un débouché plus large et plus sûr; car, il ne faut pas l'oublier, malgré le chiffre de nos exportations, c'est en France que se consomment les cinq sixièmes des produits de notre industrie.

Jusqu'ici l'assurance n'a pas eu d'autre but que de réparer les sinistres; et cependant, si on l'entend comme elle doit être entendue, comme elle le sera incontestablement dans l'avenir, l'assurance est destinée non moins à prévenir les pertes qu'à les couvrir. Il faudrait donc la définir : Une institution dont le double but est de *préserver* des sinistres et de les *réparer*.

§ II.

Toutes les valeurs, c'est-à-dire tous les objets qui ont du prix pour l'homme peuvent être assurés. Ces objets sont innombrables; pour les soumettre à l'assurance, il a fallu les ramener à un très petit nombre de catégories. On les a d'abord divisés en deux grandes classes :

Les valeurs *immobilières*, qui comprennent les maisons, les édifices, en un mot toutes les constructions particulières ou publiques, ainsi que les objets d'usage ou d'ornement qui y sont adhérents.

Les valeurs *mobilières*, comprenant les meubles proprement dits et les objets d'art, les marchandises, les bestiaux, les navires et tout ce qu'ils portent, les forêts et tous les produits de la terre, coupés, récoltés ou sur pied

A ces deux grandes classes de valeurs on a ajouté la vie humaine, qui a été l'objet de plusieurs sortes d'assurances.

§ III.

Les valeurs tant mobilières qu'immobilières sont exposées aux sinistres par deux principaux agents de destruction : le *feu*, qui produit les incendies et les explosions : l'*eau*, qui cause les inondations, les naufrages et autres accidents de mer.

A ces causes il faut ajouter la grêle et la gelée, qui endommagent ou détruisent les récoltes, et les maladies qui frappent les animaux.

Plusieurs de ces causes de perte peuvent être affaiblies, souvent-même évitées, par la vigilance de l'homme et les découvertes de la science.

Le génie a trouvé moyen de soutirer la foudre et de préserver quelquefois de ses effets.

Les constructions peuvent être en matériaux incombustibles; souvent il suffit de précautions très simples pour rendre les incendies plus rares et moins désastreux. Sous ce rapport, chaque année apporte de sérieuses améliorations.

Sur plusieurs points du territoire, les inondations pourraient être efficacement combattues, soit par l'élévation des digues, soit par le creusage et l'élargissement du lit des rivières, soit par la facilité de l'écoulement des eaux.

Qui ne sait combien la salubrité et la propreté des étables, les soins, une nourriture saine, l'application de l'art du vétérinaire, peuvent contribuer à diminuer le nombre

2

et les dangers des maladies qui frappent les bestiaux?

Les perfectionnements de l'art nautique et de la construction des navires, la surveillance plus sévère du Gouvernement, rendent chaque jour moins fréquents les naufrages et les accidents de mer.

Cependant il est deux causes de sinistres contre lesquels, jusqu'ici, la science et les efforts de l'homme ont été à peu près impuissants : la gelée et surtout la grêle.

§ IV.

Le mode d'assurer les valeurs est aussi de deux sortes : il y a l'assurance à *primes fixes* et l'assurance *mutuelle*.

L'une et l'autre ont également pour objet de réparer les dommages causés par les sinistres, mais là s'arrête leur ressemblance.

L'assurance à primes fixes se fait par une *compagnie* de capitalistes qui, moyennant une somme annuelle déterminée à l'avance et qu'on appelle *prime*, s'engagent à réparer les dommages survenus dans les valeurs pour lesquelles cette prime leur est payée ; tandis que l'assurance mutuelle est une *association* entre un certain nombre de personnes qui s'engagent réciproquement à réparer les pertes que chacune d'elles peut éprouver dans les valeurs engagées à l'assurance.

Dans les compagnies à primes fixes il n'y a société qu'entre les capitalistes assureurs, dont l'unique but est de faire une spéculation sur les primes qu'ils perçoivent.

L'assurance mutuelle, au contraire, est une véritable association entre tous les assurés; la spéculation doit en être bannie : son but est de rendre, pour ainsi dire, insensibles les sinistres dont sont frappés quelques-uns de ses membres, en répartissant sur la masse des associés un fardeau qui serait écrasant s'il n'était divisé.

Dans l'assurance à primes, les capitalistes seuls sont engagés envers les assurés, et ne le sont que pour la somme de leur capital social.

Dans l'assurance mutuelle, tous les associés sont engagés envers chacun d'eux.

Mais comme les dommages sont généralement dans une très faible proportion avec les ressources destinées à y pourvoir, il est difficile qu'une compagnie à primes, solidement et largement constituée, ne fasse pas honneur à ses engagements.

De leur côté, les assurances mutuelles, dans une prévision très sage, ont déterminé le maximun que ne dépasserait jamais la somme des portions contributives à payer pour réparer les sinistres.

Des sociétés mutuelles, comme les compagnies à primes, ont aussi formé, par le moyen d'une faible cotisation annuelle, un fonds de réserve destiné à couvrir immédiatement les dommages, ou à parer aux éventualités qui peuvent survenir dans une année malheureuse.

L'assurance à primes n'exige des assurés qu'une seule contribution, *la prime*, qu'ils payent chaque année; mais, dans cette prime, sont implicitement renfermées les sommes nécessaires pour réparer les sinistres, pour couvrir les frais d'administration et de courtage, pour augmenter les fonds de réserve, pour payer aux actionnaires l'intérêt de leur argent et les dividendes qu'ils espèrent.

L'assurance mutuelle ne connaît que deux sortes de contributions : les frais d'administration et la cotisation annuelle pour réparer les dommages. Elle ne peut avoir à payer ni intérêts, ni dividendes.

§ V.

La prospérité d'une assurance mutuelle est en raison directe de la quantité et de la bonne classification des valeurs engagées. Plus grand est le nombre des associés, moins est lourd, pour chacun d'eux, le fardeau des sinistres, et plus faible est leur quote-part dans les frais d'administration. Un milliard ne coûte guère plus à administrer que cent millions. En sorte que l'intérêt de chaque membre est de pousser à l'extension de la société.

Le même intérêt n'existe pas pour ceux qui s'assurent aux compagnies. L'assurance à primes offre d'autant plus de sécurité que son fonds de garantie est plus considérable, comparativement avec l'étendue de ses opérations. Quand le capital social n'augmente pas en proportion des valeurs assurées, il peut arriver que la compagnie, dont la responsabilité ne s'étend pas au-delà de ce capital, ne soit pas en mesure de réparer complètement les sinistres. Toutefois de semblables accidents sont peu à craindre : depuis leur existence, aucune de nos compagnies sérieuses n'a manqué à ses engagements.

§ VI.

En se plaçant dans le point de vue théorique, on a dit que l'assurance mutuelle, quand elle est établie sur des bases larges et logiques, l'emporte sur l'assurance à primes, sous le double rapport de l'économie et de la sûreté de garantie pour les assurés. Elle n'a pas, comme la prime, à payer les intérêts et les dividendes des actionnaires; les frais d'administration et de courtage y sont moindres, et les sinistres relativement plus rares, eu égard aux précautions prises par le conseil d'administration dans le choix des associés, à la surveillance que les coassurés sont intéressés à exercer les uns sur les autres, et à l'empressement plus grand du public à porter secours en cas d'incendie.

Ainsi, pour ne pas multiplier les exemples, l'assurance mutuelle immobilière de Paris ne perçoit, depuis longtemps, pour toute contribution, que 8 centimes par mille francs de valeurs assurées; tandis que les mêmes valeurs payaient auparavant 50 cent.mes aux compagnies à primes.

L'assurance mutuelle mobilière pour Paris, *la Fraternelle*, ne fait payer à ses associés qu'une moyenne de 45 c. par mille francs pour des valeurs qui paient 1 fr. 25 c., c'est-à-dire presque trois fois la même somme, aux compagnies.

L'assurance mutuelle de Metz garantit, depuis plus de trente ans, les trois quarts des bâtiments existants dans la ville, à moins de 7 centimes par mille francs de valeurs assurées; pendant les dix dernières années, les mêmes dépenses ne se sont élevées qu'à une moyenne annuelle de 2 centimes.

Des résultats analogues ont été obtenus par les sociétés mutuelles de Versailles, de Lyon, de Rouen, partout enfin où ces sociétés ont été établies dans de bonnes conditions.

§ VII.

On comptait, en janvier 1848, vingt-deux compagnies *d'assurances à primes* contre l'incendie, dont la plupart avaient leur centre à Paris; il n'en reste plus que quatorze aujourd'hui.

Les vingt-deux compagnies avaient un capital social de.. 88,000,000
  Assurant une masse de valeurs de...... 22,000,000,000
  Moyennant une prime de................ 18,500.000
  Et payant des sinistres pour............ 11,500.000

Les quatorze compagnies restant n'ont point augmenté leur capital social, cependant elles assurent aujourd'hui une somme de valeurs qui dépasse celle qu'assuraient les vingt-deux compagnies en 1848.

Cette somme s'élève à environ 25 milliards. les primes à 22 millions, ce qui donne une moyenne de 1 fr. par 1,000 de valeurs assurées, tant mobilières qu'immobilières.

Les sinistres montent à peu près à 12 millions par an; par conséquent à 50 centimes par 1.000 fr. du capital garanti.

Les frais d'administration sont de 30 à 40 0/0 du montant des primes, et les bénéfices de 10 à 20 0/0, bénéfices qui s'augmentent de tout ce que les assurés payent pour frais de police et de plaque.

Les assurances mutuelles étaient, sur la fin de 1852, au nombre de 72, dont 40 immobilières et 32 mobilières.

Les assurances *mutuelles* immobilières assure t un ensemble de valeurs d'au moins 11,000,000,000
  Les mobilières........................ 4.000,000,000

                        Total....... 15,000,000,000

Ainsi 15 milliards assurés à la mutualité, près de 25

milliards assurés à la prime, donnent un total de 40 milliards de valeurs de toute nature garantis en France contre l'incendie.

§ VIII.

A quelle somme s'élèvent toutes les valeurs assurables contre l'incendie dans la France entière.

La moyenne des différentes évaluations faites par ceux qui se sont le plus occupés de ces matières fournit les résultats suivants :

7 millions 1/2 de maisons et constructions diverses valant environ	40,000,000,000
Meubles	20,000,000,000
Marchandises (10 milliards multipliés par 4, parce qu'elles passent par différentes mains, qui toutes peuvent les assurer dans une même année)	40.000,000,000
Produits agricoles, forêts	7.000,000.000
Bestiaux	3,000,000.000
Total	110,000,000,000

Telle est approximativement, mais sans exagération, la somme des valeurs à garantir, en France, contre l'incendie.

§ IX.

Une partie de ces valeurs, les produits agricoles, peuvent être également assurés contre trois autres fléaux qui les menacent : la grêle, la gelée, les inondations.

L'inondation ne nuit qu'aux produits exposés sur le bord des rivières, des torrents et des ruisseaux.

La gelée n'est à craindre que pour les arbres à fruits, les vignes et les plantes oléagineuses. Les céréales, proprement dites, et les prairies n'en souffrent que par accidents très rares.

La grêle menace de ses ravages tous les produits de la terre, les céréales, les fruits, les jeunes arbres, les vignes, même les plantes à racines, et jusqu'aux prairies.

Il est difficile, pour ne pas dire impossible, de fixer le chiffre des valeurs exposées à la gelée et aux inondations. Elles ne s'élèvent pas à moins de 2 milliards, et les pertes qu'elles subissent annuellement dépassent 20 millions.

L'ensemble de toutes les productions agricoles menacées par la grêle peu être évalué, chaque année, à environ 5 milliards, qui se décomposent ainsi :

	hect.	valeur.
Céréales	14.000,000	2,250.000.000
Cultures diverses	3 500.000	850 000,000
Vignes	2,000.000	500,000,000
A reporter	19.500,000	3.600.000.000

Report.......	19,500,000	3,600,000,000
Cidres et bières.....		250,000,000
Prairies naturelles et artificielles, pâturages, jachères.	22,000,000	650,000,000
Forêts............	8,500,000	2,500,000,000
Total.....	50,000,000	5,000,000,000

Sur ces 5 milliards, on compte à peine 200 millions de valeurs assurées contre la grêle par quinze sociétés d'assurances mutuelles, les assurances à primes ne garantissant pas contre cette espèce de risque.

Cependant les ravages de la grêle sont, relativement, beaucoup plus considérables que ceux du feu.

Ainsi les sinistres produits annuellement par l'incendie ne dépassent pas, en moyenne, pour la France entière, 50 millions, sur une masse de valeurs de 110 milliards; tandis que, sur 5 milliards de valeurs agricoles, le fléau de la grêle produit, chaque année, des dommages pour une somme d'environ 40 millions.

Comme toutes les assurances mutuelles, l'assurance contre la grêle est d'autant plus prospère et moins coûteuse que le nombre des assurés est plus considérable. Cependant cette condition ne suffit pas. A moins qu'il ne s'établisse contre la grêle une immense assurance embrassant la France entière, toutes les sociétés particulières ne pourront avoir de chances de succès qu'en s'étendant à plusieurs départements et en disposant leurs opérations de manière à atténuer le nombre et la gravité des risques.

On sait que presque toutes les nuées de grêle sont poussées dans la direction du sud-ouest au nord-est; que, généralement, elles ne s'étendent pas à plus d'une demi-lieue en largeur, mais qu'elles frappent sur une longueur de cinq, dix et même quinze lieues. Par là il est aisé de comprendre que, si les territoires assurés contre la grêle se trouvent placés dans la direction du fléau, les ravages causés seront beaucoup plus considérables; tandis que si ces territoires sont dans un sens contraire, les pertes à réparer seront moindres, et par conséquent les assurés moins exposés à payer de fortes portions contributives.

En général, les assurances contre la grêle ont mal réussi. La moyenne des sinistres sur les récoltes de la France entière est de 80 c. par 100 fr.; or, dans la plupart des sociétés mutuelles contre la grêle, les assurés ont eu à payer plus de 2 fr. pour cent; dans quelques-unes, ils ont payé jusqu'à 5 fr., et les victimes du fléau n'ont été indemnisées que des deux tiers de leur perte. Etablie dans de bonnes conditions, l'assurance contre la grêle ne devrait pas coûter plus de 1 fr. pour cent, y compris les frais d'administration. Mais pour arriver à ce résultat si favorable à l'agriculture, il faudrait que l'assurance embrassât une grande partie de la France dans des zones et sous des climats différents.

X.

Il y a déjà dix sociétés d'assurances contre les épizooties; elles garantissent ensemble une valeur d'environ 12 millions de francs. Ce n'est qu'une faible partie des bestiaux du pays; car, en y comprenant toutes les espèces, depuis le bœuf et le cheval jusqu'au mouton, la France renferme environ 55 millions de têtes de bétail, représentant une valeur approximative de 3 milliards.

Les pertes provenant des accidents et épidémies sont évaluées annuellement à plus de 40 millions, c'est-à-dire à 1 fr. 33 c. pour cent de la valeur du bétail.

Cette perte énorme s'explique par l'absence de soins de la plupart des habitants des campagnes, par l'état insalubre des étables, la mauvaise qualité des fourrages sur plusieurs points, le travail forcé, les mauvais traitements, le défaut d'organisation du service vétérinaire, etc.

Aussi les sociétés d'assurances contre la mortalité des bestiaux ont-elles eu peu de succès. En moyenne, les assurés ont payé près de 4 p. 0/0, tant pour frais d'administration que pour réparation des dommages, et ceux qui ont éprouvé des pertes n'ont été indemnisés que des trois quarts de la valeur perdue.

XI.

Les sinistres de mer ont donné lieu à une multitude d'assurances, surtout à l'étranger. En Angleterre, en Hollande, aux Etats-Unis, les compagnies d'assurances maritimes sont pour ainsi dire innombrables. Plusieurs sont très puissantes et assurent des masses énormes de valeurs. En France, on compte près de quarante compagnies d'assurances tant à primes que mutuelles autorisées contre les risques de la navigation, et plus de trente autres compagnies non autorisées. Elles garantissent environ 1 milliard 1/2 de valeurs sur plus de 4 milliards qui peuvent être assurés.

La prime perçue par les compagnies est considérable; elle varie en moyenne de 1 à 2 fr. p. 0/0. Mais il y a des navires qui ne peuvent s'assurer à moins de 10 et même de 20 fr. p. 0/0. Ici, comme en tout autre cas d'assurance, la prime s'élève ou s'abaisse selon les risques probables que courent les valeurs assurées; et ces risques dépendent de la nature des marchandises, de la qualité du navire, de l'habileté et de la moralité du capitaine, de la saison, des mers où il doit naviguer, etc.

XII.

Aux sinistres dont nous avons parlé viennent se joindre les risques locatifs et le recours des voisins qui, depuis quelque temps, sont l'objet d'assurances spéciales, bien qu'elles se fassent par les mêmes compagnies qui se chargent des autres assurances. En effet, les articles 1733 et 1734 du code Napoléon portent que le locataire chez lequel le feu s'est déclaré est responsable envers le propriétaire du dommage causé à l'habitation, à moins qu'il ne prouve que le feu a pris par vice de construction, cas fortuit ou force majeure.

Le recours des voisins s'exerce contre celui qui, par sa faute, son imprudence ou sa négligence, leur a causé une perte quelconque : mais il est rare qu'un pareil recours soit efficace, et l'on peut dire que l'assurance sur cette sorte de risque est plutôt pour le plus grand avantage des assureurs, que dans l'intérêt réel des assurés. Il n'en est pas de même du risque locatif, dont la prudente sécurité de la loi a armé le propriétaire contre l'incurie ou la malice du locataire. Celui-ci est toujours présumé responsable : c'est à lui à prouver que le sinistre ne provient nullement de sa faute, chose difficile, le plus souvent même impossible.

XIII.

L'origine des assurances se perd dans l'antiquité. Dès la seconde guerre punique, les Romains avaient assuré leurs navires contre les accidents de mer, et, nul doute qu'en cela ils n'eussent imité les Phéniciens et les Carthaginois, leurs rivaux. Pendant le moyen-âge, on retrouve chez les Juifs des traces fréquentes de cette institution ; mais elle ne fut sérieusement établie que dans le siècle dernier.

XIV.

Le point capital pour toute assurance est l'exacte classification des valeurs garanties. En effet, il est juste que l'assuré paye proportionnellement aux risques qu'il fait courir à ceux qui l'assurent, et par conséquent aux avantages qu'en cas de sinistre il doit retirer de l'association.

XV.

C'est en France que le système de la mutualité est le plus répandu ; on ne connaît guère ailleurs que l'assurance à primes. En Angleterre, les compagnies font presqu' toutes les assurances, et elles en font pour des sommes fabuleuses ; car dans ce pays de calculs prudents et positifs, presque tout le monde s'assure. Les seules compagnies sur la vie opèrent sur plus de 15 milliards ; en France, où la population est de beaucoup plus nombreuse, les diverses assurances sur la vie n'embrassent pas plus d'un milliard.

La Hollande suit l'exemple de l'Angleterre.

En Allemagne plusieurs États assurent pour leur compte ; il en est de même en Suisse, où l'assurance se fait par les cantons. La moyenne de la prime payée par les assurés est :

Bavière	1 87	pour mille.
Saxe	1 79	—
Wurtemberg	1 23	—
Bade	1 38	—
Prusse	2 83	—
Suisse	2 50	—

CHARLES SCHILLER.

DES PROBABILITÉS

On nomme probabilité, en mathématiques, le rapport du nombre des cas favorables à celui de tous les cas possibles. La probabilité d'un événement se représente en conséquence par une fraction dont le numérateur est égal au nombre des cas qui produisent cet événement, e dont le dénominateur est égal au nombre de tous les cas également possibles. Exemples : la probabilité qu'un numéro désigné à l'avance sortira d'une urne qui en contient 90 est $1/90$; la probabilité qu'il ne sortira pas est $89/90$. Si, au lieu d'un seul numéro, on doit en tirer cinq de l'urne, la probabilité de la sortie du numéro désigné sera $5/90$ ou $1/18$, et la probabilité de sa non sortie sera $85/90$ ou $17/18$. Toute probabilité est évidemment moindre que l'unité. L'unité indique la certitude : c'est ce qui arrive lorsque le nombre des cas favorables est égal au nombre de tous les cas possibles. On sait que la certitude des résultats du calcul des probabilités approche d'autant plus de la certitude des résultats des calculs mathématiques ordinaires, que le nombre des cas particuliers auxquels on les applique devient plus grand.

STATISTIQUE DES RELIGIONS COMPARÉES.

Catholicisme	139	millions.	
Église grecque	62	—	
Église protestante	59	—	
Judaïsme	4	—	737 millions.
Mahométisme	96	—	
Brahmisme	60	—	
Bouddhisme	170	—	
Confutzée et autres	147	—	

La statistique qui précède s'éloigne peu des calculs suivants :

« Le genre humain se compose aujourd'hui d'un milliard d'hommes. Or, sur ce nombre, il y a deux cents millions de bouddhistes, cinquante millions de sectateurs des autres religions brahmaniques, cent millions de mahométans, quatre millions de juifs, et cent vingt millions de disciples de Confucius, de sectateurs du magisme, de fétichistes, etc. Sur ce milliard d'hommes, le christianisme ne compte donc que pour deux cent soixante millions; mais, sur ce nombre, il y a soixante millions de schismatiques grecs et soixante millions de protestants. »

PIERRE LEROUX. *Du Christianisme,* sect. v, § 1.

LIVRE DEUXIÈME.

Dans la paix et au sein de la prospérité, les États et les particuliers ont un meilleur esprit, parce qu'on n'a pas à souffrir de dures nécessités. Mais la guerre, qui détruit l'aisance journalière de la vie, donne des leçons de violence et rend conformes à l'âpreté des temps les mœurs de la plupart des citoyens.

THUCYDIDE.

Antigonus le vieil répondit un jour à quelque sophiste qui lui présentait et dédiait un traité qu'il avait composé de la *Justice :* « Tu es un sot, mon ami, qui me viens prêcher la justice là où tu vois que je bats les villes d'autrui. »

PLUTARQUE.

Un seul meurtre fait un scélérat, des milliers de meurtres font un héros.

ÉRASME.

Les hommes sont tous frères et ils s'entre-déchirent. Les bêtes farouches sont moins cruelles qu'eux. Les lions ne font point la guerre aux lions, ni les tigres aux tigres ; ils n'attaquent que les animaux d'espèce différente. L'homme seul, malgré sa raison, fait ce que les animaux sans raison ne firent jamais.

FÉNELON.

Tel est le droit de la guerre parmi les peuples savants, humains et polis de l'Europe. On ne se borne pas à faire à son ennemi tout le mal dont on peut retirer du profit, mais on compte pour un profit tout le mal qu'on peut lui faire en pure perte.

J.-J. ROUSSEAU.

Quand il est question de juger si on doit faire la guerre et tuer tant d'hommes, c'est un homme seul qui en juge, et encore intéressé.

PASCAL.

Ne faudra-t-il pas signer la paix après la guerre ? Que ne le fait-on tout d'un coup ?

VOLTAIRE.

Un voleur de grand chemin qui commet des vols en troupe est aussi voleur que quand il vole seul, et une nation qui fait une guerre injuste n'est qu'une grande bande. Quand vous aurez employé votre peuple à piller les Hollandais, est-il étrange que, mettant un terme à ce brigandage, ils continuent chez eux le même métier et se volent les uns les autres ?

FRANKLIN.

C'est la faiblesse qui appelle la guerre ; une résistance générale serait la paix universelle.

MIRABEAU.

Les guerres injustes naissent du défaut d'une garantie commune et prouvent sa nécessité.

ANCILLON.

Et il s'établira de peuple à peuple un équilibre de force qui, les contenant tous dans l'exercice de leurs droits réciproques, fera cesser leurs barbares usages de guerre et soumettra à des voies civiles le jugement de leurs contestations.

VOLNEY.

Qu'est-ce que la guerre ? Un métier de barbare, où tout l'art consiste à être le plus fort sur un point donné.

NAPOLÉON. 6 septembre 1812.

LA PACIFICATION UNIVERSELLE.

La guerre est un risque.

Ce risque n'existe pas par lui-même, comme le risque de naufrage ou d'incendie; il n'existe que parce que l'homme l'a créé.

Il équivaut, en moyenne, à trois dixièmes de la dépense ordinaire des Etats.

Qu'y a-t-il à faire pour l'écarter ou l'anéantir?

Ce qu'il y a de plus simple : s'assurer contre lui.

Comment?

En proposant à toutes les nations qui fléchissent sous le poids de la paix armée de contracter entre elles une assurance spéciale contre le risque de guerre territoriale et maritime.

La France prend cette initiative et donne l'exemple.

Elle appelle à s'unir successivement à elle contre le risque de guerre tous les Etats qui aspirent à pouvoir réduire et à finir par éteindre l'exorbitante dépense de leurs armées permanentes.

Plus le nombre des Etats qui seront parties contractantes tendra à grossir, plus le risque tendra à s'affaiblir; par suite, plus la prime à payer sera faible.

De faible qu'elle serait relativement, elle deviendrait absolument nulle, si l'assurance contractée parvenait à comprendre et à unir ainsi tous les Etats qui composent l'ancien continent.

Rien de plus facile à démontrer.

De toutes les puissances de l'ancien continent, une seule depuis la chute de l'empereur Napoléon, une seule empêche la paix de s'affermir et de se transformer en régime définitif, au lieu de n'être qu'une trève dispendieuse ; une seule inquiète tous les autres peuples dans la conservation de leur indépendance, c'est la Russie *.

Tous ont devant les yeux les membres palpitants de la Pologne.

Ce risque, qui impose à l'ancien monde une dépense annuelle égale au tiers de la totalité de ses autres dépenses, peut être exactement calculé et traduit en chiffres : — La Russie entretenant une armée de 000,000 hommes et une flotte à voiles et à vapeur de 00,000 canons, entretenir proportionnellement, à frais communs, une armée et une flotte au moins égales en forces ;

Si la France est seule sur l'ancien continent pour tenir la Russie en équilibre et en respect, la France sera seule pour subvenir à la dépense et pour en porter l'énorme poids ; mais, si l'Angleterre s'unit à la France dans la même pensée de pacification, déjà cette dépense, étant partagée entre les deux nations, pèsera moitié moins ; elle pèsera moins encore et toujours de moins en moins si la Belgique, la Hollande, la Suisse, l'Espagne, le Portugal, l'Italie, l'Autriche, la Prusse, la Saxe, le Danemark, le Wurtemberg, la Bavière, la Turquie, etc., signent successivement au contrat d'assurance contre le risque de guerre, contrat dont l'initiative aura été prise par la France.

Enfin, cette dépense disparaîtra entièrement si la Russie elle-même, quoique attardée au cadran de la civilisation, reconnaît que le temps est passé de la guerre et de la conquête ; que le temps est venu de la paix et de l'échange ; qu'il ne s'agit plus de conquérir et de conserver, mais de produire et de consommer ; que l'argent employé à solder des armées permanentes ne sert

---

* A peine un an s'était-il écoulé depuis la publication de ce livre, imprimé à Bruxelles, en mars 1852, que les événements venaient confirmer la justesse de toutes les idées qui y sont exposées et montrer l'impuissance de toute l'ancienne politique de la *paix armée* au lieu de la *paix assurée*.

qu'à recruter l'armée de la misère ; qu'à rendre plus lourd encore le lourd fardeau que portent les travailleurs ; qu'à augmenter le prix de revient de tous les objets de consommation et qu'à diminuer ainsi le nombre des consommateurs, lorsque l'augmenter devrait être le but constant de tous les efforts judicieusement dirigés.

La guerre est donc un risque qui, après être devenu déjà de plus en plus rare, tend à devenir encore de moins en moins probable, et enfin à rentrer dans le néant, d'où la guerre n'aurait jamais dû sortir.

La paix permanente succède à la guerre intermittente ; l'unité de l'ancien continent, détruite par la guerre, se rétablit par la paix.

Le monde ancien fait place au monde nouveau.

Tous les rapports se simplifient en même temps qu'ils se multiplient.

Ce qui était problème devient solution ; ce qui était obstacle devient moyen ; ce qui était force de résistance devient force de propulsion.

Les hommes sont l'œuvre de la création, mais les peuples sont l'œuvre de la conquête.

Si la guerre n'avait jamais existé, il n'existerait pas de nations ; les nations sont filles de la guerre.

En effet, une nation n'est qu'un faisceau d'habitants unis par la nécessité de se défendre contre le danger d'être conquis et enlevés à ce qu'ils considèrent, à tort ou à raison, comme leur indépendance.

De là cette tendance des peuples à reculer les limites de leur teritoire jusqu'à la possession incontestée des frontières naturelles qui les abritent.

Cette tendance fut et sera juste aussi longtemps que le territoire le plus vaste et le moins accessible fut et sera la plus solide garantie de ses habitants.

Mais cette tendance ne sera plus qu'un anachronisme le jour où l'assurance, sous toutes ses formes, sera le lien de tous les hommes entre eux.

C'est là le point sur lequel il importe de se mettre d'accord, si l'on veut tirer le monde de l'ornière de sang dans laquelle il a trop longtemps et trop souvent versé.

Quelque nom qu'elle prenne, qu'elle s'appelle sainte alliance des rois ou sainte alliance des peuples, restauration ou révolution , aristocratie ou démocratie, monarchie ou république, il faut en finir avec cette vieille politique qui consiste à mener battre des hommes les uns contre les autres, et à les faire s'entre-tuer sous prétexte de donner à ceux-ci plus de gloire, à ceux-là plus de liberté.

L'histoire de tant de siècles et de tant de peuples est là pour attester que la guerre est un détestable moyen de fonder la paix; que jamais le triomphe accidentel de la force n'a produit le triomphe définitif du droit; qu'il n'est pas plus possible de ressusciter les nationalités qui ont cessé d'exister que les mortels qui ont cessé de vivre; que toute liberté conquise et non acquise est une liberté précaire.

L'arbre de la liberté ne pousse de racines et ne porte de fruits qu'où il a été semé et non où il a été transplanté.

Qu'une expérience si chèrement achetée profite donc enfin à ceux qui l'ont payée !

Qu'ils essayent, pour délivrer les peuples opprimés, d'un autre mode de libération que celui de la guerre, lequel n'a jamais abouti qu'à rendre ceux-ci moins libres et plus pauvres, et qu'à arroser de sang les champs de bataille !

Qu'au lieu de recourir à la guerre, ils recourent à l'assurance !

L'assurance est un moyen certain d'arriver au désarmement d'abord relatif et finalement absolu.

Cinq, dix, quinze, vingt États qui auraient formé une assurance commune et mutuelle contre le risque de guerre territoriale et maritime, pouvant entretenir, à peu de frais pour chacun d'eux, une armée de terre et une armée de mer défensives, incontestablement supérieures à l'armée de mer et à l'armée de terre offensives dont ils auraient considéré l'agression comme un risque possible et probable, il découle de soi-même que la puissance isolée ou collective, qui s'imposerait une si lourde dépense pour n'aboutir qu'à la constitution d'une force manifestement inégale, ne tarderait pas à proposer de désarmer et à faire elle-même partie de l'assurance contractée contre le risque de guerre territoriale et maritime.

Alors disparaîtrait entièrement le risque et par suite la dépense.

La pacification de l'ancien monde serait accomplie.

Accomplie sans guerre, sans bataille, sans victoire qui enivre, sans défaite qui humilie.

Le nœud des nationalités se dénouerait de lui-même.

Qu'importerait à la Pologne, par exemple, de revivre ou de ne pas revivre sous son nom, si tous ceux qui naîtraient sur son territoire y naissaient avec les mêmes droits, les mêmes avantages, les mêmes libertés, les mêmes garanties que s'ils étaient nés sur la partie de l'ancien continent appelée Angleterre ou France ; s'il n'y avait plus, sous ce rapport, de différence et d'inégalité entre le Polonais et le Russe, l'Italien et l'Autrichien, l'Anglais et le Français ; s'il n'y avait plus partout que des hommes libres ou affranchis par la paix ?

La paix est ce qu'il y a de plus révolutionnaire ; la guerre, conséquemment, est ce qu'il y a de plus contrerévolutionnaire, alors même que sur ses drapeaux sont inscrits ces mots menteurs : révolution, liberté, égalité, fraternité.

Qu'on le reconnaisse donc et qu'on ne s'y méprenne plus !

Qu'au lieu de poursuivre des chimères telles que l'unité de l'Allemagne, l'unité de l'Italie, la résurrection de la Pologne, la délivrance de l'Irlande, la disparition de la Turquie, la pacification de l'Europe par le remaniement de sa carte, telle que l'ont dressée des siècles de guerre, on s'attache à réaliser l'unité continentale !

Il est rare que prendre les questions par leur côté le plus étroit soit le moyen le plus facile de les résoudre; cependant c'est ce qu'on fait communément.

En se proposant pour but l'unité continentale et pour moyen de l'atteindre l'assurance mutuelle, toutes les nations gagnent à l'adoption de ce but et de ce moyen, aucune n'y perd.

La question de savoir qui possédera, conservera ou s'emparera des détroits voit décroître immédiatement toute son importance.

Les isthmes se percent.

La navigation devient plus rapide et plus sûre.

Les chemins de fer refont ce que les frontières avaient défait.

Le télégraphe électrique étend sa toile en tous sens.

Les échanges se multiplient à l'infini.

Tous les rapports se simplifient.

Toutes les erreurs se rectifient.

Toutes les forces s'utilisent ; il n'en est plus perdu aucune.

La vitesse du progrès s'accroît par l'imitation élevée à sa plus haute puissance, dans une proportion dont le passé ne saurait donner l'idée.

L'homme cesse de lutter follement contre des difficultés créées à lui-même par lui-même ; n'étant plus détourné de sa tâche et n'ayant plus d'autre soin que de vaincre les résistances de la nature, que de la contraindre à lui livrer successivement tous ses secrets, ce qu'il sait lui sert à découvrir ce qu'il ignore ; et par ce qu'il a fait dans le passé, quand il était dénué de ressources, de connaissances et d'instruments, on peut mesurer ce qu'il fera dans l'avenir, maintenant qu'il dispose d'instruments puissants, de connaissances précieuses, de ressources inépuisables.

La liberté s'affermit par la paix, la paix s'affermit par la liberté.

L'unité continentale, ainsi comprise, est à l'unité communale ce que le collier est à la perle, ce que la chaîne est à l'anneau, ce que la branche est au fruit, ce que la gerbe est à la javelle.

Telle est la politique nouvelle que le jour est venu d'arborer et dont il appartient aux nations les plus avancées en civilisation de prendre l'initiative.

C'est la politique de la Paix, de la Liberté, de la Science, du Travail et du Crédit opposée à la politique de la Guerre, de la Servitude, de l'Ignorance, de la Conquête et de la Fortune.

Un seul mot la résume : ASSURANCE.

Assurance appliquée à tous les risques, y compris le risque de guerre.

Dira-t-on qu'assimiler la guerre à un risque auquel il soit possible d'appliquer le principe de l'assurance et le calcul des probabilités est une erreur et une chimère.

En quoi donc ?

Mais si plusieurs nations ne veulent pas ou ne veulent plus s'assurer contre le risque de guerre, quel sera le moyen de coaction que possèderont les autres nations, sinon de recourir elles-mêmes à la guerre ?

— Si plusieurs nations refusent de s'assurer contre le risque de guerre, elles seront relativement aux autres nations assurées exactement dans la même position que des propriétaires de maisons non assurés contre l'incendie, relativement aux autres propriétaires assurés.

Mais si une nation emploie la force des armes pour soutenir ses prétentions, que feront les nations assurées et qu'arrivera-t-il ?

— Il arrivera que cette nation isolée entamera une lutte si inégale que ce sera de la démence. Or, la démence peut exister, mais elle ne se suppose pas.

Niera-t-on que la guerre soit un risque. Si la guerre n'est pas un risque, qu'est-ce donc que la guerre ? Est-ce une nécessité ? Par nécessité on entend ce dont on ne peut se passer. Les Peuples, ces grandes légions de travailleurs, ne pourraient-ils donc se passer de la guerre ? Qu'est-ce que la guerre leur rapporte ? Qu'y gagnent-ils ? Sans compter les blessures, les bras et les jambes emportés, les yeux crevés, ils n'y gagnent jamais que de payer des impôts plus lourds, se soldant par un surcroît de privations ou par un surcroît de travail. La guerre ne s'allume pas toute seule ; elle n'éclate que par la volonté des gouvernements, lesquels, s'érigeant en tuteurs des peuples, se prétendent plus éclairés qu'eux. Le jour où les souverains qui président aux destinées de l'Europe conformeront leurs actes à leurs paroles *, c'en sera fini de la guerre, puisque tous la réprouvent, la flétrissent, la condamnent.

---

* « Je ne désire pas la guerre, je L'ABHORRE aussi sincèrement que vous. »

L'empereur NICOLAS aux membres de la députation de la Société religieuse des Amis de la paix.

« Sa Majesté l'empereur a reçu l'adresse présentée par la députation de la Société des Amis avec une vive satisfaction, comme l'expression de sentiments entièrement conformes à ceux dont il est animé lui-même. Sa Majesté

Impossible de concilier la superstition qui fait considérer la disparition de la guerre comme une utopie, avec cette autre superstition qui fait considérer l'hérédité du trône comme une garantie. Une de ces deux superstitions exclut et condamne l'autre. Si les rois sont les tuteurs éclairés des nations, ils doivent se conduire en hommes civilisés et non en barbares. Or, qu'est-ce que la guerre si ce n'est pas la barbarie ? Justifier l'existence de la guerre, c'est condamner l'institution de la royauté. Lorsque j'entends des êtres doués de la faculté de raisonner prétendre que parce que la guerre a existé dans le Passé, elle ne saurait cesser d'exister dans l'Avenir, je crois entendre des Caraïbes ne comprenant pas qu'il soit possible de se dispenser de faire rôtir et de manger leurs prisonniers, ou je crois lire Aristote, n'admettant pas qu'une société puisse exister sans l'esclavage, et disant : « Il » est des travaux auxquels un homme LIBRE ne saurait s'occuper sans s'avilir lui-même : ce sont ceux » pour lesquels l'énergie physique est seulement nécessaire. Mais pour ces travaux la NATURE CRÉE » une CLASSE SPÉCIALE D'HOMMES ; et ces êtres particuliers sont ceux que nous nous soumettons, afin de » travailler corporellement à notre place sous le nom » d'esclaves. » Or, les sociétés nouvelles ont démontré qu'elles pouvaient se passer facilement de l'esclavage. Encore un pas dans cette voie, et les sociétés futures montreront qu'elles peuvent se passer non moins facilement de la guerre.

Guerre et esclavage sont destinés à la même fin. L'une ne doit ni ne peut survivre à l'autre. Les principales causes de guerre ont déjà disparu ; toutes tendent finalement à disparaître. Il n'y a plus de guerres de religion, il n'y a plus de guerres de conquête *.

a HORREUR, comme eux, DE LA GUERRE, et désire sincèrement le maintien de la paix.
      » NESSELRODE.
 » Saint-Pétersbourg, le 13 février 1854. »

* « J'aime à le proclamer hautement, LE TEMPS DES CONQUÊTES EST PASSÉ SANS RETOUR : car ce n'est pas en

Pourquoi donc maintenant entre nations civilisées se ferait-on la guerre? Qu'y gagnerait-on? La France s'emparât-elle de la Belgique, les Français en seraient-ils plus riches? Travailleraient-ils et consommeraient-ils plus? De même que le risque d'incendie tend à devenir de plus en plus rare, depuis que la tuile, le zinc, le fer, ont remplacé dans la construction des maisons et des usines le chaume, le bardeau, le bois: de même le risque de guerre tend à devenir de plus en plus rare depuis que les échanges de produits et les moyens rapides de transports jouent un rôle plus important que les agrandissements de territoire et que les obstacles naturels servant de frontières. Que sont maintenant les montagnes percées par les tunnels des chemins de fer? Que sont maintenant les fleuves traversés par la multitude des bateaux à vapeur?

En résumé, ce que seize princes ont pu faire le 12 juillet 1806 sous le nom d'ÉTATS CONFÉDÉRÉS DU RHIN, ce que le 8 juin 1815 trente-huit États ont pu faire sous le nom de CONFÉDÉRATION GERMANIQUE, pourquoi quelques princes et quelques États de plus ne pourraient-ils pas le faire? L'Europe aurait-elle marché en arrière au lieu de marcher en avant, et serait-elle donc moins avancée en 1854 qu'en 1815? Ce que je propose, après tout, qu'est-ce autre chose que ce qu'ont exécuté les vingt-deux cantons de la Suisse, le 7 août 1815, et que ce qu'ont réalisé les princes de la diplomatie s'appelant Metternich, Hardenberg, Humboldt, Gagern? Les appellera-t-on des esprits chimériques, des esprits absolus? L'acte de Constitution fédérative de l'Allemagne a prévu le cas d'infraction aux engagements contractés; je pourrais donc m'en tenir aux termes de l'article XI de ce traité; mais considérer la guerre comme un risque et appliquer à ce risque le principe de l'assurance est une idée si simple et si juste qu'elle rend inutile la constitution d'aucun tribunal commençant par employer la médiation

reculant les limites de son territoire qu'une nation peut désormais être honorée et puissante, c'est en se mettant à la tête d s idées généreuses, en faisant prévaloir partout l'empire du droit et de la justice. »

L'empereur NAPOLÉON III. Discours du 2 mars 1854

3.

et finissant par rendre un jugement austrégal. Liberté : telle est ma règle et je ne m'en dépars pas. Si un des États, après avoir adhéré à la convention ayant pour objet l'institution d'une assurance spéciale contre le risque de guerre, pouvait ne plus vouloir continuer de concourir à cette assurance, qu'à toute époque il soit libre d'y renoncer, car il n'y a jamais rien à gagner de maintenir dans l'indivis on celui qui n'y veut point rester. Mais le cas d'une telle séparation serait contraire à toutes les probabilités, à toutes les vraisemblances, car l'État qui s'isolerait ne pourrait jamais avoir qu'à y perdre. Si forte qu'on suppose une fraction, elle sera toujours moindre qu'un entier.

De toutes parts, les esprits tendent plus que jamais à repousser l'idée de guerre ; maintenant, les nations ne cherchent plus leur grandeur dans l'extension de leur territoire ; elles la cherchent dans l'accroissement de leur richesse, dans l'affermissement de leur crédit, dans le perfectionnement de leurs voies de communication et de transport, dans le progrès de leur agriculture et de leur industrie, dans la conclusion de traités de commerce avantageux. Les questions de frontières ont fait place aux questions de tarifs, et avec raison. Que signifieraient à présent toutes ces anciennes questions de *frontières naturelles* tant controversées, pour lesquelles il s'est ouvert tant de négociations, livré tant de batailles, versé tant de sang, exposé tant de nationalités ? Fleuves, océans, montagnes, ont cessé d'être des frontières inaccessibles, depuis que la navigation à vapeur permet de débarquer des armées sur toutes les rives, sur toutes les côtes ; depuis qu'on a vu les chemins de fer perforer les montagnes et les convertir en souterrains. Telle est l'impulsion des idées et des intérêts qui pousse peuples et gouvernements dans cette voie nouvelle, que l'on pourrait appeler l'*unité du Rail* : telle est la force de cette impulsion, que les hommes qu'on eût fait servir à une autre époque à se disputer les rives du Rhin, on les emploiera un de ces jours à creuser sous le lit de ce fleuve un tunnel pareil à celui que Brunnel a creusé sous le lit de la Tamise ! Il faut aux grands peuples de grandes tâches, ils ont besoin de s'illustrer ; durant des siècles, ce besoin n'a pu se satisfaire que par la guerre, les victoires et les conquêtes : mais les peuples commencent

à voir ailleurs la grandeur et la gloire. A l'aide de la
vapeur et de l'électricité, changer les lois de l'espace et
du temps ici en passant sous les fleuves ou traversant
les montagnes pour mettre en communication deux
embarcadères, là en perçant des isthmes pour unir par
un canal deux mers séparées, l'Atlantique au Paci-
fique, ou la mer Rouge à la Méditerranée, et abré-
ger ainsi la navigation du monde, ailleurs en donnant
à toutes les villes d'un royaume le moyen de corres-
pondre entre elles en quelques minutes, partout, enfin,
aplanir les obstacles, défis jetés par la nature au génie
de l'homme : voilà le but vers lequel se tournent les
regards de l'Europe tout entière !

Le risque de guerre disparu, les gouvernements perdent presque entièrement leur raison d'être ; ils ne sont
plus rien, et les peuples sont tout.

La pacification universelle est au suffrage universel
ce que la base d'un édifice est à son faîte.

DÉCRET DE L'AVENIR *.

ARTICLE 1er.

Une assurance spéciale contre le risque de guerre territoriale et maritime est instituée entre les divers Etats qui auront adhéré à la présente convention.

A cet effet, une armée de 000,000 hommes et une flotte de 00,000 canons seront entretenues aux frais communs des Etats; l'enrôlement militaire et maritime sera volontaire.

La dépense est proportionnellement supportée par chacune des nations contractantes, à raison de 1 soldat par 000 habitants et de 1 canon par 000 tonneaux.

Les proportions ci-dessus fixées, à raison de 1 soldat par 000 habitants et de 1 canon par 000 tonneaux, seront réglées le 1er janvier de chaque année; elles décroîtront à mesure que s'accroîtra le nombre des nations assurées entre elles.

ARTICLE 2.

Les nominations et promotions dans l'armée et dans la flotte auront lieu d'elles-mêmes, par la voie hiérarchique.

Les commandements en chef de l'armée seront conférés par l'élection à la majorité des voix de l'universalité des généraux de division et de brigade.

Le même mode de désignation aura pareillement lieu pour les commandants en chef de la flotte.

Décrets de l'avenir : C'est le nom et la forme qui ont été adoptés afin de rendre plus précises et en quelque sorte palpables les idées exposées dans ce livre.

NOTES DU LIVRE DEUXIÈME.

TRAITÉ DE CONFÉDÉRATION DES ÉTATS DU RHIN.

Signé à Paris, le 12 juillet 1806.

S. M. l'empereur des Français, roi d'Italie, d'une part, et de l'autre part LL. MM........, voulant, par des stipulations convenables, assurer la *paix intérieure* du midi de l'Allemagne, pour laquelle l'expérience a prouvé depuis longtemps, et tout récemment encore, que la constitution germanique ne pouvait plus offrir aucune sorte de garantie, ont nommé pour leurs plénipotentiaires, savoir :

. . . .

Art. **VI.** Les intérêts communs des États confédérés seront traités dans une diète, dont le siége sera à Francfort, et qui sera divisée en deux colléges, savoir : le collége des rois et le collége des princes.

Art. **IX.** Toutes les contestations qui s'éléveront entre les États confédérés seront décidées par la diète de Francfort.

Art. **XXXV.** Il y aura, entre l'empire français et entre les États des confédérés du Rhin, collectivement et séparément, une alliance en vertu de laquelle toute guerre continentale, que l'une des parties contractantes aurait à soutenir, deviendra immédiatement commune à toutes les autres.

Art. **XXXVI.** Dans le cas où une puissance étrangère à l'alliance et voisine s'armerait, les hautes puissances contractantes, pour ne pas être surprises au dépourvu, armeront pareillement d'après la demande qui en sera faite, par le ministre de l'une d'elles, à Francfort.

Art. **XXXVIII.** Le contingent à fournir par chacun des alliés, pour le cas de guerre, est comme suit :

. . . .

Art. **XXIX.** Les hautes parties contractantes se réservent d'admettre, par la suite, dans la nouvelle confédération, d'autres princes et États d'Allemagne, qu'il sera trouvé de l'intérêt commun d'y admettre.

Signé : **CH.-MAURICE TALLEYRAND, JEAN-ERNEST BARON DE GAGERN, etc.**

Note remise à la diète de Ratisbonne par le chargé d'affaires de France, le 1er août 1806.

« ...Son unique désir est de pouvoir employer les moyens que la Providence lui a confiés pour *affranchir les mers, rendre au commerce sa liberté*, et assurer ainsi le repos et le bonheur du monde. »

LETTRE DE S. M. L'EMPEREUR DES FRANÇAIS, ROI D'ITALIE, A S. A. LE PRINCE PRIMAT, CONCERNANT LA SOUVERAINETÉ DES ÉTATS CONFÉDÉRÉS.

11 septembre 1806.

« En acceptant le titre de protecteur de la Confédération du Rhin, nous avons contracté la double obligation de garantir le territoire de la Confédération contre les troupes étrangères, et le territoire de chaque confédéré contre les entreprises des autres... Mais là se bornent nos devoirs envers elle. Les affaires intérieures de chaque État ne nous regardent pas. Les princes de la Confédération du Rhin sont des souverains qui n'ont point de suzerains. Nous les avons reconnus comme tels. Les discussions qu'ils pourraient avoir avec leurs sujets ne peuvent donc être portées à un tribunal étranger. *La diète est le tribunal politique conservateur de la paix.* »

ACTE DE CONSTITUTION FÉDÉRATIVE DE L'ALLEMAGNE.

8 juin 1815.

Art. II. Le but de cette Confédération est le maintien de la **SURETÉ** *extérieure et intérieure* de l'Allemagne, de l'*indépendance* et de l'**INVIOLABILITÉ** des États confédérés.

Art. XI. Les États de la Confédération *s'engagent à défendre* non-seulement l'Allemagne entière, mais aussi chaque État individuel de l'Union en cas qu'il soit attaqué, et **se GARANTISSENT MUTUELLEMENT** toutes celles de leurs possessions qui se trouvent comprises dans cette Union.

Lorsque la guerre est déclarée par la Confédération aucun membre ne peut entamer des négociations particulières avec l'ennemi, faire la paix ou un armistice, sans le consentement des autres.

Les membres de la Confédération, en se réservant le droit de former des alliances, s'obligent cependant à ne contracter aucun engagement qui serait dirigé contre la sûreté de la Confédération ou des États individuels qui la composent.

Les États confédérés s'engagent de même **A NE SE FAIRE**

**LA GUERRE SOUS AUCUN PRÉTEXTE ET A NE POINT POUR-
SUIVRE LEURS DIFFÉRENDS PAR LA FORCE DES ARMES,**
mais à les soumettre à la Diète. Celle-ci essayera, moyennant une commission, la voie de la médiation. Si elle ne
réussit pas et qu'une sentence juridique devienne nécessaire, il y sera pourvu par un jugement austrégal bien
organisé auquel les parties litigeantes se soumettront sans
appel.

> Signé : **METTERNICH, WISSEMBERG, HARDEN-
> BERG, HUMBOLDT, BERNSTORF, RECHBERG,
> GAGERN,** etc., etc., etc.

ACTE DU CONGRÉS DE VIENNE.

9 juin 1815.

Art. CVIII. Les puissances dont les États sont séparés
ou traversés par une même rivière navigable s'engagent à
régler d'un commun accord tout ce qui a rapport à la navigation de cette rivière. Elles nommeront, à cet effet, des
commissaires qui se réuniront, au plus tard, six mois après
la fin du congrès, et qui prendront pour base de leurs travaux les principes établis dans les articles suivants.

Art. CIX. La navigation, dans tout le cours des rivières
indiquées dans l'article précédent, du point où chacune
d'elles devient navigable jusqu'à l'embouchure, sera **EN-
TIÈREMENT LIBRE ET NE POURRA, SOUS LE RAPPORT DU
COMMERCE, ETRE INTERDITE A PERSONNE;** bien entendu
que l'on se conformera aux règlements relatifs à la police
de cette navigation, lesquels seront conçus d'une **MANIÈRE
UNIFORME POUR TOUS, ET AUSSI FAVORABLE QUE POSSI-
BLE AU COMMERCE DE TOUTES LES NATIONS.**

PACTE FÉDÉRAL DU 7 AOUT 1815 ENTRE LES XXII CANTONS DE LA SUISSE.

§ I.

Les **XXII** cantons souverains de la Suisse... se réunissent
par le présent acte fédéral pour leur sûreté commune,
pour la conservation de leur liberté et de leur indépendance contre toute attaque de la part de l'étranger, ainsi
que pour le maintien de l'ordre et de la tranquillité dans
l'intérieur. Ils se garantissent leurs constitutions, conformément aux principes du pacte fédéral. Ils se garantissent
de même réciproquement leur territoire.

§ II.

Pour assurer l'effet de cette garantie et pour soutenir

efficacement la neutralité de la Suisse, un *contingent* de troupes sera formé des hommes de chaque canton, habiles au service militaire, dans la proportion de 2 soldats par 100 âmes.

§ III.

1. Les contingents en argent pour les frais de guerre et autres dépenses générales de la Confédération seront payés par les cantons, dans la proportion suivante :

. . . .

3. Une caisse militaire fédérale, dont les fonds doivent s'élever jusqu'au double du contingent en argent, sera en outre formée pour subvenir aux dépenses de la guerre.

§ IV.

1. En cas de danger extérieur ou intérieur, chaque canton a le droit d'avertir ses co-Etats de se tenir prêts à lui fournir l'assistance fédérale.

. . . .

Le canton ou les cantons requis ont l'obligation de porter secours au canton requérant.

5. Dans le cas de danger extérieur, les frais sont supportés par la Confédération ; ils sont à la charge du canton requérant, s'il s'agit de réprimer des troubles intérieurs.

§ VIII.

. . . .

7. La Diète prend toutes les mesures nécessaires pour la sûreté intérieure et extérieure de la Suisse ; elle règle l'organisation des troupes du contingent, les appelle en activité, détermine leur emploi, nomme le général, l'état-major général, et les colonels de la Confédération; elle ordonne, d'intelligence avec les gouvernements cantonaux, l'inspection nécessaire sur la formation, l'armement et l'équipement du contingent militaire.

—

Ce qui suit, venant à l'appui de ce qui précède, est extrait de l'*Indépendant* du 16 juillet 1854, journal qui se publie à Neufchâtel :

« Placée au centre du continent européen, la Suisse semble être un enseignement vivant pour les peuples qui l'entourent, et le noyau, pour ainsi dire, d'une fédération plus complète dans laquelle ils trouveront la fin des usurpations, des guerres de nationalités et des bouleversements politiques.

» Le contrat d'assurance mutuelle librement consenti

par les cantons entre eux, et par lequel la souveraineté et l'indépendance de chacun d'eux sont garanties et mises sous la protection de tous, est la seule base logique, fondée sur le droit naturel, de toute agrégation humaine, de toute société.

» Il est inévitable que cette constitution, plus sociale encore que politique, soit, dans un avenir plus ou moins éloigné, le droit commun des nations.

» Le principe de l'assurance mutuelle est tellement de l'essence des sociétés que, au sein même de chaque nationalité petite ou grande, c'est de son application et de son développement plus ou moins complet et rationnel, que dépend la vie et la prospérité du corps social.

» La science économique le constate tous les jours d'une manière plus évidente.

» Les peuples qui progressent et qui prospèrent sont ceux qui réalisent le plus heureusement l'idée d'*assurance*, et, par conséquent, s'éloignent le plus de l'idée de *communauté*, c'est-à-dire de centralisation, c'est-à-dire de despotisme. »

DÉTROITS.

Europe : Détroits des Dardanelles, de Gibraltar, du Sund, de Kara, de Pentland, de Bonifacio, de Messine, d'Euripe, d'Iénikalé ; — *Asie* : Détroits de Behring, de la Manche de Tartarie, de la Pérouse, de Gorée, de Formose, de Singapoor, de Malacca, d'Ormuz, de Bab-el-Mandel ; — *Amérique* : de Lancaster, de Davis, d'Hudson, Forbisher et Cumberland, de Belle-Isle, de Bahama, de la Floride, de Yucatan, de Magellan, de Lemaire, de Méziers, de la Nouvelle-Géorgie ; — *Océanie* : de Banca, de Gaspar et de Caremata, de la Sonde, de Macassar, des Moluques, de Dampier, de Saint-Georges, de Torres, de Bass, de Cook et de Foveaux.

ISTHMES.

Europe : isthmes de Corinthe, de Perecope ; — *Afrique* : isthme de Suez ; — *Amérique* : isthme de Panama.

Une maladie nouvelle s'est répandue en Europe ; elle a saisi nos princes et leur fait entretenir un nombre désordonné de troupes. Elle a ses redoublements, et elle devient nécessairement contagieuse ; car, sitôt qu'un Etat augmente ce qu'il appelle ses troupes, les autres, soudain, augmentent les leurs : de façon qu'on ne gagne rien par là que la ruine commune. Chaque monarque tient sur pied toutes les armées qu'il pourrait avoir si ses peupl s étaient en danger d'être exterminés : et on nomme paix cet état d'effort * de tous contre tous. Aussi l'Europe est-elle si ruinée, que les particuliers qui seraient dans la situation où sont les trois puissances de cette partie du monde les plus opulentes, n'auraient pas de quoi vivre. Nous sommes pauvres avec les richesses et le commerce de tout l'univers.

La suite d'une telle situation est l'augmentation perpétuelle des tributs : et ce qui prévient tous les remèdes à venir, on ne compte plus sur les revenus, mais *on fait la guerre avec son capital.* Il n'est pas inouï de *voir des Etats hypothéquer leurs fonds pendant la paix même,* et employer, pour se ruiner, des moyens qu'ils appellent *extraordinai res,* et qui le sont si fort que le fils de famille le plus dérangé les imagine à peine.

MONTESQUIEU.

—

L'effectif militaire actuel de l'Europe (et sous cette dénomination nous comprenons tout ce qui... payé sur les fonds consacrés à l'entretien des forces de terre et de mer) se compose de 4 millions d'individus environ, soit à peu près 1,2 p. c. de sa population totale, qui doit s'élever aujourd'hui à 267 millions d'âmes. Déduction faite pour les incapacités de service, on peut évaluer à 7,118,000 le chiffre des individus de 20 à 33 ans, capables de porter les armes, et plus de la moitié est sous les drapeaux en ce moment.

La valeur du travail annuel d'un adulte mâle ne saurait être de moins de 222 fr. En Angleterre, elle est en moy nne de 556 fr., et en France, de 296 fr. Il en résulte qu'en enlevant aux arts utiles de la paix 4 millions de jeunes gens, on sacrifie une valeur annuelle d'au moins 890 millions de francs. C'est à peu près la moitié de la somme que l'Europe consacre au service des intérêts de sa dette. Les dépenses ordinaires du personnel et du matériel des forces de terre et de mer figurent actuellement au budget des Etats européens pour un surplus de 2 milliards de francs : cette dépense, jointe à la perte résultant de l'envoi annuel sous les drapeaux de 4 millions de jeunes gens, forme une somme de près de TROIS milliards de francs, égale à la valeur du produit annuel des mines et de l'industrie en Europe, ou 35 fois plus élevée que le produit moyen annuel des mines et des métaux précieux de cette partie du monde, l'Oural compris.

---

* Il est vrai que c'est cet état d'effort qui maintient principalement l'équilibre, parce qu'il éreinte les grandes puissances.   MONTESQUIEU.

— 45 —

Les frais d'entretien des forces militaires des divers
États de l'Europe forment 30 0/0 de la totalité des dépenses ordinaires. Ils s'élèvent à un peu plus de 7 fr. 32 c.
par tête d'habitant, et à 504 fr. par tête de combattant.

La dépense totale pour cet objet, pendant les trente
dernières années, a été de SOIXANTE milliards 1/4. Nous
laissons à chaque lecteur le soin d'apprécier de combien
de chemins de fer, de canaux, de voies ordinaires de com-
munications, l'emploi du tiers seulement de cette somme
aurait pu doter l'Europe.

DE REDERN.

« Les puissances étrangères, dit-on, doivent nous servir d'exemple ; elles continuent de maintenir sur pied
des forces de guerre énormes. (Ecoutez!) Les grandes
puissances de l'Europe peuvent être fières de leurs forces
et s'imaginer qu'elles sont garanties contre l'agression ;
mais, à l'égard de toute puissance continentale de l'Europe, je crois que le chiffre de troupes maintenues sur
pied par les pays étrangers absorbe les ressources de ces
pays et diminue d'une manière incalculable leurs moyens
nationaux d'attaque et de défense. (Ecoutez!) Je crois
que la race humaine ne pourrait être dotée d'un plus
grand bienfait que ne le serait le consentement de toutes ces puissances à maintenir leur position RELATIVE
les unes vis-à-vis des autres, et à réduire leurs forces
respectives. (Applaudissements.)
» Ces forces énormes n'ont rien ajouté à leur puissance RELATIVE, tandis qu'elles minent certainement les
bases de leur prospérité : et si le jour d'une sévère
épreuve arrivait jamais, la crise financière serait rigoureuse (Ecoutez!) vis-à-vis de toutes ces puissances : la
Russie, la Prusse, la France, l'Autriche et le reste. *Si
elles avaient le bon sens de se contenter de maintenir leur
POSITION RELATIVE et de s'affranchir de quelque partie
de l'énorme dépense d'entretien de leurs armées régu-
lières, elles ne diminueraient pas leur sûreté, tout en con-
tribuant grandement à la prospérité des peuples.* Aussi in-
vité-je la chambre à ne pas se modeler sur l'exemple qui
nous est cité. N'augmentons pas comme ces puissances
nos dépenses publiques dans des proportions colossales.

» ROBERT PEEL. 15 mars 1850. »

Une députation du Congrès de la paix de Londres et
de Manchester, composée de notabilités parlementaires,
à la tête desquelles se trouvait M. Cobden, s'était pré-

sentée le 4 mai 1853 chez lord Clarendon, ministre des
affaires étrangères, dans le but de lui présenter un mémoire pour l'inviter à insérer dans les traités qui se discutent entre l'Angleterre et les Etats-Unis une clause
portant que les différends qui pourraient s'élever à l'a-
venir entre les deux pays seront réglés par arbitres, le
comte de Clarendon a répondu :

« Quant à la paix, aucun membre du Congrès ne la
désire plus que moi, et, comme j'en suis en quelque
sorte responsable, je tiens infiniment à ce qu'elle continue. *La question est de savoir seulement quels sont les meilleurs moyens de maintenir la paix.* Je ne suis pas tout à
fait convaincu que l'insertion d'un article dans le traité
atteignît le but. Je crois que l'esprit du siècle, les progrès du bon sens des peuples, à l'opinion desquels les
gouvernements seront forcés d'avoir plus d'égards que
par le passé, sont une meilleure garantie de paix que
tous les engagements écrits. On a vu de notre temps
des événements qui, à d'autres époques, auraient inévi-
tablement fait naître la guerre, et qui n'ont pas troublé
la paix : chaque jour rend la guerre plus difficile et le
maintien de la paix plus probable. »

LIVRE TROISIÈME.

Il n'est rien de caché qui ne doive être mis à découvert, rien de
secret qui ne doive être connu.

SAINT LUC.

Vous connaîtrez la vérité, et la vérité vous affranchira.

SAINT JEAN.

L'INSCRIPTION UNIVERSELLE.

L'inscription universelle assigne à chaque homme sa place, à chaque chose sa valeur, à chaque chiffre son rang; c'est la science des mathématiques appliquée à l'étude de la politique avec la même certitude qu'elle est appliquée à l'étude de l'astronomie.

L'inscription universelle, c'est la statistique vérifiée; la statistique vérifiée, c'est l'ordre social errant, ayant enfin trouvé son axe et son orbite; c'est le règne des conjectures qui finit; c'est l'empire des probabilités qui commence; c'est le caprice de la passion qui obéit et ne commande plus; c'est la loi du calcul qui commande et n'obéit plus; c'est l'arbitraire détruit par l'absolu; c'est le pouvoir changé en savoir; c'est l'ère ancienne qui se ferme : l'ère des rivalités et des guerres, des partis et des révolutions; c'est l'ère nouvelle qui s'ouvre : l'ère de l'unité et de la paix, de l'émulation entre tous les peuples et de la civilisation sous toutes les zones.

L'inscription universelle, c'est le compte ouvert à tout enfant qui naît dans la commune, c'est le grand-livre de chaque Etat, grand-livre où tout homme a sa page, qui s'appelle INSCRIPTION DE VIE.

L'inscription universelle, c'est le vieux régime pénal condamné par sa propre impuissance, radicalement réformé, heureusement détruit.

C'est le crime châtié par lui-même :

C'est le vice extirpé par la publicité ;

C'est la conscience transparente ;

C'est la misère interrogée et tarie par l'impôt :

C'est l'impôt transformé en assurance ;

C'est la prévoyance constituée par l'épargne ;

C'est l'épargne individuelle élevée à sa plus haute puissance par l'épargne collective ;

C'est l'Etat prêtant et n'empruntant plus, fécondant tout, mûrissant tout, éclairant tout, et ne s'immisçant plus dans rien.

C'est la clarté du jour succédant à l'ombre de la nuit, ombre qui fait pulluler le vice et le crime, le mensonge et la fraude, la dilapidation et la misère, la dépravation et l'hypocrisie, tous les excès et toutes les hontes.

L'inscription universelle, c'est l'inscription individuelle multipliée autant de fois que la Commune compte d'habitants immatriculés, que l'Etat compte de Communes organisées, que le Globe compte d'Etats civilisés.

L'inscription universelle en immatriculant l'homme et en lui ouvrant, dans la Commune où il est né, un compte constamment tenu à jour, rend les recherches aussi faciles et aussi certaines qu'elles le sont devenues lorsqu'on s'est avisé de mettre au coin de chaque rue le nom de la rue, au-dessus de chaque porte le numéro de la porte, ou sur l'enveloppe de chaque lettre le nom du destinataire, le nom de l'Etat, le nom de la ville, le nom de la rue et le numéro de la maison.

Avant de tomber au rebut, quel trajet et quels détours ne fait pas, quels retards n'éprouve pas, quels risques ne court pas une lettre qui porte une indication insuffisante ou inexacte, lettre qui fût arrivée tout droit sans retards et sans risques avec une indication qui eût été exacte et suffisante !

Ce qui a lieu pour un grand nombre de lettres, a lieu pour un nombre d'individus infiniment plus grand, individus qui, par l'immensité même de leur nombre et l'épaisseur de leur obscurité, échappent dans la plupart des circonstances et des actes de leur vie à tout contrôle nécessaire.

Je connais l'objection : elle consiste à dire qu'un contrôle qui riverait en quelque sorte l'individu à la Commune comme la chaîne à l'anneau, qui le suivrait partout comme la chaîne qui s'allonge sans se rompre, serait la destruction de toute liberté.

Je réponds : Non, ce ne serait pas la destruction de toute liberté, ce serait la destruction de toute obscurité. L'homme de bien qui n'aurait aucune tare à cacher conserverait sa liberté ; non-seulement il la conserverait entière, mais encore il ne tarderait pas à la posséder plus grande ; le malfaiteur, seul, y perdrait une forte partie de la sienne. Mais depuis quand donc la fausse monnaie est-elle fondée à se plaindre de ce que, la vraie étant trop parfaite, il soit trop difficile et conséquemment trop périlleux de la contrefaire ? Est-ce que la pièce de monnaie qui porte avec elle-même la preuve de sa valeur circule moins librement que si cette valeur n'était pas constatée et qu'il fallût vérifier le poids et le titre de chaque pièce chaque fois qu'elle passe d'une main dans une autre main ? Non, au contraire, elle circule d'autant plus librement, d'autant plus sûrement, d'autant plus rapidement, qu'elle est mieux frappée et plus inimitable ?

L'ordre, ce n'est pas la compression, c'est l'ordre ; mais pour que l'ordre existe dans une société, il faut commencer par l'y établir.

Or, l'ordre social, qui comprend l'ordre matériel et l'ordre moral, inséparables l'un de l'autre, ne sera solidement assis que lorsqu'il reposera sur l'inscription universelle.

Alors les bons ne payeront plus pour les mauvais, alors l'homme de paix, de liberté et de progrès ne sera plus légalement responsable de l'homme de trouble, de dictature et de révolution ; alors, celui-là ne risquera plus d'être privé de la liberté qui lui suffisait, parce que cette liberté ne suffisait pas à celui-ci ; alors, parce qu'une Commune isolée se sera mise en état d'insurrection, toutes les communes d'un pays ne risqueront plus d'être mises en état de siége ; alors, il sera facile de reconnaître et de trier l'ivraie du bon grain ; alors il sera facile de faire la part et le compte de chacun ; alors chacun étant responsable individuellement de ses actes, aucun ne sera plus injustement solidaire d'actes auxquels il aura refusé de s'associer ; alors cessera, heureux jour ! le communisme de la loi, cette grande iniquité sociale.

Où la Commune n'existe pas librement, le Communisme existe forcément, sous quelque nom et sous quelque forme qu'il se déguise. Qu'est-ce que le communisme ? C'est la Commune absorbée et suppléée par l'Etat ; c'est l'Etat faisant, et faisant mal, ce que devrait faire et ce que ferait bien la Commune.

Aussi la République communale est-elle à la République communiste ce qu'un pôle est à l'autre pôle, ce que la liberté est à l'autorité, ce que la responsabilité qu'on a le droit de décliner est à la solidarité à laquelle on ne peut se soustraire.

L'inscription universelle, ce n'est donc pas seulement l'ordre, c'est aussi la liberté : la liberté mutuelle scellée par l'ordre public.

Chaque Commune est aux individus immatriculés ce que le titre, dans un Code, est aux articles ; chaque individu est aux valeurs possédées ce que l'article est aux paragraphes. Ainsi, par la Commune s'établit le contrôle et s'acquiert la connaissance des personnes, et par les personnes le contrôle et la connaissance des choses. Choses et personnes ont leurs comptes ouverts, aussi exactement tenus et balancés que les comptes de la Banque de France.

Chaque extrait de ce compte, délivré chaque année par le percepteur de la Commune, et visé par l'officier de paix, est ce qui constitue l'INSCRIPTION DE VIE ou POLICE GÉNÉRALE D'ASSURANCE, inscription de vie qui remplace :

L'acte de naissance ;

Le passe-port ;

La carte électorale ;

Le livret.

L'inscription de vie est composée de quatre pages de la grandeur d'un passe-port.

La première page porte le nom de l'assuré avec son numéro d'immatriculation et tous les détails relatifs aux conditions de l'assurance générale et spéciale.

La deuxième page, *bilan individuel*, renferme sa déclaration d'actif et de passif certifiée exacte et précise.

La troisième page, *bilan national*, présente le budget annuel des dépenses et des recettes de l'État.

La quatrième page résume chaque année tous les documents statistiques de nature à éclairer tous les intérêts, toutes les professions, toutes les industries.

Par l'inscription de vie, inscription individuelle et universelle :

1º Tous les passe-ports deviennent superflus ; ils sont remplacés avec avantage.

2º Ni cartes, ni listes électorales, ne sont plus nécessaires. Une élection a lieu, il suffit de se présenter avec son Inscription de vie *visée pour élection* par l'officier de paix. Communes et départements peuvent donc s'épargner désormais la peine et la dépense de faire dresser, imprimer, rectifier, placarder, distribuer listes et cartes électorales. Fausses inscriptions et votes doubles ne peuvent avoir lieu.

3º Les livrets imposés, en France, aux ouvriers par la loi du 22 germinal 1803, formalité blessante qui constitue une inégalité civile, sont remplacés par une seule ligne. Cette ligne suffit. Ainsi se trouve tranchée le plus simplement du monde l'une des plus graves et des plus délicates questions de notre temps. Ainsi se trouve effacée une dernière inégalité sociale créée et maintenue par l'arbitraire administratif.
Donc :

Plus de passe-ports !
Plus de listes, ni de cartes électorales !
Plus de livrets d'ouvriers !

4º La statistique acquiert un tel degré de précision, qu'il n'est pas de renseignements qu'elle ne puisse immédiatement et sûrement donner, absolument ou relativement :

Par Individus,
Par Communes,
Par Départements,
Par Etats.

Les sciences médicales demandent-elles à la statistique combien d'individus sont sourds, aveugles, muets, bègues, boiteux ou bossus, etc., etc. ? Elle peut le leur dire, soit absolument, soit relativement.

Le crédit public lui demande-t-il combien d'individus sont riches de la fortune qu'ils ont reçue en héritage ou en dot ? Combien sont riches de la fortune qu'ils ont acquise par le travail? Combien ont une épargne au-dessus ou au-dessous de telle somme fixée ? Elle peut également le lui dire, soit absolument, soit relativement.

L'industrie lui demande-t-elle combien chaque profession désignée occupe de têtes ou de bras? Elle peut non moins facilement le lui dire, soit absolument, soit relativement.

Le commerce a-t-il besoin, pour établir ses prix régulateurs, étendre ou restreindre ses approvisionnements, ses achats, ses ventes, ses débouchés, de savoir à quelles quantités s'élèvent tels produits, de quelles qualités diverses ils sont, à quels prix moyens ou relatifs ils peuvent être livrés ? Elle peut très promptement le lui dire, soit absolument, soit relativement.

Etc., etc.

Sans l'INSCRIPTION DE VIE, toujours délivrée au lieu de la naissance, et sur laquelle sont consignés chaque année, avec exactitude, avec certitude, tous les renseignements relatifs à l'individu, l'État n'aura jamais que des statistiques mensongères, sans contrôle et sans preuves.

Telle ville a intérêt à exagérer le chiffre de sa population, telle autre ville, au contraire, a intérêt à le dissimuler. Que font-elles? En France, elles remplissent, à leur gré, les colonnes des tableaux envoyés par le ministre aux préfets, par les préfets aux sous-préfets, par les sous-préfets aux maires; ces tableaux sont retournés ensuite par les maires aux sous-préfets, par les sous-préfets aux préfets, par les préfets au ministre; c'est ce mouvement de va-et-vient qui s'appelle solennellement centralisation administrative et gouvernement.

Aucune preuve.
Aucun contrôle.

L'inscription universelle, au contraire, a toute la rigueur d'une comptabilité en partie double.
Tout s'y résume et s'y vérifie par la caisse.
Tout contribuable a son compte ouvert au Grand-Livre de la Population, qui a pour teneurs de livres tous les percepteurs nommés et payés par l'État.

— 55 —

A ce compte ouvert est porté tout renseignement dont l'État a reconnu et déclaré l'utilité.

Ainsi, l'État désire savoir combien il existe :

De non-valides ;
D'aliénés ;
De familles composées de tant de membres ;
De ménages ayant un revenu au-dessous de......;
D'enfants de tel âge, ayant tel degré d'instruction ;
D'hommes de vingt ans, ayant telle taille ;
De veufs ;
De célibataires ;
D'octogénaires ;
De septuagénaires ;
Etc., etc., etc. ;
De prés, valant   fr. l'hectare.
De champs,   —
De vignes,
Etc., etc., etc.

Sous le régime de l'inscription universelle, rien de plus simple, l'État le saura avec autant de certitude que s'il demandait au directeur du Grand-Livre de la Dette publique combien il existe de rentiers nominatifs ayant plus de 500 francs, ou moins de 100 francs de rente.

Le parti qu'une vigilante administration publique pourrait tirer d'une telle statistique tenue constamment au courant, est facile à apprécier, à quelque point de vue que l'on se place, soit qu'il s'agisse d'organiser la force armée, soit qu'il s'agisse de réformer le code pénal, soit qu'il s'agisse d'accroître la richesse nationale, soit, enfin, qu'il s'agisse de simplifier les rapports entre l'offre et la demande, le capital et le travail, la production et la consommation.

La statistique opérant ainsi avec cette certitude et cette promptitude est à la politique ce que l'astronomie est à l'astrologie, ce que l'art médical est à l'empirisme ; ce que la connaissance des causes est à l'impuissance d'expliquer les effets, conséquemment de les prévenir ; ce que l'ordre est au désordre, ce que la clarté du jour est à l'obscurité de la nuit.

La statistique, qui était un mensonge et une illusion, devient une vérité. Tout chiffre porte avec lui sa preuve. La preuve est ce qui en fait la valeur.

Alors la police se fait d'elle-même et sans agents ; elle est destituée par la statistique ; l'espionnage, qui démoralise sans éclairer (*), est remplacé par l'enquête qui éclaire sans démoraliser.

La politique cesse d'errer au gré des événements comme un vaisseau au gré des vagues, sans gouvernail et sans ancre ; elle n'ignore plus de quel côté est l'écueil et de quel côté est le port ; ce qu'il faut garder ou jeter de lest en certains endroits dangereux ; tout ce qu'il importe de savoir, elle le sait par l'inscription universelle, qui est à l'inscription maritime, cette grande pensée de Colbert, ce que serait à un gland semé en 1665, le chêne que deux siècles auraient vu croître.

(*) Faut-il des espions dans la monarchie? Ce n'est pas la pratique ordinaire des bons princes. L'espionnage serait peut-être tolérable s'il pouvait être exercé par d'honnêtes gens ; mais *l'infamie nécessaire de la personne* peut faire juger de l'infamie de la chose.

MONTESQUIEU, liv. XII., ch. XXIII.

N'ajoutez aucune foi aux espions. Il y a plus d'inconvénients que d'avantages à en avoir.

NAPOLÉON. Instructions laissées par l'Empereur des Français et roi d'Italie au prince Eugène, vice-roi. Juin 1805.

La police va découvrir une grande conspiration qui aura, dit-on, de grandes ramifications dans la province et dans l'armée. On nomme déjà les gens qui en seront certainement, mais le travail n'est pas fait.

PAUL-LOUIS COURIER.

DÉCRET DE L'AVENIR.

ARTICLE 1er.

Sont abolis à partir du 1er janvier 185., et remplacés par une seule contribution qui recevra le titre de *Prime d'assurance générale et spéciale*, les contributions et les impôts suivants :

Contribution foncière ;

    —   personnelle et mobilière ;

    —   des portes et fenêtres ;

    —   des patentes ;

Taxe de premier avertissement ;

Droits de douane ;

Droit sur les sels perçu dans le rayon et hors du rayon des douanes ;

Droit sur les boissons ;

Droit de timbre ;

Droit de navigation ;

Droit du 10e sur les voitures publiques ;

Redevances des mines ;

Tous droits, enfin, faisant obstacle à la production, à la consommation et à la circulation ;

LE RECRUTEMENT MILITAIRE ET L'INSCRIPTION MARITIME OBLIGATOIRE, *en temps de paix.*

Tout assuré qui aura acquitté la prime conformément aux prescriptions de la police d'assurance dont le modèle est annexé au présent décret *, sera admis à participer aux avantages suivants :

ARTICLE 2.

L'impôt est la *prime générale et spéciale* que paye

---

* Voir, telle qu'elle se trouve imprimée à la fin du volume intitulé l'IMPOT, par Émile de Girardin, *l'Inscription de vie* ou **Police générale et spéciale** destinée à remplacer l'*Avertissement* que le percepteur envoie au contribuable au commencement de chaque année.

volontairement l'assuré pour s'abriter contre les risques suivants :

Invasion ;
Piraterie ;
Crimes ;
Expropriation ;
Misère ;
Incendie ;
Inondation ;
Grêle ;
Gelée ;
Epizootie ;
Naufrage.

Les produits de cette *prime générale et spéciale* sont affectés :

A la solde de l'armée de terre ;
A la solde de l'armée navale ;
Au payement des frais de Justice et de Police ;
A la consolidation de la dette foncière ;
A la constitution de la pension de prévoyance ;
Au remboursement des sinistres.

Cette prime est proportionnelle à la *valeur* et au *risque*.

Elle est *générale* et *spéciale*. Lorsqu'elle s'applique à la *valeur*, elle est *générale* et *fixe* ; mais lorsqu'elle s'applique au *risque*, elle est *spéciale* et *variable*.

La prime étant proportionnelle aux *valeurs estimées* et aux *risques garantis*, toute déclaration doit être exacte et sincère ; **c'est l'intérêt de l'assuré**.

L'assuré a pour seuls juges de l'exactitude et de la sincérité de sa déclaration sa conscience, la conscience publique et le suffrage universel, mais cette exactitude a pour sanction naturelle l'inventaire dressé au jour inévitable du décès.

L'assurance pour l'exercice à ouvrir a pour base d'évaluation la déclaration que tout assuré, SOUS PEINE DE N'ÊTRE ADMIS A REVENDIQUER AUCUNE DES GARANTIES SOCIALES, est tenu de faire, du 1er octobre au 30 novembre de chaque année, de toutes les valeurs générales et quelconques composant son *actif* et son *passif*.

La prime générale et fixe sera, pour l'année 185., de *demi pour cent* du capital assuré.

Le capital s'entend de l'actif *net*.

Le crédit gagé se proposant pour but l'abolition de l'expropriation, par la consolidation de la dette hypothécaire, s'étend aux neuf dizièmes de la valeur des immeubles assurés.

Cette valeur est établie, soit par les contrats authentiques, soit en multipliant le revenu moyen des dix dernières années par le chiffre déterminant l'intérêt par le cours de la rente inscrite au grand-livre de l'État.

En cas de déclaration inexacte, soit de la valeur, soit du produit, la préemption par l'Etat, et, au refus de l'Etat, par tout particulier, est de droit.

La préemption est le droit d'appropriation moyennant le payement préalable du prix de l'objet tel qu'il a été déclaré, et le DIXIÈME EN SUS.

L'Etat, lorsqu'il a exercé le droit de préemption, est tenu de payer, en sus, un droit de *un pour cent* du prix au particulier à la déclaration duquel il aura dû la découverte d'une fausse déclaration d'actif.

Réciproquement, le particulier qui a préempté, au refus de l'Etat, est tenu envers celui-ci au payement de ce droit de *un pour cent*.

La *prime spéciale et variable* est déterminée par un tarif dressé et publié chaque année.

Moyennant le payement régulier de la *prime générale et spéciale*, toutes les valeurs formant l'objet de la déclaration certifiée sincère sont assurées contre tous les risques ci-dessus désignés. Le payement a lieu par douzièmes et d'avance.

Nul n'est admis à se prévaloir des avantages que lui offre la Police d'assurance qui lui a été délivrée, si le douzième à échoir n'a pas été ponctuellement acquitté dans le temps prescrit.

ARTICLE 3.

Le taux de la *prime générale et fixe* est fixé à *demi pour cent* de la valeur des objets assurés.

La valeur d'un objet se détermine, soit par le prix qu'on peut le vendre, soit par le produit qu'on en peut tirer, déduction de toute dette dont il pourrait être grevé, à quelque titre que ce soit, dette hypothécaire ou chirographaire, consignation ou reliquat de solde.

ARTICLE 4.

Tout propriétaire d'immeubles est admis à considérer le cours de la rente 3 0/0, coté à la Bourse de Paris comme le régulateur établissant le rapport légal du capital au revenu *. Cette évaluation varie selon le cours moyen annuel de la rente 3 0/0, arrêté le 1er octobre de chaque année ; elle varie encore dans le cas de vente de l'immeuble assuré ; alors le prix de la vente en détermine la valeur.

ARTICLE 5.

En aucun cas, l'assuré n'a jamais à payer que proportionnellement à son actif net et liquide de toute dette.

ARTICLE 6.

La prime *spéciale et variable* n'excède jamais la somme strictement nécessaire pour couvrir l'État des risques prévus dans la proportion déterminée par la police d'assurance.

ARTICLE 7.

Les frais d'encaissement de la *prime générale et fixe* ne devront pas dépasser 1 0/0.

ARTICLE 8.

Sont réduits à un *droit fixe* de 0 fr. par rôle, sous le nom de *frais de transcription et de conservation des actes*, les divers droits d'enregistrement sur les ventes d'immeubles et de meubles, ainsi que tous autres droits auxquels sont assujétis les diverses espèces de donations entre vifs, les inscriptions d'hypothèques, les contrats d'emprunts et les baux.

Aucun acte, aucun contrat, quels qu'en soient l'objet, la nature et la forme, ne peuvent être valablement

---

* *Instruction.* 1,000 fr. de rente 3 0/0 au cours de 60 fr. représentant 20,000 fr. de capital, un immeuble dont le prix de fermage ou de location est de 1,000 fr. peut être valablement déclaré comme n'ayant qu'une valeur actuelle de 20,000 fr.; 1,000 fr. de rente 3 0/0 au cours de 100 fr. représentant 33,333 fr. 33 c. de capital, un immeuble dont le prix de fermage ou de location est de 1,000 francs doit être conséquemment déclaré comme ayant une valeur de 33,333 fr. 33 c.

invoqués devant les tribunaux, s'ils n'ont pas été transcrits dans les dix jours de leur date.

La même prescription s'applique aux billets à ordre, lettres de change, traites et acceptations.

ARTICLE 9.

La fabrication du tabac et des poudres, dont le gouvernement a le monopole, est restituée à la liberté de l'industrie.

ARTICLE 10.

Le port des lettres, des imprimés et des livres est fixé ainsi qu'il suit :

10 centimes la lettre de 10 grammes et au-dessous;

20 centimes la lettre de 11 à 20 grammes, et ainsi progressivement ;

5 centimes la feuille imprimée de 50 décimètres carrés et au-dessous ;

10 centimes la feuille de 51 à 10 décimètres carrés, et ainsi progressivement ;

50 centimes le volume de 500 grammes et au-dessous ;

1 fr. » le volume de 501 à 1,000 grammes et ainsi progressivement.

ARTICLE 11.

Il sera pourvu aux frais de construction et d'entretien des routes et ponts de la manière suivante :

Tout possesseur d'une voiture, de quelque nature qu'elle soit, en devra faire la déclaration au percepteur du lieu de sa résidence, qui lui délivrera une *Police de circulation*.

Le prix de cette *Police de circulation* sera de 00 francs pour les voitures suspendues et les chariots à quatre roues ; il sera du double pour les voitures non suspendues et les charrettes à deux roues.

Le produit des *Polices de circulation* sera centralisé et formera un fonds spécial, qui sera exclusivement appliqué à la construction et à l'entretien des routes et ponts.

ARTICLE 12.

Les canaux et les chemins de fer qui sont actuellement la propriété de l'État seront successivement mis en adjudication, conformément aux cahiers des charges, qui seront rédigés de telle sorte que l'État n'ait plus désormais à pourvoir qu'à la construction et à l'entretien des routes et ponts.

ARTICLE 13.

Les villes et communes que la suppression de tous droits d'octrois et d'entrée laisserait sans revenus suffisants, voteront le nombre de centimes additionnels qui leur sera nécessaire ; ces centimes seront ajoutés au montant de la *prime d'assurance générale* ; ils seront payables par douzièmes et dans la même forme que la *prime d'assurance générale*; mais ils ne seront pas confondus dans le même rôle.

ARTICLE 14.

Dans le mois qui suivra la promulgation du présent décret, le ministre des finances recherchera et préparera tous les moyens de transformation de l'impôt multiple en impôt unique, ayant tous les caractères de prime d'assurance générale et spéciale.

A cet effet, un crédit de 500,000 fr. est ouvert, soit pour rémunérer, soit pour encourager les études ou les travaux qui lui auront paru utiles et qui devront avoir pour objet :

Premièrement, d'opérer la transformation précitée ;

Deuxièmement, de réduire le budget des dépenses de l'État à un chiffre qui n'excède pas le dixième du revenu brut, le cinquième du revenu net, et en aucun cas le centième de la valeur des biens immobiliers et mobiliers composant le capital national de la France ;

Troisièmement, d'ouvrir des carrières nouvelles aux employés que, par suite de la simplification des rouages, l'État ne pourra plus conserver à son service, et qui n'auront pas atteint l'âge fixé pour la liquidation de la pension de retraite.

NOTES DU LIVRE TROISIÈME.

DES LIVRETS D'OUVRIERS.

Avant la Révolution de 1848, et aux termes de l'ordonnance du 2 janvier 1749, un ouvrier français, une fois entré dans une fabrique, ne pouvait plus la quitter sans avoir obtenu du maître *un congé par écrit* ; il était en quelque sorte attaché à son métier, comme le cultivateur l'était à la glèbe. Les lois des 17 mars et 17 juin 1791, qui décrétèrent la liberté de l'industrie, affranchirent l'ouvrier de cette sujétion. Ce n'est qu'en 1803 que la loi du 22 germinal astreignit les travailleurs au livret. La rareté des ouvriers, à cette époque, faisait que les maîtres se les enlevaient les uns aux autres. La loi du 22 germinal inventa le livret pour y consigner les engagements des travailleurs.

En 1845, le gouvernement proposa à la chambre des pairs, dans sa séance du 31 janvier, un projet de loi sur les livrets d'ouvriers. La chambre des pairs fit de ce projet l'objet d'une discussion sérieuse, et le modifia considérablement. Il fut enfin soumis à la chambre des députés, le 17 février 1847. Le rapport sur ce projet ne se fit que le 6 juillet, aux derniers jours de la session. Cette circonstance et la Révolution de Février qui survint ensuite retardèrent jusqu'en 1854 le vote de la loi qui régira les livrets d'ouvriers à partir du 1er janvier 1855.

LOI SUR LES LIVRETS D'OUVRIERS.

Art. 1er. Les ouvriers de l'un ou de l'autre sexe, attachés aux manufactures, fabriques, usines, mines, minières, carrières, chantiers, ateliers et autres établissements industriels, ou travaillant chez eux pour un ou plusieurs patrons, sont tenus de se munir d'un livret.

Art. 2. Les livrets sont délivrés par les maires.

Ils sont délivrés par le préfet de police à Paris et dans le ressort de sa préfecture, par le préfet du Rhône à Lyon et dans les autres communes dans lesquelles il remplit les fonctions qui lui sont attribuées par la loi du 19 juin 1851.

Il n'est perçu, pour la délivrance des livrets, que le prix de confection. Ce prix ne peut dépasser 25 c.

Art. 3. Les chefs ou directeurs des établissements spécifiés en l'art. 1er ne peuvent employer un ouvrier soumis à l'obligation prescrite par cet article s'il n'est porteur d'un livret en règle.

Art. 4. Si l'ouvrier est attaché à l'établissement, le chef ou directeur doit, au moment où il le reçoit, transcrire sur son livret la date de son entrée.

Il transcrit sur un registre non timbré, qu'il doit tenir à cet effet, les noms et prénoms de l'ouvrier, le nom et domicile du chef de l'établissement qui l'aura employé précédemment, et le montant des avances dont l'ouvrier serait débiteur envers celui-ci.

Il inscrit sur le livret, à la sortie de l'ouvrier, la date de la sortie et l'acquit des engagements.

Il y ajoute, s'il y a lieu, le montant des avances dont l'ouvrier resterait débiteur envers lui, dans les limites fixées par la loi du 14 mai 1851.

Art. 5. Si l'ouvrier travaille habituellement pour plusieurs patrons, chaque patron inscrit sur le livret le jour où il lui confie de l'ouvrage, et transcrit sur le registre mentionné en l'article précédent les noms et prénoms de l'ouvrier et son domicile.

Lorsqu'il cesse d'employer l'ouvrier, il inscrit sur le livret l'acquit des engagements, sans aucune autre énonciation.

Art. 6. Le livret, après avoir reçu les mentions prescrites par les deux articles qui précèdent, est remis à l'ouvrier et reste entre ses mains.

Art. 7. Lorsque le chef ou directeur d'établissement ne peut remplir l'obligation déterminée au troisième paragraphe de l'art. 4 et au deuxième paragraphe de l'art. 5, le maire ou le commissaire de police, après avoir constaté la cause de l'empêchement, inscrit sans frais le congé d'acquit.

Art. 8. Dans tous les cas, il n'est fait sur le livret aucune annotation favorable ou défavorable à l'ouvrier.

Art. 9. Le livret, visé gratuitement par le maire de la commune où travaille l'ouvrier, à Paris et dans le ressort de la préfecture de police par le préfet de police, à Lyon et dans les communes spécifiées dans la loi du 19 juin 1851 par le préfet du Rhône, tient lieu de passe-port à l'intérieur, sous les conditions déterminées par les réglements administratifs.

Art. 10. Des réglements d'administration publique détermineront tout ce qui concerne la forme, la délivrance, la tenue et le renouvellement des livrets.

Ils règlent la forme du registre prescrit par l'art. 4 et les indications qu'il doit contenir.

Art. 11. Les contraventions aux art. 1er, 3, 4, 5 et 8 de la présente loi sont poursuivies devant le tribunal de simple police, et punies d'une amende de 1 fr. à 15 fr., sans préjudice des dommages-intérêts, s'il y a lieu.

Il peut, de plus, être prononcé, suivant les circonstances, un emprisonnement d'un à cinq jours.

Art. 12. Tout individu coupable d'avoir fabriqué un faux livret ou falsifié un livret originairement véritable, ou fait sciemment usage d'un livret faux ou falsifié, est puni des peines portées en l'art. 153 du Code pénal.

Art. 13. Tout ouvrier coupable de s'être fait délivrer un livret soit sous un faux nom, soit au moyen de fausses déclarations ou de faux certificats, ou d'avoir fait usage d'un livret qui ne lui appartient pas, est puni d'un emprisonnement de trois mois à un an.

Art. 14. L'art. 463 du Code pénal peut être appliqué dans tous les cas prévus par les art. 12 et 13 de la présente loi.

Art. 15. Aucun ouvrier soumis à l'obligation du livret ne sera inscrit sur les listes électorales pour la formation des Conseils de prud'hommes, s'il n'est pourvu d'un livret.

Art. 16. La présente loi aura son effet à partir du 1er janvier 1855. Il n'est pas dérogé, par ses dispositions, à l'art. 13 du décret du 26 mars 1832, relatif aux sociétés de secours mutuels.

DOMESTIQUES.

Une ordonnance de Charles IX de 1565, renouvelée par Henri III en 1571 et Henri IV en 1601, porte :

« Défenses à tous serviteurs de laisser leurs maîtres et maîtresses pour aller servir d'autres sans le gré et consentement desdits maîtres et maîtresses ou pour quelque cause et occasion légitime et raisonnable, et pareilles défenses à toutes personnes de recevoir un serviteur sortant d'une autre maison que préalablement ils ne se soient enquis de maître ou maîtresse, s'ils lui ont donné congé et pour quelle cause et occasion il sort de ladite maison, ou *que le serviteur n'ait en certification par écrit*, le tout sous peine de vingt livres parisis d'amende. »

—

En 1700 et 1719, on défendit « à toutes sortes de personnes de faire mettre à l'avenir de l'or et de l'argent en quelque sorte et manière que ce pût être, sur les habits de livrée, à l'exception des trompettes et timbaliers, de faire doubler de velours le revers de leur manches, hors pour les pages. Le tout à peine de confiscation des habillements et de cent livres d'amende pour les maîtres. »

Une ordonnance de 1720 prescrivit aux domestiques de se munir de « papiers attestant ce qu'ils étaient, nom-

mant les maîtres qu'ils avaient servis » ; et aux maîtres
de ne point prendre de domestiques qui ne seraient pas
munis de certificats « sous peine de cent livres d'amende,
applicables à l'hôpital général. » Défense fut faite, en
outre, à tous serviteurs et domestiques sans condition
de rester dans Paris plus de huit jours, sous peine d'être
arrêtés et punis comme vagabonds.

On cite un arrêt du 14 août 1751, qui condamna « le domestique Lapierre, pour avoir été insolent à l'égard de
son maître, à être attaché au carcan à un poteau qui fut,
à cet effet, planté au bout du pont Neuf, du côté de la
rue Dauphine, et à y demeurer depuis midi jusqu'à deux
heures, ayant écriteaux devant et derrière, portant ces
mots : *Laquais insolent envers son maître*. Ce fait, le ban-
nit pendant trois ans de Paris. »

En 1778, il fut de nouveau prescrit que nul ne pourrait
se présenter comme domestique sans justifier ce qu'il
était, ce qu'il avait fait, et que sa conduite avait toujours
été morale. Il fut enjoint à tout domestique « de porter
obéissance et respect à leurs maîtres et maîtresses. » Les
maîtres furent invités à les traiter avec bonté. Un domestique était astreint, s'il voulait quitter le service d'un
maître, à le prévenir huit jours d'avance, à ne jamais avoir
en ville d'autre appartement ou logement que celui donné
par son maître. Si les maîtres avaient pris des vagabonds,
des gens sans aveu, ils étaient responsables *des méfaits
de ces mécréants.*

Un laquais ne pouvait porter ni canne ni épée, ni aller
au spectacle.

En 1793, on supprima ces règlements.

Le 3 octobre 1810, l'empereur Napoléon Ier rendit le décret suivant :

DÉCRET DU 3 OCTOBRE 1810.

« Art. 1er. Dans le mois qui suivra la promulgation du
présent décret, tous les individus de l'un et l'autre sexe
qui sont actuellement, ou qui voudront se mettre en service, à l'année, au mois, même au jour, en qualité de domestiques, sous quelque dénomination que ce soit, dans
notre bonne ville de Paris, seront inscrits dans les bureaux qui seront désignés par le préfet de police, soit sur
leur déclaration, soit sur les états et vérifications, que les
commissaires de police seront tenus de faire, sous peine
d'une détention qui ne pourra excéder trois mois, ni être
moindre de huit jours. Il sera délivré à chaque individu
qui se fera inscrire, un bulletin portant ses nom, prénoms, lieu de naissance, *profession*, signalement, s'il est
marié ou veuf, et l'indication du maître qu'il sert.

» Art. 3. Il n'est permis à personne de recevoir et prendre à son service aucun domestique non pourvu d'un bul-

letin d'inscription : ledit bulletin restera entre les mains du maître.

» Art. 4. Celui de chez qui sortira le domestique adressera le bulletin d'inscription à la préfecture de police, après y avoir inscrit le jour de la sortie.

» Le domestique sera tenu de se transporter à la préfecture dans les quarante-huit heures, et d'y faire la déclaration s'il veut continuer à servir ou à prendre une autre profession, à peine d'un emprisonnement qui ne pourra excéder *quatre jours* ni être moindre de vingt-quatre heures.

» Art. 5. Nul ne prendra à son service un domestique si le bulletin d'inscription ne lui est représenté visé à la préfecture de police. »

ORDONNANCE CONCERNANT LES LIVRETS DES DOMESTIQUES.

Paris, le 1er août 1853.

Nous, préfet de police,

Vu l'arrêté des consuls du 12 messidor an VIII :

Vu le décret impérial du 3 octobre 1810, qui réglemente la profession de domestique dans la ville de Paris ;

Considérant que depuis longtemps ce décret ne reçoit plus qu'une exécution insuffisante, et qu'il résulte de l'inobservation des sages mesures qu'il avait prescrites, des abus qui compromettent à la fois l'ordre public, la sécurité des familles et l'intérêt des domestiques,

Ordonnons ce qui suit :

« Art. 1er. Tous les individus de l'un ou de l'autre sexe, qui sont actuellement ou qui voudront se mettre en service dans la ville de Paris, seront tenus, dans un délai de trois mois, de se munir d'un bulletin d'inscription ou livret, à peine d'une détention qui ne pourra excéder trois mois ni être moindre de huit jours.

» Ce livret comprendra les nom, prénoms, âge, lieu de naissance de l'impétrant, ainsi que son signalement et son état civil. (Art. 1er du décret de 1810.)

» Art. 2. Le livret se a délivré à la préfecture de police, sur la production de documents propres à établir l'identité de l'impétrant, et sur le vu d'un certificat délivré par le commissaire de police de sa section.

» Art. 3. Il n'est permis de recevoir et prendre à son service aucun domestique non pourvu d'un livret régulier. Ce livret restera entre les mains du maître.

» Art. 4. Le maître, de chez lequel sortira un domestique, ne pourra, sous aucun prétexte, retenir le livret.

» Il sera tenu de le porter ou de le faire remettre revêtu de son visa, le jour même de la sortie, au commissaire de police de sa section. Il y inscrira simplement le jour de l'entrée et le jour de la sortie, sans pouvoir y exprimer aucune mention de blâme ou de satisfaction. Dans le cas où il aurait à formuler des plaintes ou des observations sur la conduite du domestique sortant, il les adressera séparément au commissaire de police à qui sera transmis le livret. En cas de difficulté sur la remise ou le visa du livret, le commissaire de police prêtera son concours, s'il en est requis, et statuera provisoirement.

» Art. 5. Le domestique sortant sera tenu de se présenter dans les quarante-huit heures au bureau de police où aura été adressé le livret et d'y faire connaître s'il veut continuer à servir, à peine d'un emprisonnement qui ne pourra excéder quatre jours ni être moindre de vingt-quatre heures.

» Le livret lui sera rendu visé par le commissaire de police. (Art. 4 du décret de 1810.)

» Art. 6. Les obligations imposées aux maîtres pourront être remplies par les intendants des maisons où il y en a d'établis.

» Art. 7. Outre les pénalités ci-dessus rappelées, les domestiques qui ne se conformeront pas aux dispositions de la présente ordonnance pourront, suivant les circonstances, être expulsés du département de la Seine, conformément à la loi du 9 juillet 1852.

» Art. 8. Les commissaires de police, le chef de la police municipale et tous les agents de la préfecture sont chargés, chacun en ce qui le concerne, de l'exécution de la présente ordonnance.

» *Le préfet de police,*

» **PIÉTRI.** »

LIVRE QUATRIÈME.

La volonté du souverain est le souverain lui-même. Les lois qui établissent le droit de suffrage sont donc fondamentales.

MONTESQUIEU.

Si nous connaissions les meilleurs d'entre nous, l'ère des révolutions serait à jamais fermée; malheureusement, nous n'avons aucune méthode certaine pour les découvrir.

THOMAS CARLYLE.

Unité sans multitude est tyrannie; multitude sans unité est confusion.

PASCAL.

Aux meilleurs l'empire du monde !

VICO.

Une loi *commune* et une représentation *commune*, voilà ce qui fait une nation.

SIÈYES.

Avant de savoir qui agira au nom du peuple, qu'on sache d'abord ce qu'il fera lui-même et que nul autre ne fera pour lui.

DAUNOU, **26** *avril* 1793.

Comme aucun membre d'une compagnie ne répond des délibérations du corps, les avis les moins raisonnables passent quelquefois sans contradictions. C'est pourquoi Sully dit dans ses mémoires, que si la sagesse descendait sur la terre, elle aimerait mieux se loger dans une seule tête que dans celles d'une compagnie.

VOLTAIRE, *Essai sur les Mœurs*.

LE VOTE UNIVERSEL.

I.

LE MAIRE D'ÉTAT.

Le droit de suffrage étant au droit d'aînesse ce que l'Election est à l'Hérédité, ce que la République est à la Monarchie, ce que l'Avenir est au Passé, ce que le Jour est à la Nuit, ce que le Pôle arctique est au Pôle antarctique, chercher et trouver :

Le mode de vote universel qui soit la méthode la plus certaine pour découvrir les meilleurs et les plus capables ;

La forme d'administration des Etats qui, conciliant les traditions du passé avec les nécessités de l'avenir, la puissance d'initiative avec l'efficacité du contrôle, l'unité avec la responsabilité, la grandeur nationale avec l'économie publique, la *puissance individuelle*, avec la *puissance indivisible*, conséquemment *indivise* *, soit l'Ordre par la Liberté.

Tel est le problème dont l'importante et urgente solution aurait dû être mise au concours dès le lendemain de la Révolution du 24 février 1848, par tous les gouvernements prévoyants, si gouverner c'était prévoir.

* Pour se rendre exactement compte de ce qu'il faut entendre par ces mots : *Puissance individuelle* et *puissance indivisible*, lire LE DROIT, par Émile de Girardin, p. 89.

— Mais qui y a songé?

— Personne.

— C'est précisément parce que j'ai vu que personne n'y songeait qu'il m'a paru nécessaire d'en faire l'objet de mes recherches les plus opiniâtres et de mes méditations les plus constantes, ne fût-ce que pour donner un utile exemple, une salutaire impulsion.

L'usage du chronomètre, du baromètre, du thermomètre, s'est répandu dans tout le monde civilisé; il en sera ainsi du vote universel appelé à devenir, relativement à l'opinion publique, ce que le chronomètre est au temps, dont il donne la mesure avec une précision rigoureuse; ce que le baromètre est à la température, dont il indique toutes les variations.

Le vote universel doit être à la puissance nationale, communale, individuelle, ce que la parole est à la pensée, le moyen de s'exprimer, mais il n'en sera ainsi qu'après qu'il aura cessé d'être un instrument de guerre, pour devenir un instrument de liberté et qu'il aura substitué la *liberté des opinions* à la *guerre des partis*.

Les minorités ont le même droit que les majorités à être représentées.

C'est le progrès vers lequel doivent tendre tous les esprits qui cherchent avec persévérance le juste et le vrai.

Partout, Majorité et Minorité forment deux camps ennemis; dans l'un comme dans l'autre, c'est un pêle-mêle d'idées confuses qui s'excluent, d'intérêts rivaux qui s'allient, de cocardes honteuses qui se cachent, de drapeaux ennemis qui se mentent, de chefs ombrageux qui se détestent, de soldats déserteurs qui se méprisent. Bien difficile serait souvent d'expliquer autrement que par un hasard, un caprice, une fausse évolution, pourquoi tels qu'on pourrait nommer sont dans les rangs de la Minorité, au lieu d'être dans les rangs de la Majorité, et tels autres dans les rangs de la Majorité, au lieu d'être dans les rangs de la Minorité. Si, à peu d'exceptions près, personne, au jour de la lutte électorale, ne se retrouve immuablement à la place que lui assignaient ses principes et ses intérêts, ce n'est pas l'inconséquence de l'esprit humain qu'il faut en accuser, c'est l'imperfection des modes électoraux qui ont été successivement en usage.

En fait de régime électoral, on en est encore au ré-

gime féodal, à ce temps où la Justice n'avait pas dé-
sarmé la Force ; où, au lieu de s'adresser à un juge, on
s'adressait à son épée ; où, au lieu d'échanger des assi-
gnations, on échangeait des cartels ; où l'innocence, au
lieu de se défendre par un avocat armé d'un dossier, se
défendait par un chevalier armé de pied en cap ; on en
est encore aux combats.

Est-il donc nécessaire que le vote universel soit un
combat électoral ?

N'est-ce pas la barbarie ?

La puissance qui est à la fois individuelle, communale, nationale, ne saurait-elle donc concevoir un
autre mode moins imparfait de s'exercer.

Que veut-on ? Que doit-on vouloir ?

On veut que toutes les idées se débattent, que tous
les principes se discutent, que tous les drapeaux se dé-
ploient, que tous les intérêts se défendent, que toutes
les plaintes s'énoncent, que toutes les erreurs se redres-
sent, que tous les abus se découvrent, que toutes les
aptitudes se produisent et que toutes les supériorités
se démontrent.

Le moyen qu'on emploie est-il bon, est-il le meilleur ?

Est-il donc absolument nécessaire que 86 départements, comme en France, se divisent en autant de
camps ennemis, ayant tous et chacun leurs vainqueurs
et leurs vaincus, une majorité et une minorité ?

Est-ce la liberté ? N'est-ce pas la guerre ?

C'est la guerre civile socialement transformée ; c'est
la guerre civile, moins l'effusion du sang ; c'est la
guerre civile, avec cette différence qu'au lieu d'employer des cartouches, ce sont des bulletins qu'on emploie ; ce n'est pas la liberté électorale.

Sans doute, c'est un progrès, mais ce n'est pas encore une solution.

La liberté électorale, c'est que chacun vote, en paix,
comme il l'entend et pour qui il lui plaît, sans agression, sans antagonisme, sans que *choisir* un nom ait
forcément pour conséquence d'en *exclure* un autre, sans
que voter *pour* ait indirectement pour effet de voter *contre*, sans qu'il soit nécessaire d'arborer une cocarde et
de se ranger sous l'un des deux drapeaux en présence.

Dans le système du morcellement électoral, les ma-

jorités seules sont représentées; les minorités sont
exclues.

C'est l'oppression organisée des minorités.

C'est le despotisme localisé des majorités.

La France en est un exemple;

De 1848 à 1850, un grand citoyen qui avait blessé
toutes les coteries en se plaçant au-dessus d'elles, pouvait réunir sur son nom deux millions de voix, en
France, et n'être pas élu représentant, tandis qu'avec
9,000 voix obtenues dans un collége, tel candidat siégeait sur les bancs de l'Assemblée nationale.

A des élections générales, un candidat pouvait n'être pas élu avec 100,000 voix, et l'être, un mois après,
avec moins de 10,000 voix, dans des élections partielles.

Combien de candidats, ayant eu de 50,000 à 100,000
voix, sont, en 1848 et 1849, restés au seuil de l'Assemblée constituante et de l'Assemblée législative ! Combien
d'autres l'ont franchi, qui n'avaient eu que de 10,000 à
20,000 suffrages !

Dans tel département, pour réussir, il fallait plus de
100,000 voix ; le tiers suffisait dans le département voisin.

Dans tel département, l'électeur avait le droit de nommer 28 représentants ; dans le département contigu,
l'électeur n'avait le droit d'inscrire que 7 noms sur son
bulletin.

Le motif tiré de l'inégalité de la population comparée était-il un motif qui justifiât suffisamment cette
inégalité du vote individuel?

Toute cette paperasserie qui s'intitule pompeusement : *Listes électorales, inscriptions, radiations, rectifications, révision, impression, révision, publication*, etc., est-elle bien nécessaire? Ne pourrait-elle pas
être supprimée sans que la sincérité des élections y
perdit aucune garantie?

A quoi bon ces décisions de maires et de juges de
paix, en instance, appel et pourvoi ?

Pourquoi cette condition d'abord exigée et plus tard
abandonnée de *six mois d'habitation*, puis de *trois années de domicile?* Est-ce que l'exercice du droit de souveraineté peut être rationnellement subordonné à un
changement de résidence?

Pourquoi ne pas laisser à l'électeur la liberté de voter partout où il se trouve au jour de l'élection?

Pourquoi, en tout et toujours, s'appliquer à susciter

des difficultés, au lieu de s'appliquer à les aplanir?

Simplifier, on le sait, est ma constante devise.

Donc, je me suis posé les questions suivantes :

Est-il possible de faire que le vote universel cesse d'être la guerre civile et devienne la liberté électorale?

Est-il possible de supprimer toutes les luttes locales par un mode de la simplicité duquel il résulte que majorités et minorités soient toujours exactement additionnées et fidèlement représentées?

Est-il possible de faire que le vote universel marche de lui-même, sans bourrelets, sans lisières, sans organisation préalable, qui le désorganise; sans élections préparatoires, qui imposent à la majorité insouciante les choix de la minorité active; sans comités directeurs, qui le faussent; sans conclaves souverains, qui le confisquent?

Est-il possible de maintenir au vote universel l'inviolabilité de sa condition essentielle de suffrage *direct?*

Est-il possible de décompliquer tout ce qui complique l'exercice du droit électoral, et de le rendre si simple et si sûr qu'il n'y ait plus de difficultés à le rendre *annuel* et même à y recourir en toutes circonstances graves où la puissance nationale doit prononcer?

Est-il possible de laisser sans inconvénient à tout électeur le droit de voter partout où il se trouve au jour de l'élection?

Est-il possible d'éviter et de supprimer les réélections partielles, qui ont le grave inconvénient de venir souvent infirmer le sens politique de l'élection générale précédente?

Telles sont les questions que je me suis posées, comme on pose des jalons sur une route nouvelle qu'on veut ouvrir; ces jalons m'ont conduit, après plus d'un tâtonnement, plus d'un redressement, à la découverte d'un mode extrêmement simple d'exercice de la puissance individuelle, communale, nationale, et je le crois aussi puissant qu'il est simple et nouveau.

Ce mode d'exercice de la puissance individuelle, communale, nationale, donne à la Majorité l'administration publique et à la Minorité le contrôle national; en même temps qu'il fait sortir de l'urne électorale un Elu, il en fait sortir onze contrôleurs; comme chaque électeur

ne peut écrire valablement qu'un seul nom sur son bulletin, il résulte de cette combinaison toute neuve :
— que le premier nom qui sort de l'urne électorale indique la couleur de la Majorité compacte, et que les onze autres noms qui suivent représentent toutes les nuances de la Minorité divisée.

Le candidat dont le nom est sorti le premier de l'urne électorale est proclamé MAIRE D'ÉTAT.

Les onze autres candidats qui viennent ensuite par rang d'inscription sur le tableau de recensement général des votes sont proclamés membres de la COMMISSION NATIONALE DE SURVEILLANCE ET DE PUBLICITÉ.

Total : XII noms;

Savoir :

UN nom qui représente la Majorité compacte ;

ONZE noms qui représentent la Minorité divisée.

Ce nombre XII suffit pour permettre à toutes les opinions dissidentes, à tous les intérêts inquiets, à toutes les idées mûres, de se produire et de se compter; mais s'il ne suffisait pas, rien ne serait plus facile que de l'augmenter. Ce que je cherchais donc, je l'ai trouvé :
— un véritable chronomètre qui, au lieu de marquer la marche du temps par le chiffre des heures, la marque par le nom des hommes.

Majorité et Minorité sont et doivent être les deux temps du pendule politique.

Pourquoi le pendule politique ne faisait-il jamais un mouvement, soit à droite, soit à gauche, que pour s'arrêter aussitôt? — C'est que le deuxième temps n'avait pas lieu, c'est que la Minorité était condamnée à l'immobilité et que, seule, la Majorité fonctionnait.

Dans ce système, il n'y a qu'un seul collége pour l'Etat tout entier. Tout lieu où l'on vote est considéré comme section de ce collége unique. Toutes les voix données à chaque candidat dans toute l'étendue du territoire sont d'abord recueillies par *section*; toutes les *sections* comprises dans la même Commune sont additionnées à la Commune, et totalisées au chef-lieu de l'Etat dans les bureaux de la Questure chargée de dresser le tableau général de recensement des votes.

Plus d'élections partielles.

Plus de listes électorales; pour les rendre inutiles, il suffit que la cote délivrée par le percepteur revête la forme dont j'ai établi le modèle, et à laquelle j'ai donné le nom d'INSCRIPTION DE VIE ou POLICE D'ASSURANCE GÉNÉRALE.

On peut voter indistinctement partout où l'on est, mais on ne peut valablement inscrire plus d'un nom sur son bulletin. Le vote se constate par l'apposition d'un timbre sur la POLICE D'ASSURANCE GÉNÉRALE, au moment même où l'électeur dépose son bulletin dans l'urne. Nul ne peut donc voter deux fois dans la même élection.

Fraudes électorales et influences locales disparaissent par l'impossibilité de s'organiser simultanément dans d'aussi nombreuses sections, rayonnant de tous les points de la circonférence au centre.

L'élu est véritablement l'élu de l'Etat, et non pas l'élu d'un département, d'un comté ou d'une province.

L'élu est affranchi, vis-à-vis de l'électeur, de toute dépendance, de tout lien.

L'électeur, à son tour, n'a plus à subir les obsessions des candidats ; il n'a plus à craindre les menaces ou à résister aux séductions qui forment, dans les systèmes actuels, un cercle étroit autour de lui.

Électeurs et élus sont réellement et réciproquement libres.

Par cette élection à double ressort, qui fait ainsi une juste part à la MAJORITÉ et à la MINORITÉ, je donne satisfaction à deux sentiments contraires :

Le SENTIMENT DE CONFIANCE, sentiment simple, exclusif de sa nature, et représentant l'unité, s'exprimant exactement par le chiffre I ;

Le SENTIMENT DE DÉFIANCE, sentiment composé, formé de mobiles divers, s'exprimant dans toutes ses nuances par le chiffre XI.

Nul mécanisme n'est moins compliqué : — deux roues qui s'engrènent et qui tournent en sens opposé.

Ai-je réalisé ces paroles de Platon ? — « LA MEILLEURE DES DÉMOCRATIES EST CELLE QUI RESSEMBLE LE PLUS A LA MONARCHIE. »

C'est ce que je vais essayer de vérifier par une hypothèse :

Je suppose que le premier dimanche de mai dix millions d'électeurs aient voté, et que les voix se soient réparties ainsi qu'il suit ;

A.	4,000,000 de voix.
B.	3,000,000
C.	1,500,000
D.	300,000
E.	200,000
F.	180,000
G.	170,000
H.	150,000
I.	140,080
J.	130,000
K.	120,000
L.	80,000
Voix perdues.	30,000
Total. . .	10 millions.

A. personnifiant la MAJORITÉ COMPACTE, incarnant la confiance du pays, serait proclamé MAIRE D'ÉTAT.

B. C. D. E. F. G. H. I. J. K. L., personnifiant la MINORITÉ DIVISÉE, incarnant les défiances des partis, les dissidences d'opinions, les rivalités d'intérêts, seraient proclamés MEMBRES DE LA COMMISSION NATIONALE DE SURVEILLANCE ET DE PUBLICITÉ. Ainsi la Minorité deviendrait à son tour Majorité ; seulement, chacune de ces deux majorités, l'une résumant la Confiance et l'Administration, l'autre la Défiance et le Contrôle, aurait une signification différente et une attribution distincte.

En cas de désaccord sur l'interprétation de la volonté nationale et de l'intérêt collectif, entre ces deux majorités, entre l'Administration et le Contrôle, c'està-dire entre le MAIRE D'ÉTAT et la COMMISSION NATIONALE DE SURVEILLANCE ET DE PUBLICITÉ, la partie la plus diligente des deux, MAIRE D'ÉTAT OU COMMISSION NATIONALE DE SURVEILLANCE, convoquerait l'arbitre suprême, c'est-à-dire le Peuple, qui prononcerait souverainement.

Les onze membres de la COMMISSION NATIONALE DE SURVEILLANCE ET DE PUBLICITÉ ne jugeraient jamais, ils avertiraient toujours ; il exerceraient le contrôle, jamais le pouvoir *.

Ce rôle serait celui que remplissait à Rome le *collége des tribuns*. Le nombre des tribuns dont il se composait avait fini par s'élever jusqu'à dix. Ils étaient élus chaque

Dans ce système, toute grande question, toute opinion populaire pourrait se faire jour et se débattre librement sans que jamais les nombreuses populations qui travaillent soient placées sous le coup de cette funeste alternative : ou d'être obligées d'interrompre leurs pressants travaux ou d'être exposées à subir des lois nuisibles votées à faux par suite de leur abstention.

Dans ce système, pour que le Peuple fût convoqué avant l'expiration du terme annuel et normal fixé au premier dimanche de mai de chaque année, il faudrait une circonstance extraordinaire, un cas très grave tels que : une insulte à venger, une agression à repousser, un allié à secourir.

En temps ordinaire, il suffirait au Peuple de donner un jour par an à la politique ; mais ce jour-là, être collectif, il *exercerait* pleinement le pouvoir national.

Il n'aurait à craindre d'être trompé par aucune délégation, car s'il avait été abusé par de vaines promesses ou de faux semblants, dès le lendemain, averti et convoqué par la minorité vigilante, ombrageuse, composant la COMMISSION NATIONALE DE SURVEILLANCE, il pourrait revenir sur son choix et révoquer l'élu infidèle ou incapable qui l'aurait trompé.

Usurpations, conflits, insurrections, révolutions seraient matériellement impossibles dans ce système ; je puis donc dire qu'il les abolit.

À la guerre *des partis*, il substitue la *liberté des opinions*.

Il n'y a plus ni vainqueurs, ni vaincus. Il y a partage entre eux d'attributions. Les uns ont l'Administration, les autres ont le Contrôle.

La force des minorités, qui fut longtemps une force perdue et dangereuse, devient une force précieuse et utilisée.

Faute de raison d'être, d'abord, et ensuite par lassitude de constater, chaque année, leur impuissance, de la faire éclater au grand jour de l'élection et de la pu-

année. Ils ne siégeaient pas dans le sénat ; ils avaient auprès de la porte un banc d'où ils pouvaient entendre les délibérations sans y participer. Si le sénatus-consulte qu'il s'agissait d'émettre leur paraissait contraire à la loi ou aux intérêts du peuple, ils avaient le droit d'en empêcher l'exécution par le mot *veto*, que l'un d'eux y opposait.

blicité, les partis s'éteindraient, et l'unité nationale. c'est-à-dire la communauté d'efforts et d'intérêts se reformerait sans violence, sans compression, sans proscription.

Dans ce système, la Majorité, la grande Majorité, la vraie Majorité serait toujours certaine d'être représentée par elle-même ; elle n'aurait jamais à craindre l'infidélité d'aucun mandataire, car l'expiation ne se ferait pas attendre.

Le MAIRE D'ÉTAT et les onze membres de la COMMISSION NATIONALE DE SURVEILLANCE ET DE PUBLICITÉ poursuivant le même but par deux voies opposées : être réélu, aucune rencontre fâcheuse, aucun accord coupable, ne seraient à craindre.

Ce système réunit les deux avantages de la monarchie et de la démocratie, car il concilie la stabilité avec la mobilité.

Preuves :

Si le Peuple, si le souverain est content de son maire, il le réélit chaque année, et le garde jusqu'à ce qu'il meure : — Stabilité. Si, au contraire, le souverain trouve que son maire se relâche, il le change, et, pour lui donner un successeur, il n'a qu'à choisir, soit parmi les onze membres de la Commission de surveillance celui qui s'est montré le plus vigilant, le plus ferme, le plus capable, soit ailleurs : — Mobilité.

Jamais il n'est lié ; toujours il est libre.

Qu'y a-t-il de plus simple ? C'est l'unité d'accord avec la responsabilité.

C'est ce que prescrivait le cardinal de Richelieu dans son testament :

« Diverses expériences m'ont rendu si savant en cette matière, que je penserais être responsable devant Dieu, si ce présent testament ne portait pas, en termes exprès, qu'*il n'y a rien de plus dangereux pour un État que diverses autorités égales en l'administration des affaires.*

» Ce que l'une entreprend est traversé par l'autre, et si le plus homme de bien n'est pas le plus habile, quand même ses propositions seraient les meilleures, elles seraient toujours éludées par le plus puissant en esprit.

» Chacun aura ses sectateurs, qui formeront divers partis dans l'État et en diviseront les forces au lieu de les réunir ensemble.

» Ainsi que divers pilotes ne mettent jamais tous ensemble la main au timon, aussi n'en faut-il qu'un qui tienne celui de l'Etat.

» Il peut b'en recevoir les avis des autres, il doit même quelquefois les rechercher ; mais c'est à lui d'en examiner la bonté, et de tourner la main d'un côté ou d'autre, selon qu'il estime plus à propos, pour éviter la tempête et faire sa route. »

C'est ce qu'enseignait Frédéric II, roi de Prusse :

« La force des États consiste dans les grands hommes que la nature y fait naître à propos.

» Gouverner n'est pas difficile : on prend de bons ministres et on les laisse faire. »

C'est ce que pensait Mably :

« Le vrai caractère de la souveraineté, son attribut essentiel, ainsi que l'ont démontré cent fois tous les jurisconsultes, c'est l'indépendance absolue, ou la faculté de changer les lois suivant la différence des conjonctures et les différents besoins de l'Etat. Il serait en effet insensé de penser que le souverain pût se lier irrévocablement par ses propres lois, et déroger d'avance aujourd'hui à celles qu'il croira nécessaire d'établir demain. Le peuple, en qui réside ordinairement la puissance souveraine, le peuple, seul auteur du gouvernement politique, et distributeur du pouvoir confié en masse ou en différentes parties à ses magistrats, est donc éternellement en droit d'interpréter son contrat, ou plutôt ses dons, d'en modifier les clauses, de les annuler et d'établir un nouvel ordre de choses. »

C'est ce que demandait Danton en ces termes :

« Il faudra que le pouvoir exécutif soit élu par le peuple : il faudra l'investir d'une grande puissance et la balancer par une autre. »

C'est ce que voulait Robespierre quand il disait :

« Fuyez la manie ancienne des gouvernements de vouloir trop gouverner ; laissez aux individus, laissez aux familles le droit de faire ce qui n'nuit point à autrui ; laissez aux communes le pouvoir de régler elles-mêmes leurs propres affaires en tout ce qui ne tient pas essentiellement à l'administration générale de la république, rendez à la liberté individuelle tout ce qui n'appartient pas naturellement à l'autorité publique, et vous aurez laissé d'autant moins de prise à l'ambition et à l'arbitraire. »

C'est la mise en pratique de ces préceptes de Montesquieu :

« Le peuple qui a la souveraine puissance doit faire par lui-même tout ce qu'il peut bien faire ; et ce qu'il ne peut pas bien faire, il faut qu'il le fasse faire par ses ministres.

» Ses ministres ne sont point à lui, s'il ne les nomme : c'est donc une maxime fondamentale de ce gouvernement, que le peuple nomme ses ministres.

» Le peuple est admirable pour choisir ceux à qui il doit confier quelque partie de son autorité.

» Il n'a à se déterminer que par des choses qu'il ne peut ignorer, et des faits qui tombent sous les sens ; il sait très bien qu'un homme a été souvent à la guerre, qu'il y a eu tels ou tels succès. Il est donc très capable d'élire un général. Il sait qu'un juge est assidu, que beaucoup de gens se retirent de son tribunal contents de lui ; qu'on ne l'a pas convaincu de corruption : en voilà assez pour qu'il élise un préteur. Il a été frappé de la magnificence ou des richesses d'un citoyen ; cela suffit pour qu'il puisse choisir un édile.

» Toutes ces choses sont des faits dont il s'instruit mieux dans la place publique qu'un monarque dans son palais. *Mais saura-t-il conduire une affaire, connaître les lieux, les occasions, les moments, en profiter? Non, il ne le saura pas. »*

C'est le retour à cette vérité proclamée par M. P.-J. Proudhon :

« La division des pouvoirs est un reste de ce que nous appelons la **POLITIQUE**, et qui n'est que la déception éternelle de la liberté : *c'est la scission de ce qu'il y a de plus radicalement indivisible, de ce dont la division implique la contradiction, la* **VOLONTÉ** *du souverain.* Dans la société comme dans l'homme, les fonctions sont diverses, mais la volonté est essentiellement une. »

C'est la prise en considération de ces observations, aussi justes que profondes, présentées au nom de l'École positiviste, par M. Littré, membre de l'institut de France :

« *C'est par une vicieuse imitation du régime anglais que la chambre des députés intervient dans la création des lois.* **LA LOI EST ESSENTIELLEMENT UN ACTE DU POUVOIR EXÉCUTIF.** Mais, dans le régime anglais, où il y a tant de restes de l'aristocratie féodale, le pouvoir central n'a pas acquis la prépondérance effective qu'il a obtenue dans notre pays, formé sous l'action énergiquement centralisante de la monarchie et de révolution. Aussi ce pouvoir a-t-il été forcément démembré, et une partie de ses attributions est restée entre les mains du pouvoir provincial. Quand le régime anglais a été importé parmi nous, on a tout reçu en bloc; et les députés français, comme les membres du parlement anglais, se sont trouvés investis du droit de faire la loi.

» Une loi décrétée par le pouvoir exécutif et sanctionnée par l'opinion publique est suffisamment valable. Il n'y a dans un pareil acte que ces deux parties désintéressées. Laissons les fictions et les rouages inutiles.

» Au reste, *c'est revenir dans la donnée et sous les conditions d'une société démocratique, à ce qui se pratiquait dans l'ancienne monarchie, et* **REPRENDRE NOTRE TRADITION**. *un moment interrompue par le régime constitutionnel.*

»... *En temps révolutionnaire, la durée du pouvoir ne se limite que par l'usage qu'on en fait. La perpétuité des uns, l'intervalle périodique des autres, sont des institutions sans consistance, à une époque où les circonstances changent rapidement et appellent de nouveaux organes pour une situation nouvelle, à une époque où il n'importe pas moins, si on a trouvé des hommes vraiment politiques, de les garder le plus longtemps possible.* Mais il faut prévoir le mauvais usage et la nécessité du changement. Ceci est une grave difficulté ; on s'en rendra facilement compte si l'on réfléchit que le changement des pouvoirs précédents n'a été jusqu'à présent obtenu que par de sanglantes insurrections et au prix de coûteuses catastrophes. »

Ces diverses opinions, ces diverses citations ne sauraient être trop sérieusement méditées par tous les hommes sérieux qui ont le sentiment du rôle immense et décisif que la France, livrée à l'essor de son génie, pourrait jouer dans le Monde.

A ce système si simple, qui a pour lui les épreuves de l'histoire, les traditions de la France, les autorités politiques les plus imposantes et les cautions démocratiques les moins contestables, quelles objections oppose-t-on et peut-on opposer ?

Aucune qui soit sérieuse.

Il n'y a pas un régime, quel qu'il soit, sous lequel une usurpation ne soit toujours plus ou moins possible. Je ne citerai ni l'Angleterre, où Guillaume d'Orange détrôna Jacques II ; ni les États-Unis, où la royauté fut itérativement offerte à Washington ; je ne citerai que la France. Chilpéric III est déposé par Pépin, qui s'empare du trône. Hugues Capet fait enfermer le successeur légitime de Louis V. Malgré les Constitutions de 1795 et de 1799, le général Bonaparte se fait du Consulat le marchepied qui l'élève jusqu'à l'Empire ; et la Constitution du 4 novembre 1848 n'aboutit qu'à être supprimée le 2 décembre 1851. Aussi suis-je profondément convaincu que ce n'est pas dans les constitutions écrites que la puissance individuelle, la puissance communale, la puissance nationale, doivent chercher et trouveront des garanties efficaces contre l'arbitraire, l'usurpation et le despotisme ; non, ces garanties efficaces, elles ne les trouveront qu'en se développant par la loi même de leur existence, comme l'enfant grandit, comme l'homme pense, comme le cheval tire, comme l'arbre pousse, comme le blé mûrit.

Ce qu'il faut donc chercher et trouver, c'est comment ces trois puissances, par le mutuel appui qu'elles se prêteront, assureront leur inviolabilité commune et créeront une force sociale, de même que l'ajusteur qui assemble toutes les pièces d'une machine à feu doit vérifier les qualités et les proportions de chacune d'elles, s'il veut prévenir le danger d'une explosion qu'il faut toujours prévoir. Cette explosion qu'on prévoit, c'est en effet, par une irréprochable construction qu'on la prévient.

C'est ce que j'ai cherché. J'ai cherché un mécanisme qui pût s'appliquer non-seulement à la France, mais successivement aux nations, solidaires entre elles ; qui développât les aptitudes de toutes et ne contrariât l'esprit d'aucune. L'ai-je trouvé ?

Peu importe que je l'aie ou non trouvé, si après moi tout le monde le cherche ; car si tout le monde le cherche, quelqu'un le trouvera.

« Donnez-moi un point d'appui, et je soulèverai le monde, » disait Archimède. En s'exprimant ainsi, ce n'était pas l'orgueil, c'était la vérité qui parlait par sa bouche.

A mon tour, je dis : « Pour soulever le monde nouveau, il suffit d'avoir pour levier l'unité d'impôt transformé en prime d'assurance, et pour point d'appui le vote universel : individuel et annuel, direct et secret, tel qu'il est appelé à se simplifier et à se perfectionner. »

Je suis persuadé qu'aussitôt que chacun saurait qu'il n'y a plus qu'à chercher et à trouver le procédé de vote universel le plus simple, le plus rapide, le plus infaillible, toutes les imaginations se tendraient comme des arcs, toutes les combinaisons s'étudieraient ; ce serait à qui découvrirait le premier le mécanisme électoral le plus parfait et le mode d'administration publique le plus conforme au triple principe de la puissance individuelle, communale, nationale. Pendant que les esprits travailleraient ainsi à édifier, ils ne s'ingénieraient pas à détruire. Ce serait déjà un incontestable avantage. Le bon sens public n'aurait qu'à choisir entre tous les systèmes qui s'offriraient ; s'il ne prenait pas le meilleur, s'il se trompait, l'expérience serait là pour le redresser.

Trouver à tout prix, — dût-on décerner une récompense nationale d'une valeur égale à celle offerte par l'empereur Napoléon pour encourager la fabrication du sucre de betteraves et la filature du lin, — trouver à tout prix le meilleur mode de vote universel, comme on a trouvé le meilleur système métrique ; telle est la première chose, la plus utile et la plus urgente, par laquelle, à mon avis, on aurait dû, par laquelle on devrait encore commencer ; car ce qui importe avant tout aux passagers d'un steamer, ou aux voyageurs en railway, ce n'est pas que la machine à feu, dont on leur a fait admirer la puissance merveilleuse, soit construite d'après tel ou tel système, mais c'est qu'elle n'éclate pas et ne les fasse point sauter en l'air.

Que m'importent, à moi, toutes ces constitutions qui devaient être éternelles, toutes ces déclarations des Droits de l'Homme qui devaient être irrévocables, quand l'histoire m'apprend, et quand je vois qu'aucune d'elles n'a résisté au plus faible choc, ni survécu à la rapide épreuve qui en a été faite !

Assez souvent les titres imprescriptibles de la Liberté ont été proclamés, reconnus ; toujours en vain ! Qu'on en finisse avec cette dérision ! Au lieu de perdre son temps à les proclamer toujours et à ne les garantir jamais, qu'on l'emploie donc une bonne fois à les garantir solidement.

— Comment ?

Je l'ai dit : — Par le vote universel : individuel et annuel, direct et secret, rendu aussi simple, aussi précis, aussi certain que le thermomètre qui sert à marquer la marche du temps, que le mètre qui sert à mesurer la longueur de l'espace.

Dès qu'il existera un instrument d'une justesse incontestable pour mesurer ou peser l'opinion, tous les partis politiques et tous les débats stériles s'éteindront ;

car, dans toutes les questions d'administration intérieure et de relations internationales où la vérité absolue n'aura pas encore apparu, ce sera la volonté
nationale qui y suppléera.

Si j'insiste aussi fortement sur ce point, c'est que
dans mon opinion il est fondamental.

Dès que le vote universel : individuel et annuel, direct et secret, sera ce qu'il est appelé à devenir ; dès
que le ressort des majorités, qui a été faussé, aura été
redressé, tout se règlera et tout ira de soi-même,
comme le fleuve suit son cours, comme l'oiseau prend
son vol, sans qu'il soit besoin de constitutions écrites,
de chartes promulguées. Par lui, se résoudront pacifi-
quement toutes les questions, se rectifieront successivement toutes les erreurs, s'accompliront sans révolutions tous les progrès. Le vote universel est l'axe sur
lequel doit tourner le monde politique. Lorsqu'on voit
tous les gouvernements à l'envi ne rien épargner pour
perfectionner le tir et étendre la portée des armes à
feu, il est impossible qu'il ne se trouve pas un homme
d'État qui comprenne que, le moment étant proche où
le progrès, même entre peuples, sera de *se compter* au
lieu de *se battre*, ce ne sont plus les fusils, les canons
et les mortiers qu'il faut perfectionner, mais le vote
universel, annuel, secret et direct.

Par l'adoption et le perfectionnement du vote universel : individuel et annuel, direct et secret, combiné
avec l'unité d'impôt transformé en prime d'assurance,
tout risque d'arbitraire, d'usurpation et de despotisme
disparaît. C'est la pyramide replacée sur la base.

La base de toute société rationnellement constituée,
c'est le pouvoir individuel ; mais, au contraire, que
voyons-nous ? — A la base, le pouvoir national ; au
faîte, le pouvoir individuel. C'est l'antipode de ce qui
devrait être. Par un contre-sens qui ne s'expliquera
pas dans cent ans, la société fait marcher l'homme sur
la tête, au lieu de le faire marcher sur les pieds. Si la
société essayait de n'avoir pas plus d'esprit que la nature, serait-ce donc une bien grande témérité ?

Mais l'homme, apparemment, irait trop vite, s'il allait du simple au composé, au lieu d'aller du composé
au simple, sauf à revenir sur ses pas, ce qui, dans la
langue commune, se nomme un progrès.

Le composé, c'est la puissance nationale ; le simple,

c'est la puissance individuelle. Dès qu'on se sera bien convaincu, par l'étude et par la réflexion, de la justesse rigoureuse de cette vérité trop longtemps méconnue, tous les nœuds de cet écheveau emmêlé que l'homme appelle la société se dénoueront sans efforts et sans qu'il soit nécessaire de les rompre.

Chaque liberté se réglera d'elle-même, et n'aura plus besoin qu'on la règle.

Toute puissance se superposera dans son ordre naturel ; on ne verra plus ce qui a lieu : la base au faîte et le faîte à la base; ce qui explique comment il est si difficile de faire tenir les gouvernements en équilibre sur eux-mêmes, et pourquoi ils ont besoin, pour ne pas tomber, d'être étayés de tous côtés pour un échafaudage législatif de plus en plus compliqué.

Pour commencer par le commencement, pour asseoir inébranlablement la puissance individuelle, que faut-il ? — Quatre choses :

Le vote universel : individuel et annuel, direct et secret.

L'unité d'impot transformé en prime d'assurance.

L'abolition du service militaire obligatoire.

L'indépendance réciproque de la Justice et de l'État.

Dès que la puissance individuelle est fermement assise, la puissance communale s'étend, la puissance nationale se restreint. Celle-ci n'est plus que ce qu'elle doit être Il n'y a plus de *gouvernement de l'homme par l'homme*, il n'y a plus qu'une *administration de la chose publique par un, sous le contrôle de tous.*

Lorsque chaque État ne sera plus qu'une société nationale d'assurances mutuelles contre des risques spécifiés, qu'y aura-t-il à usurper? — L'Autorité ! — Mais on en aura oublié le nom, comme aujourd'hui on ne sait plus le nom de mille machines que le progrès continu a fait d'abord adopter et plus tard abandonner. A l'erreur de l'Autorité infaillible, aura succédé la vérité de l'Intérêt commun. L'Intérêt commun? — L'on peut être pleinement rassuré, c'est chose qui, de sa nature, ne saurait s'usurper.

La puissance individuelle, la puissance communale, la puissance nationale, telles que je les ai définies et ajustées, se prêtant un concours réciproque et une garantie mutuelle, je me suis démandé s'il était une seule liberté à laquelle l'Élu annuel du suffrage universel, qu'il s'appelle Président de la République, Président du Conseil, Ministre du Peuple ou Maire d'État, pût porter la plus légère atteinte. Je l'ai supposé ambitieux, avide, fourbe, corrompu et corrupteur, afin de prévoir et de prévenir tous les dangers qu'un tel caractère pourrait faire courir à la liberté individuelle, à l'honneur national, à la richesse publique, si le peuple avait pu être assez aveugle pour ne pas découvrir la fourberie, assez sourd pour ne pas entendre la vérité.

Voici ma réponse :

Là, où il n'y aurait rien à prendre, que pourrait-on dérober ?

Là, où la simplification de gouvernement serait telle qu'elle équivaudrait matériellement et moralement à l'abolition de l'Autorité, quel abus de pouvoir pourrait-on commettre ? Quel danger d'usurpation pourrait-on craindre ?

Je suppose un président des États-Unis ambitieux, si ambitieux qu'on le suppose, de quel pouvoir pourrait-il s'emparer ? De quelle autorité pourrait-il abuser ?

Il ne dispose de rien ;

L'administration est locale.

L'impôt est faible.

L'armée est nulle *.

La liberté est absolue.

Eh bien ! qu'on fasse en France ce qui a pleinement réussi aux État-Unis.

Qu'on localise l'administration !

---

* Aux États-Unis, l'armée est de 9,000 hommes.

C'est ici le lieu de rappeler ce passage de la vie de Washington, écrit par M. Guizot, et qu'on ne saurait trop méditer en France.

« Les colonies se défiaient les unes des autres. Toutes se défiaient du Congrès, bien plus encore de l'ARMÉE, QU'ELLES REGARDAIENT COMME DANGEREUSE A LA FOIS POUR L'INDÉPENDANGE DES ÉTATS ET LA LIBERTÉ DES CITOYENS ; *en ceci même, les* IDÉES *nouvelles et* SAVANTES *s'accordaient avec les intérêts populaires.* C'est une des maximes favorites du dix-huit ème siècle que le danger des armées permanentes et la nécessité pour les pays libres de combattre et d'atténuer sans relâche leur force, leur influence, leurs mœurs. NULLE PART PEUT-ÊTRE CETTE MAXIME NE FUT PLUS GÉNÉRALEMENT NI PLUS

Qu'on diminue l'impôt !

Qu'on réduise l'armée.

Qu'on étende la liberté !

Quatre réformes qui se lient et qui sont solidaires comme les quatre angles d'un carré.

Avec la liberté, rien n'est dangereux, tout est simple.

Des siècles se sont écoulés pendant lesquels la Terre n'a pas été comptée au nombre des planètes ; longtemps on a cru qu'elle était immobile. Un jour cependant, en 1632, on a découvert et démontré qu'elle tournait. Ce qui est arrivé à la terre dans l'ordre astronomique, est aussi ce qui arrivera à la Liberté dans l'ordre politique. On s'effraye de la Liberté, on nie qu'elle doive tourner, elle n'en tournera pas moins. Comme la Terre, la Liberté a son orbite. Insensés qui vous décorez faussement du nom d'hommes d'État, laissez-lui donc décrire sa courbe ! Tous les torts que vous lui imputez sont les vôtres et non les siens. Si vous pouviez arrêter le mouvement de la Terre, en vérité, vous l'arrêteriez, et ensuite vous vous en prendriez à elle de tous les désastres dont vous auriez été seuls la cause. Tentez d'arrêter le cours d'un fleuve, il débordera ! Vous faites des lois arbitraires, en sens opposé des lois absolues ; vous faites des lois positives en sens opposé des lois naturelles, et vous vous étonnez que le monde soit, à chaque pas qu'il fait vers l'avenir, menacé de rouler dans l'abîme ? Bossuet a dit : « Le Monde s'agite et Dieu le mène ; » moi, je dis : Si le Monde s'agite, faux hommes d'État, usurpateurs de la puissance divine, c'est que vous avez la prétention de le mener. Cessez de vouloir le mener, et il cessera de s'agiter !

La liberté individuelle a des limites que la nature lui a assignées ; ne tentez ni de les restreindre ni de les étendre. Telles qu'elles existent, respectez-les. Dès

CHAUDEMENT ADOPTÉE QUE DANS LES COLONIES D'AMÉRIQUE. »

Sans l'adoption de cette maxime tutélaire, qui peut dire ce que seraient aujourd'hui les Etats-Unis, si puissants et si prospères ?

Siéyes disait avec raison en 1789 :

« L'ordre intérieur doit être tellement établi et servi par une force intérieure et légale, qu'on n'ait jamais besoin de requérir le secours dangereux du pouvoir militaire.

qu'on les respecte, l'œuvre des gouvernements est facile, car ils n'ont plus qu'à rechercher ce qui, par essence, est collectif, c'est-à-dire indivisible, conséquemment indivisé.

Je comprends la liberté humaine et l'art social comme les a définis un célèbre professeur, M. Cousin, dont le témoignage ne sera pas suspect :

« Le droit naturel repose sur un seul principe, qui est la **SAINTETÉ DE LA LIBERTÉ DE L'HOMME**. Le droit naturel, dans ses applications aux diverses relations des hommes entre eux et à tous les actes de la vie sociale, contient et engendre le droit civil. Comme en réalité **LE SEUL SUJET DU DROIT CIVIL EST L'ÊTRE LIBRE**, le principe qui domine le droit civil tout entier est **LE RESPECT DE LA LIBERTÉ ; LE RESPECT DE LA LIBERTÉ S'APPELLE LA JUSTICE**.

» La justice confère à chacun le droit de faire tout ce qu'il veut, sous cette réserve, que l'exercice de ce droit ne porte aucune atteinte à l'exercice du droit d'autrui.

» **L'HOMME QUI, POUR EXERCER SA LIBERTÉ, VIOLERAIT CELLE D'UN AUTRE, MANQUANT AINSI À LA LOI MÊME DE LA LIBERTÉ, SE RENDRAIT COUPABLE. C'EST TOUJOURS ENVERS LA LIBERTÉ QU'IL EST OBLIGÉ, QUE CETTE LIBERTÉ SOIT LA SIENNE OU CELLE D'UN AUTRE**. Tant que l'homme use de sa liberté sans nuire à la liberté de son semblable, il est en paix avec lui-même et avec les autres. Mais aussitôt qu'il entreprend sur des libertés égales à la sienne, il les trouble et les déshonore, il se trouble et se déshonore lui-même, car il porte atteinte au principe même qui fait son honneur et qui est son titre au respect des autres.

» La paix est le fruit naturel de la justice, du respect que les hommes se portent ou doivent se porter les uns aux autres, à ce titre qu'ils sont tous *égaux*, c'est-à-dire qu'ils sont tous *libres*.

» La société est le développement régulier, le commerce paisible de toutes les libertés, sous la protection de leurs droits réciproques. **LA SOCIÉTÉ N'EST PAS L'OEUVRE DES HOMMES : C'EST L'OEUVRE MÊME DE LA NATURE DES CHOSES**. Il y a une société naturelle et légitime, dont toutes nos sociétés ne sont que des copies plus ou moins imparfaites. A cette société correspond un gouvernement tout aussi naturel, tout aussi légitime, envers lequel nous sommes obligés, qui nous défend et que nous devons défendre, et en qui nous avons le devoir de placer et de soutenir la force nécessaire à l'exercice de ses fonctions.

» Mais la force qui doit servir peut nuire aussi. **L'ART**

SOCIAL N'EST AUTRE CHOSE QUE L'ART D'ORGANISER LE
GOUVERNEMENT DE MANIÈRE À CE QU'IL PUISSE TOUJOURS
VEILLER EFFICACEMENT À LA DÉFENSE DES INSTITUTIONS
PROTECTRICES DE LA LIBERTÉ, SANS JAMAIS POUVOIR
TOURNER CONTRE CES INSTITUTIONS LA FORCE QUI LUI A
ÉTÉ CONFIÉE POUR LES MAINTENIR. »

Par la Justice faire équilibre à la Force et empêcher
qu'aucun individu, indigne de porter le nom d'homme,
puisse manquer « *à la loi même de la Liberté ;* » c'est
de la sorte que, moi aussi, je comprends l'art social,
cet art d'organiser le gouvernement, que M. Cousin a
parfaitement défini dans les lignes que je viens de citer.

Je suis d'accord avec M. Guizot, non le ministre, mais
'historien, s'exprimant ainsi :

« Au commencement, il n'y a point ou presque point
de puissance publique... la liberté est réelle... Il y a simplement coexistence des libertés individuelles... La liberté périt... Cependant les individus, **SEULS ÊTRES RÉELS**,
se sont développés. *La société tend à revenir au libre développement des volontés individuelles...* Que l'homme reprenne la liberté et l'exerce de plus en plus, c'est le but,
c'est la perfection de la société. »

Aristote définit ainsi l'État :

« L'État n'est qu'une association d'êtres égaux et entre
des êtres naturellement égaux, les prérogatives et les
droits doivent être nécessairement identiques.

» Tout État a une tâche à remplir ; et celui-là est le plus
grand qui peut le mieux s'acquitter de sa tâche. »

Aujourd'hui, qu'est-ce que l'Individu ?
— Rien.
Désormais, que doit-il être ?
— Tout.
Aujourd'hui, qu'est-ce que l'État.
— Tout.
Désormais, que doit-il être ?
— Rien.
Rien.... qu'une société nationale d'épargnes collecti-
ves et d'assurances mutuelles.

— Assurance mutuelle contre le risque de guerre, le
risque d'incendie, le risque d'inondation, le risque de
misère, etc., etc.

— L'État doit être un assureur contre le risque de
guerre, au moyen d'une armée et d'une marine, volon-

tairement recrutées. et qui devront l'une et l'autre se réduire successivement à mesure que s'affaiblira lui-même le risque de guerre continentale ou navale.

L'État doit être un assureur contre le risque de misère, au moyen du versement de UN CENTIME PAR HEURE DE TRAVAIL, effectué indistinctement par tous les travailleurs salariés de l'Industrie et de l'État, fonctionnaires officiels ou fonctionnaires libres, employés rétribués sur le profit, ou rétribués sur le budget.

L'État doit être un assureur contre les risques d'incendie, d'inondation, de grêle, de gelée, de naufrage, d'épizootie, au moyen du payement d'une prime spéciale, diminuée de tous les frais de perception qui se font aujourd'hui double emploi les uns les autres, conséquemment plus faible que celle actuellement prélevée sur les propriétaires, les cultivateurs, les armateurs, etc , par les diverses compagnies d'assurances.

L'État, enfin. doit être un assureur contre les risques de trouble, de meurtre. de vol, de fraude, de fausse monnaie, etc., au moyen de tribunaux et d'une police institués à l'effet de les constater.

Rien de plus, rien de moins.

Alors les dépenses de l'État pourraient être considérablement réduites, et tous les rouages infiniment simplifiés.

La *propriété indivise* (on désigne ainsi ce qui, n'appartenant à personne, appartient à tout le monde) devrait se composer exclusivement de ce qui suit :

De toutes les routes de terre (nationales, départementales et chemins de grande communication) étant aux chemins communaux ce que sont aux veines les artères :

De tous les ponts, qui ne sont qu'un mode de relier entre elles les routes séparées par les deux rives d'une rivière ou d'un fleuve ;

Des arsenaux ;

Des vaisseaux de l'État et de ses chantiers.

Tous les édifices publics devraient être propriétés communales et exclusivement à la charge de la commune ou de la ville au service ou à l'embellissement desquelles ils concourraient.

Domaines et forêts, lesquels ne produisent qu'un faible intérêt, devraient être aliénés, et le prix de la

vente en devrait être appliqué à la réduction de la
dette publique, laquelle grève l'État d'un intérêt qui
souvent excède 5 0/0, à servir sous le nom de rente.

État et particuliers y gagneraient.

Dans son rapport sur l'Assistance et la Prévoyance
publiques. M. Thiers a calculé que si chaque travailleur, dès l'âge de vingt ans, faisait un versement annuel de 30 fr., ce qui suppose 10 centimes par jour et
un centime par heure de travail, l'État recevrait par
jour, de quatorze millions de personnes, la somme de
quatorze cent mille francs, ce qui ferait au bout de
l'année 420 millions et au bout de dix ans 21 milliards.

S'il en était ainsi, loin d'y voir un danger et un mal,
il y faudrait voir une garantie et un bien.

Alors l'État serait naturellement, forcément, le grand
réservoir métallique de l'Épargne et le grand distributeur du Crédit.

De même que la Providence. qui prête et n'emprunte
pas, il n'emprunterait plus et prêterait.

Il prêterait à la Propriété foncière les vingt milliards
dont elle est grevée à deux titres : titre hypothécaire
et titre chirographaire, et qui la placent sous le coup
de l'expropriation, toujours suspendue au-dessus de sa
tête comme une menace de ruine et un arrêt de mort.
Par le fait et *indirectement*, tout travailleur économe
deviendrait ainsi prêteur sur hypothèque. Pour garantie du placement de son argent, il aurait la valeur
du sol. En réalité, l'État ne serait qu'un intermédiaire
remplissant la double fonction de receveur et de
payeur de rentes ;

Il prêterait aux compagnies de grands travaux d'u-
tilité publique qui lui présenteraient des garanties
suffisantes ;

Il prêterait aux banques et comptoirs d'escompte qui
lui auraient fait approuver leurs statuts.

Quiconque a vu dans le Nivernais et dans l'Allier
quel admirable parti l'art de l'irrigation a su tirer des
eaux, quel utile rôle il a su leur faire jouer pour la fer-
tilité de la terre et la production de l'engrais, peut se
rendre facilement compte des avantages d'un système
financier qui recevrait et accumulerait dans un immense réservoir commun toutes les petites épargnes
journalières, pour les distribuer ensuite savamment

sous la forme de prêts hypothécaires et d'avances garanties, de telle sorte que les innombrables canaux du travail soient toujours alimentés en numéraire à bon marché.

Alors ce ne serait pas le travail justement rétribué qui manquerait aux bras, mais ce seraient les bras, en grand nombre, qui manqueraient au travail.

Plus les bras manqueraient, et plus les salaires s'élèveraient ; plus les salaires s'élèveraient, et plus la consommation, sous toutes ses formes, se développerait.

L'activité humaine est comme la vitesse mécanique, elle se multiplie par elle-même. Plus le travail va, et plus il tend à aller. C'est le contraire qui arrive dès qu'il se ralentit. À peine tend-il à diminuer, qu'il est près de se tarir.

Administrer des forêts, gérer des domaines, réparer des bâtiments, manufacturer des tabacs, fabriquer des poudres, vendre du latin et payer des messes, s'ingénier à faire obstacle à la consommation, conséquemment au travail, sous toutes les formes d'impôt les plus onéreuses, les plus vexatoires, exigeant une armée innombrable d'agents à pied et à cheval : telle est aujourd'hui la besogne de l'État, besogne qu'il fait très mal et très chèrement. Une autre mission lui est réservée dans l'avenir, mission plus utile et plus simple : pour que l'État devienne la Providence terrestre de tous, il suffira qu'il soit le dépositaire des épargnes journalières de chacun.

S'il en était ainsi, tout travailleur serait rentier ou le deviendrait.

Alors, la police serait aisée, l'ordre facile, et les révolutions impossibles ; car, dans l'ordre politique aussi bien que dans l'ordre physique, sans cause, point d'effet.

Plus la puissance individuelle tend à se développer et à s'élever, plus la puissance indivisible tend à se restreindre et à décliner.

C'est là une vérité attestée par tous les faits, visible à tous les yeux.

Certes, s'il y avait trois choses qui fussent essentiellement indivisibles et qui concourussent presque exclusivement à former la puissance publique, c'étaient :

L'armée ;

La marine militaire ;

La voie publique.

Eh bien, l'armée, par suite de l'immense développe-ment des idées industrielles et pacifiques, tend à deve-nir de moins en moins nécessaire, conséquemment à se réduire, jusqu'à ce qu'enfin elle disparaisse presque entièrement, comme aux États-Unis.

La marine militaire tend également à disparaître, par suite des progrès et des nécessités de la marine marchande, à laquelle il faudra, pour se recruter, un personnel de plus en plus considérable.

Enfin, plus la voie publique se perfectionne sous la forme de chemins de fer, plus elle tend à échapper des mains de l'État pour passer aux mains de l'Industrie.

Oui ou non, tout cela est-il vrai ?

Au contraire, trois choses sont venues étendre pres-que à l'infini la puissance individuelle ; ce sont :

L'imprimerie ;

La vapeur ;

Le télégraphe électrique.

Oui ou non, tout cela est-il encore vrai ?

Or, si l'on ne conteste à l'individu ni la liberté de croyance, ni la liberté de parole, ni la liberté d'ensei-gnement, ni la liberté de la presse, ni la liberté du travail, ni la liberté du commerce, ni la liberté d'asso-ciation, ni la liberté de réunion, ni même la liberté de refuser l'impôt transformé en assurance, quelles attri-butions restera-t-il à l'État ? Je le demande, et j'ajoute : Si, désormais, c'est la puissance individuelle qui est forte, libre, invincible ; si, au contraire, c'est la puis-sance indivisible qui est faible, limitée, désarmée, que deviennent les dangers d'usurpation et les craintes d'abus de pouvoir ?

Nuls sont les uns, chimériques sont les autres.

Ce n'est plus en interrogeant le passé et l'histoire qu'il faut raisonner, c'est en interrogeant l'avenir et la science.

Du jour où la liberté religieuse a triomphé, tous les bûchers, tous les instruments de torture de la foi into-lérante ont aussitôt disparu.

Du jour où toutes les libertés partielles dont le fais-ceau compose la liberté absolue ne seront plus contes-tées et ne pourront plus être violées, immédiatement aussi s'écroulera tout l'échafaudage des lois arbitraires.

L'État ne sera plus que l'axe sur lequel tournera la société.

Alors, la société comme la Terre, tournera d'elle-même et sans effort.

La Liberté est à l'Autorité ce que l'aval est à l'amont d'un fleuve.

La Liberté rend la Force inutile, l'Autorité rend la Force indispensable.

En tout et partout, la Force tend à se transformer, soit par le progrès des idées, soit par le perfectionnement des arts.

Tels sont les problèmes qu'a résolus l'art mécanique appliqué aux industries les plus avancées, que le même travail qui eût exigé autrefois les bras de cent hommes, n'exige plus aujourd'hui que les mains d'un seul enfant ; l'art social est appelé à réaliser les mêmes progrès, à résoudre les mêmes problèmes, à opérer les mêmes prodiges. Quand le mécanisme gouvernemental sera ce qu'il devra être, à la rigueur un enfant aussi suffira pour le mettre en mouvement.

Je suppose que, par suite de la réciprocité des échanges, de la solidarité des intérêts, du progrès des sciences, de la liberté des peuples et du déclin des gouvernements, la guerre ne soit plus qu'une tache de sang dans l'histoire, comme maintenant l'esclavage n'est plus qu'un souvenir monstrueux dans le passé ;

Je suppose que l'impôt, transformé en prime d'assurance, ait acquis le degré de perfection, de simplicité et de certitude qui permettra d'en rendre le payement volontaire ;

Je suppose que tout travailleur, ayant concouru à accroître l'épargne collective, soit certain d'en retirer sa part légitime ;

Je suppose que la publicité, organisée comme elle pourrait l'être, soit au crime ce que la vérité est à l'erreur, qu'elle en soit le plus sévère châtiment, et qu'elle le rende matériellement presque impossible ;

Je suppose qu'il soit démontré, avec la clarté de l'évidence, que la liberté des religions, des opinions et des conventions, n'est dangereuse qu'autant qu'on essaye de la comprimer ;

Je suppose que les Codes ne soient plus que des recueils de formules, des modèles d'actes utiles à consulter et bons à suivre ;

Je suppose qu'il n'y ait plus qu'une règle pour mesurer toutes les actions des hommes, et que cette règle soit celle-ci :

Ne faites pas a autrui ce que vous ne voudriez pas qu'il vous fît ;

Je suppose, enfin, qu'élevés à la grande école de la Mutualité, tous reconnaissent qu'ils ont intérêt à observer cette règle et à l'appliquer scrupuleusement :

Je demande alors :

Ce qu'il y aurait à administrer ?

Que deviendrait la puissance indivisible ?

Que ferait l'Autorité ?

J'en serais fâché pour elle, mais l'Autorité n'aurait plus de rôle à jouer en aucun pays où luirait dans tout son jour la Publicité, où prévaudrait dans sa plénitude la Liberté.

Si l'Autorité ne se croit pas ou ne se prétend pas infaillible, ce n'est plus l'Autorité.

Ou l'Autorité est la Vérité, ou elle est l'Erreur.

Si elle est la Vérité, il lui suffira de l'éclat de sa propre évidence, pour triompher sans le secours de la Force.

Si elle est l'Erreur, il est juste qu'elle succombe : de quel droit s'imposerait-elle ?

Détruire cette imposture historique qui, trop longtemps, s'est appelée : l'Autorité, c'est anéantir du même coup cette usurpation politique qui s'est appelée : Puissance législative.

Puissance ingénieuse à créer sans nombre des crimes et des délits imaginaires, des peines afflictives et des peines infamantes !

Les Anglais ont inventé le mot *self-government*, mot composé en entier de racines anglaises, et qui ne peut se traduire en français que par cette périphrase : *gouvernement de soi-même par soi-même*.

Pour rendre la même idée, on a récemment emprunté au grec un mot peu répandu encore, mais qui mérite de devenir populaire : ce mot, c'est celui d'autonomie (de *autos*, soi-même, et *nomos*, loi). Ainsi que le montre évidemment son étymologie, le mot *autonomie* désigne l'état d'un individu ou d'un peuple qui se gouverne par les lois qui sont en lui.

L'opposé de l'autonomie, c'est l'*hétéronomie* (de *heteros*, autre, et *nomos*, loi). Ainsi, le maître, qui ne dépend de personne, est autonome ; l'esclave, au contraire, qui dépend de la volonté du maître, est hétéronome. De même encore, toute forme de gouvernement, telle que la monarchie ou l'aristocratie, dans laquelle un ou plusieurs imposent leur loi soit à l'universalité, soit à l'individualité, constitue évidemment une hétéronomie.

Assez longtemps l'Autorité a égaré le monde avec la prétention de le gouverner ; je demande que l'Autorité abdique ; je demande que la Liberté lui succède ; je demande que la puissance législative, condamnée par ses œuvres, fasse place, enfin, à la puissance individuelle fortifiée par l'imprimerie et la vapeur, le travail et l'épargne.

L'Autorité, se proposant pour but le bonheur, la grandeur des peuples, a revêtu toutes les formes, les a toutes essayées, les a toutes usées.

L'histoire est là pour l'attester.

L'Autorité a fini son temps.

Le temps de la Liberté est venu.

Elle cherche sa forme : la trouvera-t-elle ?

Je n'en doute pas.

Comment pourrais-je en douter ? La Liberté n'est-elle pas la loi même de développement de l'homme, et quand je dis l'homme, je dis l'humanité.

Ce qui constitue l'Autorité, sa puissance morale, sa force matérielle, ce n'est ni la longueur ni la certitude de la durée, c'est l'unité.

En effet, sans unité, point d'initiative, point de responsabilité.

Je le reconnais.

Mais l'unité, dont les légitimistes revendiquent l'avantage, comme si cet avantage était un monopole qui leur appartînt, ne saurait-elle donc se concilier avec la Liberté aussi facilement et aussi certainement qu'avec l'Autorité ?

C'est la question qu'il faut enfin vider.

Je n'aime pas les mots vagues,

Les mots qui disent tout ne disent rien.

Aussi faut-il que les mots qui s'offrent à moi avec une certaine majesté me montrent un corps sous leur manteau.

A la Liberté comme à l'Autorité, je demande : Qui

êtes-vous? D'où venez-vous? Où allez-vous? Qu'exprimez-vous ?

Toute Autorité qui ne me répond pas qu'elle vient de Dieu, et qui ne me le prouve pas, si elle n'est point l'autorité de la mère ou l'autorité de l'instituteur sur l'enfant, je l'écarte.

Toute Liberté qui ne me répond pas qu'elle peut être absolue, sans exceptions comme sans limites, et qui ne me le prouve pas, je l'écarte également.

Cela simplifie extrêmement la question.

Demandez-moi ce que j'entends par Liberté !

Je vous répondrai :

J'entends :

La liberté du domicile.

La liberté de la parole.

La liberté de la correspondance.

La liberté de l'imprimerie.

La liberté du travail.

La liberté d'association.

A condition qu'elles seront absolues, ces libertés me suffisent, parce qu'en elles sont contenues toutes les autres.

Dans la liberté de domicile sont contenues la liberté de résidence, la liberté de réunion.

Dans la liberté de parole sont contenues la liberté de penser, la liberté de croyance, la liberté d'enseignement.

Dans la liberté de correspondance sont contenues la liberté de se servir de tous les moyens inventés par le génie de l'homme pour triompher des difficultés de l'espace, postes, télégraphes électriques ou autres, la liberté de choisir entre toutes les voies celle qui offre le plus de garanties de l'inviolabilité du secret des lettres.

Dans la liberté de l'imprimerie est contenue la liberté de la presse.

Dans la liberté du travail est contenue la liberté des échanges.

Dans la liberté d'association est contenue la liberté des conventions.

Accordez-moi ces libertés, l'Autorité disparaît, car elle n'a plus de raison d'être ni de moyens d'exister.

Avec l'Autorité qui disparaît, disparaît le gouvernement qui en était la forme visible ; il ne reste plus alors

que l'administration publique de ce qui est essentiellement indivis.

L'*indivis* se compose de ce qui, de sa nature, est *indivisible*, de ce qui, ne pouvant appartenir séparément
à aucun, appartient nécessairement à tous.

La France a-t-elle besoin d'une armée et d'une
flotte ? Qu'il soit prouvé qu'elles sont nécessaires, et, à
la condition que le recrutement de cette flotte et de
cette armée sera volontaire, j'acquitterai ma part proportionnelle de frais, que cette part se nomme contribution ou assurance.

La France a-t-elle besoin de fonds pour rendre la
voie publique aussi parfaite et la circulation aussi rapide que possible ? Qu'il soit établi quel sera l'emploi
de ces fonds, et je payerai ce qui sera nécessaire.

Je payerai sans regret et sans difficulté : sans regret, car ce sera mon intérêt qui me le conseillera ;
sans difficulté, car l'administration publique ainsi réduite exclusivement à ce qui est indivisible, pas une
parcelle de ma liberté ne se trouve aliénée.

Ma liberté reste aussi entière que si je m'étais borné
à assurer ma maison contre l'incendie ou mon navire
contre le naufrage.

Alors, tout devient simple.

Alors, souveraineté du peuple est un mot qui n'a
plus de sens que dans les cas extrêmement limités et
de plus en plus rares où le peuple agit en qualité
d'être collectif, contracte en qualité de personne civile.
Ces cas sont : les cas de guerre, de traités, de marchés,
d'acquisitions, d'échanges, d'emprunts.

Alors, il n'y a plus qu'à choisir l'administrateur le
plus habile, le plus vigilant, le plus économe, pour lui
confier la gestion de ce qui est indivisible, conséquemment indivis.

Cet administrateur directement responsable, ce
fonctionnaire essentiellement révocable, comment le
choisira-t-on, comment pourra-t-on toujours le révoquer ?

La question n'est pas plus compliquée que cela.

On le nommera, on le révoquera comme on nomme,
comme on révoque un administrateur dans une compagnie de chemin de fer, ou dans une association ouvrière.

Mais qui le nommera ? Mais qui le révoquera ? Tous

ceux qui auront concouru à la formation de ce qui sera
indivis, conséquemment tous ceux qui auront un intérêt, si faible qu'il soit, à le nommer ou à le révoquer.

Dans ce système d'émancipation universelle, l'Autorité n'est plus, relativement à la Liberté, que ce qu'est
le tuteur au pupille, le jour où celui-ci a atteint l'âge
de majorité et où le mandat de celui-là est expiré.
C'est le mineur qui devient majeur, et non pas le mineur qui change de tuteur ; ce qui aurait lieu si le
gouvernement, tel qu'il a existé avant et depuis le 24
février, était remplacé par ce qu'on a appelé le GOU-
VERNEMENT DIRECT DU PEUPLE.

De cette tutelle transformée, je n'en veux pas ; et le
peuple qui me lit, parce que je lui dis crûment la vérité, reconnaîtra que j'ai raison.

En effet, ce n'est qu'un autre mode de tutelle, et je
le prouve.

Je suppose l'idée du gouvernement direct adoptée :

Un projet de loi concernant la liberté de la presse,
ou toute autre liberté, est soumis au vote du peuple ;
au dépouillement, les bulletins se partagent ainsi :

Votants.	12 millions.
Bulletins OUI	7 millions.
Bulletins NON	5 millions.

Voilà donc sept millions d'électeurs qui s'érigent en
tuteurs ou en souverains de cinq millions de citoyens,
ainsi réduits à la condition de pupilles ou de sujets.

De quel droit ?

Qu'est-ce qui me prouve que sur cette question c'est
le chiffre le plus fort qui a raison contre le chiffre le
plus faible, le chiffre 7 contre le chiffre 5 ?

Rien.

Donc, cette forme du gouvernement direct ne vaut
guère mieux que toute autre forme indirecte de gouvernement.

Elle est tout aussi arbitraire.

Montesquieu, définissant le gouvernement républicain, s'exprime ainsi :

« Le peuple, dans la démocratie, est, à certains égards,
le MONARQUE ; à certains autres, il est le SUJET. »

Lorsque le peuple agit comme MONARQUE, je suis
de l'avis d'Aristote : il ne vaut pas mieux que tout
autre monarque.

Aristote écrivait :

« Un peuple, en tant que MONARQUE, a tous les caractères du tyran. Dans une démocratie absolue, et dans la tyrannie, vous retrouverez mêmes mœurs, même despotisme, même arbitraire dans les décrets du peuple et dans les ordonnances du tyran. Le démagogue et le courtisan ont les mêmes rapports de ressemblance, la même analogie ; tous deux jouissent du plus grand crédit, le courtisan auprès du tyran, le démagogue auprès du peuple. »

C'est pourquoi, depuis trois ans, je me suis appliqué sans relâche, et presque sans repos, à chercher comment il se pourrait que le peuple, afin de rester libre, ne fût ni SUJET ni MONARQUE.

C'est par l'analyse de l'autorité que je suis arrivé à la synthèse de la liberté.

J'ai décomposé d'abord ce qui compose l'unité nationale, puis l'unité communale, enfin l'unité individuelle ; j'ai reconnu que ces trois unités distinctes forment trois cercles de grandeur inégale : le plus grand pouvant contenir le moyen, le moyen pouvant contenir le plus petit, sans qu'aucun des trois cesse d'avoir le diamètre qui lui était propre : ou, si on préfère une autre image : trois lignes parallèles de longueur différente dont la condition expresse est de ne jamais se rencontrer sous peine de cesser aussitôt d'exister.

La décomposition successive de ces deux unités m'a conduit à la découverte de l'UNITÉ ÉLECTIVE, RÉVOCABLE et RESPONSABLE, que je ne crains pas d'opposer à l'UNITÉ HÉRÉDITAIRE, IRRÉVOCABLE et IRRESPONSABLE, sur laquelle les légitimistes se fondent pour prétendre qu'un peuple ne peut se passer d'un roi.

Montesquieu définit ainsi la Démocratie :

« Lorsque, dans la République, le peuple en corps a la souveraine puissance, c'est une démocartie. »

L'avantage qu'avait la Monarchie sur la Démocratie, c'était l'unité. Je crois pouvoir affirmer que la Démocratie a enfin trouvé la sienne, et que le problème que Jean-Jacques Rousseau, en écrivant le *Contrat social*, s'était posé sans réussir à le résoudre, a cessé d'être un problème.

Voici quels en étaient les termes :

« TROUVER UNE FORME D'ASSOCIATION QUI DÉFEND

ET PROTÉGE DE TOUTE LA FORCE COMMUNE LA PERSONNE ET LES BIENS DE CHAQUE ASSOCIÉ, ET PAR LAQUELLE CHACUN S'UNISSANT A TOUS, N'OBÉISSE QU'A LUI-MÊME ET RESTE AUSSI LIBRE QU'AUPARAVANT. »

Qu'y avait-il à faire ?

La chose la plus simple.

Il y avait à demander à tous et à chacun :

Que voulez-vous mettre en commun, et que ne voulez-vous pas y mettre ?

Poser cette question, c'était provoquer cette réponse :

Je veux conserver ma liberté la plus entière : liberté de mon culte, liberté de mon esprit, liberté de mon cœur, liberté de mes bras, liberté de ma famille, liberté de mon patrimoine ou de mon épargne ; je veux enfin que nul n'intervienne dans ce qui est l'exercice de ma puissance ; je ne veux absolument mettre en commun, sous le nom de contribution ou d'assurance, que la somme nécessaire pour les dépenses suivantes :

Justice indépendante de l'État ;

Force armée ;

Voie publique ;

Et, jusqu'à ce qu'elle soit éteinte :

Dette inscrite.

Dans cette réponse, qu'y a-t-il de faux, qu'y a-t-il d'exagéré ?

Provoquer cette réponse, c'était tracer de la façon la plus nette et la plus tranchée la ligne de démarcation : tout ce qui ne peut appartenir *divisément à chacun*, appartient *indivisément à tous*.

L'armée peut-elle appartenir divisément à chacun ? — Non.

La flotte peut-elle appartenir divisément à chacun ? — Non.

La voie publique peut-elle appartenir divisément à chacun ? — Non.

Donc la voie publique, la flotte et l'armée, étant indivisibles, sont essentiellement et incontestablement collectives.

Prétendrait-on que l'UNITÉ HÉRÉDITAIRE, IRRÉVOCABLE et IRRESPONSABLE, qui se résume dans le mot Légitimité, est préférable à l'UNITÉ ÉLECTIVE, RÉVOCABLE et RESPONSABLE, telle que je l'ai puisée à la source même de la Liberté !

Si l'on avait cette prétention téméraire, la combattre

serait trop facile, car il n'y aurait qu'à dire : — Combien, dans cette liste de soixante-onze rois qui ont régné sur la France pendant quatorze siècles, de 420 à 1850, en compte-t-on qui eussent mérité d'être élus et qui eussent été nommés, si le peuple français avait eu à les choisir et à leur confier, en toute liberté, ses destinées ?

Le principe de la délégation héréditaire, le principe de la légitimité, condamne les peuples à subir les monarques les plus incapables, les plus cruels, les plus dépravés, les plus prodigues, les plus ambitieux, les plus lâches, les plus ingrats, ceux-là même qui ont perdu la raison. Quoique *insensé*, Charles VI n'a-t-il pas régné sur la France pendant quarante-deux ans ? Mais, à sa mort, qu'est-il arrivé ? Il est arrivé qu'après avoir signé à Troyes une paix honteuse avec Henri V, roi d'Angleterre, déclaré héritier du royaume de France, il laissa à Charles VII, son fils, la France à reconquérir sur les Anglais ? Qui la reconquit ? Ce fut-il Charles VII ? Non ; la reconquérir fut une pensée qui ne lui vint même pas, au milieu des plaisirs d'une cour dissolue, plaisirs qui l'absorbaient tout entier. Qui reconquit la France ? Ce fut une jeune fille du peuple ; ce fut Jeanne d'Arc, qu'il laissa lâchement brûler sur un bûcher sans la secourir, lâcheté qu'il expia par la peur d'être empoisonné par son fils Louis XI, peur qui le condamna à se laisser mourir de faim.

Qu'on vante donc la légitimité, L'UNITÉ HÉRÉDITAIRE. IRRÉVOCABLE, IRRESPONSABLE !

Qu'on prouve donc qu'elle est préférable à L'UNITÉ ÉLECTIVE, RÉVOCABLE *, RESPONSABLE, telle que j'ai essayé de l'ériger en loi vivante, en générateur de la

---

* La constante révocabilité du gouvernement est ainsi admise en principe et en fait dans le préambule de la constitution de l'Etat de Pensylvanie :

« Les objets de l'institution et du maintien de tout gouvernement doivent être d'assurer l'existence du corps politique de l'Etat, de le protéger et de donner aux individus qui le composent la faculté de jouir de leurs droits naturels et des autres biens que l'auteur de toute existence a répandus sur les hommes ; et toutes les fois que ces grands objets de gouvernement ne sont pas remplis, le peuple a le droit de le changer par un acte de la vo-

force publique, dont la liberté absolue n'ait jamais à craindre aucune explosion fatale!

Mais il ne suffit pas de vouloir la liberté de l'individu, il faut aussi vouloir la grandeur de la nation.

Or, point de grandeur, mais, au contraire, rapide déclin là où l'on délibère toujours pour n'agir jamais.

Sans unité, point d'initiative, point de liberté, point de responsabilité.

La responsabilité s'affaiblit, se divise et disparaît pour faire place à la solidarité.

La souveraineté du peuple qui ne se borne pas à la souveraineté du contrôle déchoit et dégénère en complicité.

D'ordinaire, le souverain se fait servir et paye qui le sert.

Que faudrait-il penser d'un souverain qui se croirait obligé de se servir lui-même et qui se frapperait d'impôts pour se payer des gages?

On penserait qu'il est atteint d'aliénation mentale.

C'est cependant ce qui a eu lieu sous nos regards, sans que nous nous en rendions compte.

Le peuple croit qu'un des attributs de sa souveraineté, c'est de faire la besogne législative, c'est de s'immiscer, par l'entremise de ses représentants, dans tous les actes du gouvernement, c'est de s'y associer.

Le peuple doit juger tout, mais ne se mêler de rien. Quand il se mêle à tout, que devient son infaillibilité? Que devient le prestige de sa souveraineté? Comment peut-il s'ériger en juge de ceux dont il a été le complice? Ne jamais prononcer que sur des faits accomplis doit être sa première règle.

Liberté entière, mais responsabilité entière ; vote universel, mais vote annuel : voilà les quatre angles de l'édifice nouveau, dont les quatre faces sont :

L'Individu libre ;

La Commune indépendante ;

La Corporation inviolable ;

L'État fédéré.

La liberté de l'individu est ce qui constitue la *puissance individuelle ;*

lonté commune, et de prendre les mesures qui lui paraissent nécessaires pour procurer sa sûreté et son bonheur. »

L'indépendance de la Commune est ce qui constitue la *puissance communale* ;

L'inviolabilité de la Corporation est ce qui constitue la *puissance corporative* ;

La fédération de l'État est ce qui constitue la *puissance nationale*.

Vous qui, en toutes circonstances, proclamez que le peuple est souverain absolu, soyez donc conséquents ; alors faites donc qu'il agisse en souverain absolu !

Un souverain absolu ne fait pas de lois contre lui-même.

La maxime : Tout pour le peuple, *tout* PAR *le peuple*, se compose de quatre mots de trop ; les quatre derniers.

Tout PAR *le peuple* est une maxime aussi fausse que celle qui nous obligerait tous à faire nous-mêmes nos vêtements, à blanchir nous-mêmes notre linge, à laver nous-mêmes notre vaisselle.

Traitez donc le peuple en souverain !

S'il est souverain, il doit *se faire servir* et non se servir lui-même.

Où donc est l'inconvénient ? Où donc voyez-vous le danger ?

Ne voyez-vous donc pas, au contraire, que c'est le gouvernement réduit à sa plus simple expression, le gouvernement des hommes réduit à n'être plus, de fait et de nom, que l'administration des choses !

En effet, lorsque toutes les libertés sont déclarées solidaires et rendues inviolables, lorsqu'elles sont mises à jamais hors de contestation, de débat et de réglementation, il ne reste plus qu'à restituer au contribuable, sous une autre forme, l'équivalent au moins de ce qu'il a avancé sous le nom d'impôt.

Dès qu'il ne serait plus nécessaire d'avoir une fabrique de lois, toute difficulté s'aplanirait ; il suffirait alors que le peuple, dans toutes les circonstances où il devrait agir comme souverain, eût un ministre qui gérât l'intérêt indivis et exécutât la volonté nationale, un *maire*, comme il y a onze siècles*.

L'intérêt indivis, je l'ai démontré, se bornerait étroi-

---

* 750... Les rois n'avaient point d'autorité, mais ils avaient un nom ; le titre de roi était héréditaire, **mais** celui de maire était électif.

MONTESQUIEU, *E. des L.*, l. XXXI.

tement au soin de veiller à l'entretien des routes de
terre et au payement de la dette publique, jusqu'à ce
qu'elle ait pu être remboursée.

La volonté nationale elle-même n'aurait pas un beaucoup plus vaste champ; car, dès que la liberté du commerce aurait prévalu, par la réciprocité des échanges,
non-seulement disparaîtraient les risques de guerre,
mais aussi les questions et les débats de tarifs.

En résumé, qu'est-ce que je propose?

Rien de nouveau, rien qui n'ait pour cautions l'expérience et l'histoire.

Je propose que le peuple souverain se conduise en
souverain ;

Je propose qu'il règne et n'administre pas ;

Je propose qu'au lieu d'être l'ouvrier qui se sert lui-
même, il soit le souverain qui se fait servir par un ministre qu'il peut toujours renvoyer et punir, comme
fit Louis XIV, qui chassa et enferma Fouquet pour le
remplacer par Colbert ;

Je propose qu'ayant reconquis la souveraineté de
droit, il n'en tolère, sous aucun nom, l'usurpation par
aucune souveraineté de fait : Constitution écrite, Assemblée législative, Présidence de la République ;

Je propose qu'il en finisse irrévocablement avec toutes les complications, toutes les fictions, tous les frottements et tous les dangers de ces interprétations dont
la force est le seul juge, ce qui est détruire d'une main
tout ce que, de l'autre, on a édifié ;

Je propose que la société, après avoir passé du simple au compliqué, revienne du compliqué au simple ;
qu'elle revienne à l'époque des anciennes associations
connues, chez les nations germaniques, sous le nom de
Mark-genossen-schaften. Dans ces associations, tout
consistait dans des garanties mutuelles ; une sorte de
fédération pour la sûreté commune ; des mesures ré-
pressives sévères contre ceux qui violaient la forêt destinée à l'entretien commun ; la souveraineté ne rele-
vait que de l'ensemble de ceux qu'unissait le lien
fédératif ;

Prenant en considération ces paroles d'Aristote :

« Il ne suffit pas d'organiser un gouvernement parfait,
il faut surtout un gouvernement praticable, d'une application facile et commune à tous les États ; loin de là, on

nous présente aujourd'hui des constitutions inexécutables et compliquées. »

Ces paroles de Montesquieu :

« Dans les plus belles machines l'art emploie aussi peu de mouvement, de forces et de roues qu'il est possible. »

Ces paroles de Francklin, en 1788 :

« Les idées de contre-poids, d'équilibre, ont sur certaines gens une influence d'autant plus grande qu'ils les entendent moins. Les hommes, en général. aiment mieux les choses fines que les choses vraies, admirent moins ce qui est simple que ce qui est compliqué, croient plus volontiers ce qu'un petit nombre se vante d'entendre que ce qui est entendu de tout le monde. »

Ces paroles de Siéyes, en 1789 :

« Il est dans le cours ordinaire des choses que les machines plus compliquées précèdent les véritables progrès de l'art social comme de tous les autres arts ; son triomphe sera pareillement de produire les plus grands effets par des moyens simples. »

Ces paroles de Stuart Mill :

« Il est douloureux de penser en quelle formidable proportion tous les efforts et tous les talents du monde sont employés, même dans l'état social le plus avancé, à se neutraliser les uns les autres. Le véritable objet de tout gouvernement est de réduire le plus possible cette déplorable déperdition, en prenant telles mesures qui fassent servir à augmenter le bien-être moral et matériel de l'espèce humaine, l'énorme quantité de forces que les hommes emploient aujourd'hui à se nuire les uns aux autres ou à se protéger les uns contre les autres. »

Ces paroles de M. Guizot :

« Pour se procurer des ressources, le despotisme des empereurs romains fut contraint de créer *une machine administrative* capable de porter partout son action, et qui devint-elle-même *une charge nouvelle*. Ce système de gouvernement n'avait d'autre objet que d'étendre sur la société *un réseau de fonctionnaires* sans cesse occupés à en extraire des richesses et des forces pour aller les déposer aux mains de l'empereur.

. . . .

» La Révolution a détruit le gouvernement de l'ancien régime, mais elle n'a pas construit son propre gouvernement. »

Ces paroles de M. Léon Faucher :

« Nous avons exagéré la centralisation ; nous l'appliquons à tout, et le plus clair résultat de ce système, aujourd'hui, c'est d'entasser des montagnes de papiers qui sont fabriquées par des armées de commis. »

Je propose :

Au lieu d'une Constitution écrite, toujours exposée à être violée ou mal interprétée,—le meilleur mode de vote universel : individuel et annuel. direct et secret;

Au lieu d'une Assemblée législative élue pour plusieurs années, toujours prête à abriter sous ce grand mot : La Loi, les erreurs les plus monstrueuses, les écarts les plus condamnables : — une commission annuelle de surveillance et de publicité, résumant les minorités divisées, les défiances éveillées, les idées opposées, et, appelant le peuple à prononcer et à exercer la puissance indivisible, conséquemment indivise, dans toutes les circonstances graves et dans tous les cas douteux;

Au lieu d'un Président de la République, élu, comme après 1848 en France, pour quatre années directement par l'universalité des électeurs, ce qui créait cette anomalie que, subalterne en *droit*, il était supérieur en *fait* à l'Assemblée législative : — un maire d'État, annuellement élu, toujours révocable et rééligible, responsable de tout dans la limite de ses fonctions, se bornant à entretenir les relations extérieures, à publier le budget annuel des recettes et des dépenses; à rédiger et signer tous les *règlements d'administration publique*, mais ces règlements ayant pour limites étroites les objets mêmes auxquels ils devront s'appliquer EXCLUSIVEMENT, objets qui sont :

Propriétés nationales :—Acquisitions, échanges. aliénations, entretien, réparations.

Voie publique : — Grande voirie, circulation.

Sûreté générale : — Arrestation et poursuite des malfaiteurs; exécution des arrêts de la Justice.

Armée : —Proportion des armes; conditions de l'enrôlement volontaire: solde; avancement: retraite.

Marine : — Construction des vaisseaux; conditions de l'enrôlement volontaire: solde; avancement: retraite.

Dans ce système, la Nation n'agit jamais que comme Nation, la Commune n'agit jamais que comme Commune, et sans pouvoir attenter ni l'une ni l'autre à la liberté de l'Individu, qui doit toujours rester entière.

Qu'est-ce qui constitue une nation? — Une communauté d'intérêts territoriaux et commerciaux qui, pour se développer et se protéger, a eu besoin jusqu'à ce jour d'entretenir une armée et une flotte. Mais si l'on suppose que, par suite des progrès du commerce et de la réciprocité des échanges, tout risque de guerre, les armes à la main, disparaisse entièrement : flottes et armées n'ont plus de raison d'être.

Dès qu'il n'y aurait plus ni armées ni flottes (les rois le savent bien !), le lendemain il n'y aurait plus de royautés, le surlendemain il n'y aurait plus de nationalités, car les nationalités n'ont elles-mêmes de raison de subsister que par la rivalité des intérêts. Cette rivalité d'intérêts est-elle dans la nature? Non; l'homme est l'œuvre de la Nature, mais les peuples sont l'œuvre de la Guerre. Détournée violemment de son but par la guerre, l'esclavage et l'ignorance. l'Humanité y est lentement ramenée par la paix, la liberté et la science. Désormais, plus l'homme pèsera dans les balances de la civilisation, moins les peuples y pèseront. Nature et Civilisation sont les deux extrémités du cercle dans lequel l'homme se meut; ouvrez le cercle : les deux extrémités s'écarteront ; refermez-le : les deux extrémités se rapprocheront et se confondront. La vapeur et la télégraphie électrique sont deux découvertes qui datent d'hier, et déjà elles ont changé tous les rapports des peuples; une troisième découverte qui a cessé d'être improbable, un nouvel effort de la science : la navigation aérienne, peut prochainement accomplir une révolution économique et sociale contre laquelle se débat convulsivement le vieux monde, pour porter aux nationalités le dernier coup. Si les hommes naissent tous frères, ainsi qu'on nous l'enseigne, à quoi les nationalités servent-elles? A diviser socialement ce qui est naturellement uni, à affamer les travailleurs pour nourrir les gouvernements. Il faudrait ne pas voir clair pour ne pas voir que les nationalités sont appelées à survivre peu de temps à la disparition des inimitiés interpopulaires.

En aucun cas d'ailleurs et sous aucun prétexte de puissance nationale ou de salut public, le maire d'État n'aurait à s'immiscer dans ce qui serait du domaine de la puissance individuelle et de la puissance communale, chacune de ces trois puissances étant logiquement définie, naturellement délimitée et matériellement inviolable.

Contre toutes ces garanties réunies en faisceau, que pourrait tenter l'ambition d'un seul homme avec le plus faible espoir de succès ? Où donc serait le danger que présenterait L'ADMINISTRATION DE LA CHOSE PUBLIQUE PAR UN SEUL SOUS LE CONTROLE DE TOUS ?

Dans ce système, l'action reprend à la parole la puissance que celle-ci avait usurpée.

Plus de débats stériles !

Plus de dissertations anticipées !

Plus d'interpellations tardives.

Plus de foyers d'agitation

Est-ce que la liberté de discussion déclarée inviolable sous toutes ses formes ne suffit pas pleinement à l'examen des questions ? Est-ce que le régime officiel des Assemblées délibérantes ne forme pas double emploi avec la liberté absolue de discussion.

Mettre aux voix dans une Assemblée l'adoption d'idées dont l'application n'a pas été encore faite, n'est-ce pas proscrire, sous une forme indirecte, toute idée grande, toute idée neuve ? N'est-ce pas lui fermer l'accès pour laisser passer l'idée vulgaire et la négation présomptueuse ? N'est-ce pas donner au savoir et à la supériorité pour juges suprêmes l'ignorance et la médiocrité ?

Est-ce que l'Académie des sciences, consultée par le Premier Consul, n'a pas commencé par condamner l'invention de Fulton ?

Le gouvernement ne doit plus être que l'administration de ce qui est essentiellement indivisible, conséquemment indivis, nécessairement collectif, exclusivement public.

L'homme libre se gouverne, on ne le gouverne pas.

La chose publique est la seule qui doive s'administrer publiquement.

Enfin, le système que je propose institue la Commune à l'image de l'État et réciproquement ; il fait ainsi de la Commune l'école primaire du citoyen. Ce système se résume dans ces lignes :

LE MAIRE D'ETAT QUE LA MAJORITÉ DE LA NATION CHOISIT ET QUE LA MINORITÉ DE LA NATION CONTROLE.

Abolition du gouvernement de l'homme par l'homme ;

Gouvernement direct de l'homme par lui-même, ayant pour loi sa raison, pour juge sa conscience ;

Administration de la chose publique par un sous le controle de tous ;

Unité démocratique : — élective, révocable, responsable ;

Peuple fait homme.

II.

LE MAIRE DE COMMUNE.

Par le suffrage universel et par l'impôt unique, tout se simplifie.

Plus de recrutement obligatoire, conséquemment plus de tirage au sort ; plus de loterie des hommes ; plus de tournées de révision : plus d'attentat au pudique secret des infirmités humaines qui ont le vêtement pour voile ;

Plus de garde nationale apprenant aux hommes à s'armer, lorsque leur désapprendre à se battre est le progrès vers lequel on doit constamment tendre ;

Plus de listes ni de cartes électorales qui contribuent à faire dégénérer la démocratie en bureaucratie ;

Plus d'églises ni de prêtres à la charge de ceux qui ne croient pas ou qui ont une autre croyance ;

Plus d'écoles autres que celles qui sont entretenues et surveillées directement par les parents qui payent pour y faire admettre leurs enfants.

En France, n'ont plus de raison d'être, conséquemment disparaissent :

Conseils généraux ;

Arrondissements et conseils d'arrondissements ;

Cantons et conseils cantonaux ;

Le nombre des départements est réduit, mais cette réduction n'est pas arbitraire ; elle est la conséquence du perfectionnement des voies de communication et de la nécessité d'alléger le poids du budget.

Le département cesse d'être une personne civile, i n'est plus qu'une division administrative ayant pour unique objet d'améliorer et de simplifier les rapports entre les communes et l'État.

Le sous-maire d'État (nom plus juste donné au Préfet) reçoit et centralise tous les rapports qui lui sont adressés par l'officier de paix des Communes dont la réunion compose un Département.

Sa principale fonction est celle d'officier général de paix et de dépositaire partiel de la puissance publique.

Il agit dans tous les cas où il y a lieu de requérir le concours d'une force armée autre que celle de la gendarmerie locale.

Il est le lien entre la puissance judiciaire et la puissance militaire, dans les circonstances où elles ont à exercer une action commune.

Il veille au maintien de l'unité de la comptabilité publique et des poids et mesures.

Quelles sont, en France, sous le régime actuel, les attributions des conseils généraux ?

Chaque année, les conseils généraux :

1º Répartissent entre les arrondissements les contributions directes ;

2º Prononcent définitivement sur les demandes en réduction ;

3º Votent les centimes additionnels dont la perception est autorisée par les lois ;

4º Délibèrent sur les contributions extraordinaires à établir.

Trois attributions que rend inutiles la transformation de l'impôt en assurance.

5º Ils délibèrent : 1º sur les contributions extraordinaires à établir et les emprunts à contracter dans l'intérêt du département; 2º sur les acquisitions, aliénations et échanges des propriétés départementales ; 3º sur le changement de destination des édifices départementaux; 4º sur le mode de gestion de propriétés départemantales ; 5º sur les actions à intenter ou à produire au nom du département ; 6º sur les transactions qui concernent les droits du département ; 7º sur l'acceptation des dons et legs faits au département ; 8º sur le classement et la direction des routes départementales ; 9º sur les projets, plans et devis de tous les autres travaux exécutés sur les fonds du département ; 10º sur les offres faites par les communes, par des associations ou par des particuliers pour concourir à la dépense des routes départementales ou d'autres travaux à la charge du département ; 11º sur les concessions à des associations, à des compagnies ou à des particuliers des travaux d'intérêt départemental ; 12º sur la part contributive à imposer au département dans la dépense des travaux exécutés par l'État et qui intéressent à la fois le département et les communes ; 14º sur l'établissement et l'organisation des caisses de retraite en faveur des employés des préfectures et sous-préfectures ; 15º sur la part de la dépense des aliénés et des enfants trouvés et abandonnés qui sera mise à la charge des communes et sur les bases de la répartition à faire entre elles ; 16º sur tous les autres objets sur lesquels ils sont appelés à délibérer par les lois et règlements.

Toutes délibérations qui n'ont plus d'objet dès que les départements ont cessé d'être des personnes civiles et que les communes ont cessé d'être en tutelle ; dès qu'elles agissent dans la plénitude de leur souveraineté et la limite de leurs ressources ; dès qu'elles supportent à elles seules la charge des aliénés et des enfants trouvés ; dès que la dépense de construction et d'entretien des routes artérielles et des ponts a lieu au moyen du produit centralisé des *Polices de circulation* * ; dès que les frais d'entretien de l'hôtel de la Sous-mairie d'État, du Palais de Justice et des casernes seront à la charge de la Commune chef-lieu du Département, par suite des avantages inhérents à la possession de ces établissements.

Dans la création de ce nouveau monde administratif, les mots *dépenses* et *recettes du Département* ne corres-

---

* L'Impôt, par E. de Girardin, 6e *édition*, pages 306 et 307.

pondent plus à rien. Il n'y a plus que deux catégories de dépenses et de recettes :

Dépenses et recettes communales ;

Dépenses et recettes nationales.

Les dépenses communales se divisent ainsi qu'il suit :

Dépenses obligatoires ;

Dépenses facultatives.

Les recettes communales se divisent ainsi qu'il suit :

Recettes ordinaires ;

Recettes extraordinaires.

Quelles sont présentement, en France, les attributions des conseils d'arrondissement ?

Ils donnent leur avis : 1° sur les changements proposés à la circonscription du territoire de l'arrondissement, des cantons et des communes ; 2° sur le classement et la direction des chemins vicinaux ; 3° sur l'établissement, la suppression ou le changement des foires et marchés ; 4° sur les réclamations élevées au sujet de la part contributive des Communes respectives dans les travaux intéressant à la fois plusieurs communes ; 5° et généralement sur tous les objets sur lesquels ils sont appelés à donner leur avis.

Quiconque a vu de près l'administration d'un département sait que les conseils d'arrondissement sont des meules qui tournent dans le vide ; il en est de même des conseils cantonaux de fondation récente.

Relativement aux sous-préfets, dès que le suffrage universel, ce grand ressort de l'opinion publique, sera livré à lui-même, et qu'on renoncera à le fausser, qu'auront-ils à faire, qui empêche de les supprimer ?

On le voit, sans qu'il soit besoin d'insister, tout ce qui était compliqué se décomplique et se simplifie par :

Le vote universel : individuel et annuel, direct et secret ;

L'impôt unique librement payé ou refusé ;

L'émancipation, la constitution et la dotation de la Commune ;

L'indépendance réciproque de la Justice et de l'Etat ;

L'indépendance réciproque de l'Eglise et de l'Etat ;

L'indépendance réciproque de l'Enseignement et de l'Etat ;

La concession perpétuelle, — mais sans aliénation du droit inaliénable et imprescriptible de préemption, — à l'industrie de tous les travaux d'utilité publique autres que les travaux de défense nationale, les routes et les ponts, ces derniers travaux, ponts et routes, également exécutés par l'industrie, mais avec les produits centralisés des *Polices de circulation :*

La réciprocité des échanges.

Alors le budget des dépenses et le nombre des fonctionnaires se réduisent dans des proportions incommensurables.

Par l'indépendance réciproque de l'Église et de l'État, celui-ci ne salariant plus aucun culte, une puissante et active diversion est créée ; une nouvelle et utile impulsion est donnée aux esprits.

Nul doute qu'il ne se fonde aussitôt une vaste association de la foi catholique qui saura facilement centraliser dans une caisse générale et distribuer ensuite le produit des souscriptions, quêtes et dons, de telle sorte qu'aucune paroisse ne reste sans desservant, aucune cure sans curé, aucun évêché sans évêque.

Nul doute qu'il ne se fonde également d'actives associations de la propagation du culte protestant et de la conservation du culte israélite.

Ce serait la résurrection de la foi par la lutte et l'enseignement, si la foi éteinte peut se rallumer.

Entre la Religion et l'Enseignement, plus d'antagonisme ; l'antagonisme sera de croyance à croyance, de système à système.

Comme pour récolter il faut semer, tout clergé deviendra nécessairement corps enseignant. Lorsqu'il en sera ainsi, l'enseignement, véritablement libre, ne tardera pas à faire de rapides progrès et à subir d'immenses réformes. L'émulation sera partout ; elle existera de culte à culte et de ville à ville. Chaque ville chef-lieu départemental voudra avoir son université et luttera d'efforts et de sacrifices pour qu'elle l'emporte sur les universités rivales.

Pour les divers cultes comme pour les professions diverses constituées en corporations, le droit commun : donc entière faculté pour toute corporation religieuse et ouvrière de posséder et de transmettre au même titre.

Le Maire d'État assisté de ses deux adjoints, l'un ministre des recettes, l'autre ministre des dépenses, tous les trois contrôlés par une Commission nationale de onze membres élus par l'universalité des électeurs défiants suffit pour que l'État se meuve, comme une sphère sur son axe.

Constituée absolument comme l'État, la Commune se meut absolument de même, avec la même simplicité de moyens et la même économie de forces.

Aucune administration locale ne pouvant requérir le concours de la force indivise : —gendarmerie ou troupe — sans avoir obtenu l'autorisation préalable de l'administration centrale, représentée par l'officier de paix, l'obligation d'obtenir cette autorisation préalable crée la dépendance, suffisante en même temps que nécessaire, qui doit exister de la Commune à l'Etat. L'officier de paix, rétribué par l'Etat et résidant dans chaque commune, est le lien qui rattache toutes les communes à l'Etat ; ainsi la puissance communale est pleinement constituée sans affaiblissement aucun de la puissance publique, puisque la force armée demeure exclusivement aux mains des agents de l'Etat, qui seuls ont le droit de la requérir et d'en disposer.

Sous ce régime nouveau, on agit beaucoup et on parle peu ; c'est positivement le contraire du régime parlementaire, où l'on agit peu et où l'on parle beaucoup.

Sous ce régime nouveau, suppression de tous les détours et de tous les conflits administratifs ; prompte expédition de toutes les affaires communales ; irresponsabilité locale de l'administration centrale ; simplification de tous les rouages bureaucratiques ; réduction considérable de dépenses résultant d'une meilleure répartition de la force publique mobilisée par les chemins de fer, auxquels l'armée rendrait en protection ce qu'elle leur devrait en accélération de mouvement.

Tout, sans que l'on s'en rende exactement compte, tend à s'universaliser.

Plus les voies de communication et de transport se perfectionneront et gagneront en rapidité et en économie, plus cette tendance des nations et des choses à l'universalité sera sensible et manifeste.

Le vote universel n'est encore que français ; il est appelé à devenir européen.

Qui dit vote universel dit réforme radicale de tous les vieux mécanismes de gouvernement, comme admettre la cause c'est admettre l'effet.

Aussi, de même que j'ai cherché un mode d'exercice du vote universel qui puisse être adopté par tous les pays civilisés, comme tous ont adopté successivement l'usage de la boussole et du chronomètre, de l'imprimerie et de la vapeur, de même j'ai cherché un mode de perception de l'impôt qui, par sa précision rigoureuse, fût appelé à devenir l'impôt universel ; de même encore j'ai cherché un mode de constitution de la Commune, qui, offrant toutes les garanties, se prêtât à tous les besoins et dénouât tous les nœuds : telles sont la simplicité, la force et la flexibilité de ce mode de constitution de la Commune, qu'applicable à l'Etat, il s'applique avec la même exactitude à l'organisation des professions en Corporations.

Il marque à la fois l'Universalité, la Majorité et la Minorité, comme les deux aiguilles du cadran marquent l'heure, les minutes et les secondes.

De la Confiance il fait la force, et de la Défiance il fait le frein.

Il est le pivot de toute association, que cette association s'appelle Commune, Paroisse, Corporation, Etat.

Qu'est-ce que la Commune ? M. Thierry répond :

« Le mot *Commune* exprimait, il y a sept cents ans, un système de garantie analogue pour l'époque à ce que nous comprenons par le mot *constitution*. Comme les constitutions de nos jours, les communes s'élevaient à la file, et les dernières en date imitaient de point en point l'organisation des anciennes. »

M. Royer-Collard répond :

« La Commune est comme la famille, avant l'Etat. La loi politique la trouve et ne la crée pas. »

M. Henrion de Pansey répond :

« Au-dessous des pouvoirs législatif, exécutif et judiciaire, il en est un quatrième qui est à la fois public et privé ; il réunit l'autorité de magistrat à celle de père de famille, c'est le pouvoir municipal. Quoique au-dessous des trois autres, ce pouvoir est cependant le plus ancien de tous, et c'est sur cette première assise que les législateurs ont élevé l'édifice social. »

M. de Sismondi répond :

« La Commune n'est point un être idéal, fantastique, c'est la *vraie patrie*. »

M. Benjamin Constant répond :

« Le patriotisme qui naît des *localités* est aujourd'hui surtout le *seul véritable*. On retrouve partout les jouissances de la vie sociale, il n'y a que les *habitudes* et les *souvenirs* qu'on ne retrouve pas. Il faut donc *attacher les hommes aux lieux* qui leur présentent des souvenirs et des habitudes, et pour atteindre ce but, il faut leur accorder, dans *leur domicile*, au sein de leurs *Communes*, autant *d'importance politique* qu'on peut le faire sans blesser l'ordre général. »

M. de Bonald répond :

« La Commune est le premier élément de la famille politique ; c'est un corps plus réel, plus solide, plus visible que le département ou le royaume, qui sont plutôt des corps moraux et comme ces trois corps, commune, département, royaume, forment le corps politique, l'Etat tout entier, il est naturel que, dans la manière de composer la représentation universelle de la nation, les mêmes corps participent dans le même ordre à la députation. »

M. Béchard répond :

« La Commune est l'anneau qui rattache la famille à l'Etat.

» L'idéal de la Commune, c'est une réunion de familles jouissant à la fois des ressources nécessaires à la vie matérielle et des moyens de développement intellectuel et moral. »

M. le baron de Haxthausen trace le tableau suivant de ce que la Commune est en Russie :

« Chaque commune rurale est, en Russie, une petite république qui se gouverne elle-même pour ses affaires intérieures, qui ne connaît ni propriété foncière personnelle, ni prolétariat ; qui a élevé à l'état de fait accompli depuis longtemps une partie des utopies socialistes ; on ne sait pas vivre autrement ici ; et l'on n'y a même jamais autrement vécu. »

M. le maréchal Vaillant, ministre de la guerre, dans son rapport sur l'Algérie, publié en juin 1854, répond :

« La Commune, en créant des besoins et des intérêts collectifs, fait naître par cela même, parmi les membres actifs, le concert des volontés et la solidarité des efforts en vue du bien général ; et dans cette solidarité se confondent, pour s'effacer avec le temps, les diversités d'origine et de race qui caractérisent à ses débuts toute agrégation coloniale.

» Ce n'est qu'au sein de la Commune s'administrant elle-même, avec ses propres ressources, que se développera cet esprit d'initiative et d'entreprise qui pousse les populations énergiques à s'ingénier, à s'imposer des sacrifices pour conquérir le bien-être et la richesse par le progrès. L'expérience n'a que trop prouvé que, sous l'influence d'une sorte de communisme administratif qui les accoutume à tout attendre de la vigilance et de la sollicitude du pouvoir central, les masses comme les individus s'abandonnent volontiers à l'imprévoyance et à l'inertie. En perpétuant la minorité des populations, on ne fait que perpétuer leur enfance et leur débilité. »

M. Haussmann, préfet de la Seine, dans son exposé au conseil municipal, publié en novembre 1853, répond :

« La Commune existe presque aussi anciennement que la famille. Elle est née spontanément de la force des choses. Ce n'est pas simplement une division territoriale; c'est l'élément qui a formé les empires, le principe et le point de départ de toute organisation politique. Les individus qui la composent sont liés par des intérêts présents aux yeux de chacun, intérêts tout à la fois moraux et matériels. Elle a toujours eu ses ressources propres, son budget indépendant, ses affaires distinctes. Devenue partie intégrante et subordonnée de l'administration générale, et soumise à la forte tutelle de l'Etat, elle est encore une unité vivante, douée d'une féconde activité.

» Le département, au contraire, de création récente, a été tout d'abord une pure circonscription administrative, dont les limites pouvaient être arbitrairement étendues ou restreintes. Le lien de ses habitants est essentiellement politique.

» Dans un but de décentralisation, la loi du 10 mai 1838, inspirée par l'esprit parlementaire, a fait du département une personne civile ; mais l'individualité qu'elle lui a donnée est plus nominale que réelle. Les importants services dont la réunion constitue l'administration départementale sont d'utilité générale, d'ordre public, et n'ont de local que leur action immédiate et le contrôle dont ils sont l'objet. »

Enfin, l'empereur Napoléon Ier disait :

« Si la guerre ne m'était nécessaire, je commencerais la prospérité de la France par les Communes.

« L'administration de la France est encore une machine qui s'organise. Il reste, par exemple, à reconstruire les Communes.

» Chaque commune représente en France 1.000 habitants. Travailler à la prospérité des 33,000 communautés, c'est travailler au bonheur des 30,000,000 d'habitants, en simplifiant la question, en diminuant la difficulté de tout ce qu'établit de différence le rapport de 36 mille à 30 millions. C'est ainsi que Henri IV entendait faire lorsqu'il parlait de sa *poule au pot*, autrement il n'eût dit qu'une sottise. »

Qu'est-ce, en résumé, que la Commune? — La Commune est l'association d'habitants unis par le même intérêt local.

Qu'est-ce que la Paroisse? — La Paroisse est l'association locale de croyants unis par la même foi religieuse.

Qu'est-ce que la Corporation? — La Corporation est l'association de tous les travailleurs d'une profession unis contre le même risque : celui d'atteinte, par la concurrence, au taux nécessaire de leur salaire.

Qu'est-ce que l'Etat? — L'Etat est l'association de toutes les Communes d'un pays unies contre le même péril : celui d'atteinte, par la guerre, à l'indépendance de leur territoire.

Lorsqu'on a ainsi reconnu que la Commune et l'État, la Religion et la Corporation ne sont que quatre formes différentes de l'association, tous les rapports s'établissent d'eux-mêmes, tous les nœuds se dénouent sans effort, tous les problèmes offrent leur solution.

S'il est vrai que l'Etat soit l'association de toutes les Communes d'un pays unies contre le même péril : celui d'atteinte, par la guerre, à l'indépendance de leur territoire, il suffit que le risque de guerre disparaisse pour que l'Etat, sortant de ses démarcations arbitraires, rentre dans ses limites naturelles.

S'il est de l'intérêt de toutes les Communes de France, d'Angleterre, d'Allemagne, d'Espagne, d'Italie, qu'il en soit ainsi, la Carte de l'Ancien Monde, violemment défaite par la guerre, se refera naturellement par la paix.

Les nations sont à chacun des trois continents qu'elles ont morcelés ce que les fractions d'un entier sont à cet entier, ce que les parcelles d'un champ sont à ce champ.

Une nation est une fraction, elle n'est pas un tout.

Une nation est un membre, elle n'est pas un corps.

Ainsi s'explique comment les nations palpitent et ne

vivent pas ; la guerre est une convulsion, ce n'est pas la vie ; la misère est la mort, car c'est la gangrène.

Il faudrait n'avoir pas d'yeux pour ne pas voir que, par le progrès de la science, tout ce qui est limite territoriale, démarcation de frontière, tend à disparaître.

Les Corporations sont appelées à remplacer les Nations.

En d'autres termes, les nations territoriales doivent se préparer à disparaître pour faire place aux nations professionnelles.

Les intérêts ne se règleront plus de nation à nation, mais de corporation à corporation.

Aussi l'homme d'Etat, l'homme aimanté, qui se sent attiré vers l'avenir comme l'aiguille de la boussole, l'aiguille aimantée se sent attirée vers le nord, ne doit-il plus s'appliquer désormais qu'à étudier tout ce qui porte en soi le caractère de l'universalité.

Universalité du Droit.
Universalité de la Science.
Universalité de l'Enseignement.
Universalité de la Paix.
Universalité du Vote.
Universalité de l'Impôt.
Universalité de la Commune.
Universalité de la Corporation.
Universalité de l'Echange.
Universalité des Monnaies.
Universalité des Mesures.

L'unité est à l'universalité ce que le chemin est au but.

S'il y a, en ce monde, deux justices, il y en a une qui a usurpé le nom de l'autre.

S'il y a dans ce monde deux religions, il y en a une des deux qui est nécessairement fausse.

L'injustice et l'erreur ont fait leur temps ; l'homme libre et instruit ne peut plus marcher garrotté par elles.

Si la religion était encore ce qu'elle a été dans le passé, la paroisse serait demeurée ce qu'elle fut : l'unité territoriale ; car la paroisse est naturellement la division territoriale du monde catholique. Le mot paroisse vient du mot *parochia*, et celui-ci de deux mots grecs qui veulent dire *autour de la maison* ou de *l'église*. Mais du jour où la Commune a grandi, la paroisse a décliné, parce que du jour où la tolérance religieuse est entrée dans les esprits, l'unité territoriale a changé de nature et de conditions : l'unité territoriale n'est plus dans la paroisse, elle est maintenant dans la justice de paix.

Le juge de paix, élu par l'universalité des justiciables de son ressort, n'est pas seulement appelé à concilier les parties qui se présentent devant lui ; il est appelé, concurremment avec l'officier de paix nommé par l'Etat, à localiser et à centraliser dans les archives de son greffe tous les renseignements relatifs à l'état civil et à la moralité judiciaire de chaque habitant né et immatriculé dans la Commune, que celui-ci y réside ou qu'il vive éloigné d'elle.

Par cette localisation de tous les renseignements propres à l'éclairer, par ce compte ouvert à tous ses justiciables et régulièrement tenu, on comprend que le juge de paix acquiert une puissance et une infaillibilité qu'il ne possédait pas, qu'il ne pouvait pas posséder, il devient le prêtre de la justice, et son prétoire se change en un confessionnal où parle à voix haute la conscience publique lorsque se tait ou ment la conscience individuelle. Sous le langage du plaideur, il voit le passé du pécheur.

Dès qu'un fait qualifié délit ou crime a été constaté par un juge de paix ou d'appel, le greffier de ce juge étant tenu, sous peine d'une amende considérable par chaque omission, d'adresser en double expédition l'extrait de ladite constatation au greffe de la justice de paix et à l'officier de paix de la Commune-lieu de la naissance du prévenu, l'obscurité qui jusqu'à ce jour avait enveloppé la société se dissipe aussitôt : la conscience de chacun et de tous devient comme si elle était transparente.

Un tel avantage est trop grand, à un trop grand nombre de points de vue, pour qu'il y ait lieu de craindre qu'on s'arrête à des considérations secondaires et de peu d'importance contre l'érection en Justices de paix de toutes les Communes de France, réduites de 36,819 à 6,300 environ *.

C'est en multipliant ainsi les Justices de paix qu'on pourra fermer sans risque les prisons et les bagnes. et résoudre sans difficulté le problème, jusqu'à ce jour insoluble, des libérés.

La moralité, l'ordre et la liberté dans la Commune, c'est la liberté, l'ordre et la moralité dans l'Etat.

La moralité, l'ordre et la liberté en France, c'est la liberté, l'ordre et la moralité en Europe.

La moralité, l'ordre et la liberté en Europe, ce sont les nationalités qui s'écroulent et les Communes qui s'élèvent.

Elever la Commune à sa plus haute puissance, afin de tarir la misère et le vice ; élever la Commune à sa plus haute puissance, afin de placer l'homme à la hauteur que lui assigne le libre et plein développement de ses facultés : — tel est le but que se sont proposé les règlements que j'ai rédigés sous la réserve de toutes les modifications et de toutes les additions dont la nécessité sera démontrée par l'expérience.

III.

LE MAIRE DE CORPORATION,

Si la Commune a sa raison d'être, à plus forte raison la Corporation a-t-elle sa raison d'exister ?

* 6,000 communes chefs-lieux de justices de paix à raison de 5,000 habitants représentaient une population de 30 millions d'habitants ; 394 communes représentent aujourd'hui plus de 5 millions 400,000 habitants : ensemble, 6,300 communes environ.

La Corporation, c'est la Commune professionnelle, comme la Commune c'est la Corporation locale.

Il suffit de mettre dans les deux plateaux d'une balance la Commune et la Corporation pour reconnaître que celle-ci l'emporte de beaucoup sur celle-là en importance.

Ouvrir et entretenir les chemins, paver et éclairer les rues, réparer les bâtiments : voilà la grande affaire de la Commune, voilà sa principale raison d'être.

Plus importante à tous les titres et plus compliquée est l'œuvre de la Corporation, car, à l'intérieur de chaque pays, elle n'a pas seulement à régler et à maintenir le taux des salaires, il est nécessaire encore, à l'extérieur, qu'elle fasse contre-poids et conséquemment équilibre aux prix de revient.

C'est par l'universalité des Corporations que peut et que doit se dénouer cet inextricable nœud qui se nomme la réciprocité des échanges.

En effet, partout le travailleur a le même intérêt à recevoir la juste rémunération de son travail ; nulle part deux travailleurs de la même profession, quoique séparés par une limite territoriale, n'ont intérêt à faire baisser leur salaire ; nulle part ils n'ont rien à gagner à la concurrence aveugle que se font les nations, rivales d'industrie ; partout, au contraire, ils ont tout à gagner à s'entendre. Même alors que les intérêts des Nations passent pour opposés, les intérêts des Corporations n'en demeurent pas moins identiques. Le filateur de Manchester et le filateur de Mulhouse, le mineur de Newcastle et le mineur d'Anzin ont également besoin, l'un et l'autre, de réparer par une alimentation substantielle, la force qu'ils dépensent, de conserver par un logement salubre, par un repos nécessaire, par des soins opportuns, la santé qui est leur capital ; de pourvoir, par l'épargne, aux cas de maladie et de chômage, ainsi qu'aux jours de la vieillesse qu'on doit prévoir ; de subvenir, par un excédant indispensable, aux indispensables frais de trois enfants, au moins, et souvent de quatre enfants, qui demandent du pain et auxquels il faut en donner jusqu'à l'âge où ils pourront eux-mêmes gagner de quoi se nourrir. Si, pour ne citer qu'un seul exemple, les filateurs français étaient constitués en Corporation et que les filateurs anglais le fussent pareillement, rien ne serait donc plus facile à concevoir, rien ne serait donc plus facile à exécuter que l'accord entre les deux Corporations de filateurs, la Corporation française et la Corporation britannique.

Elles se mettraient en relations l'une avec l'autre, au moyen de délégués plénipotentiaires qu'elles accréditeraient, comme les nations se mettent en relations entre elles au moyen de plénipotentiaires qui reçoivent soit le titre de ministres, soit celui d'envoyés. Elles règleraient les conditions des tarifs et arrêteraient le taux des salaires. Cela fait, un champ assez vaste resterait encore à la concurrence et au capital puisqu'ils auraient à se mouvoir dans les larges limites de l'achat des matières à ouvrer, du perfectionnement des procédés et des machines à employer, des débouchés à étendre ou à découvrir, etc., etc. Tel que je le comprends, le rôle des Corporations serait aussi simple que m'a toujours paru compliqué et secondaire le rôle des Associations. Corporations et Associations sont deux termes qu'il ne faut pas confondre ; il existe entre eux autant de différence qu'il y en a entre un entier et une fraction.

Par Associations, j'entends les réunions de travailleurs où le patron et sa volonté sont remplacés par un gérant élu et par un règlement voté. Ces Associations accumulent, comme à plaisir, les difficultés et ne résolvent, en réalité, aucun problème. Elles sont impuissantes à prévenir et à réprimer l'abaissement du salaire ; elles subissent la loi du marché et ne la lui dictent pas. Elles ont tous les désavantages : elles louent plus cher l'argent dont elles ont besoin, et le profit qu'elles comptaient réaliser par la suppression du patron, s'évanouit sous la forme d'escompte. L'unité leur manque ; or, sans unité point de liberté effective, point de responsabilité directe, point de spontanéité dans la conception, point de rapidité dans l'exécution. Le patron qui agit à ses risques et périls peut faire hardiment la part de la perte aussi large que celle du gain ; le gérant qui agit aux risques et périls d'une Association, toujours ombrageuse, est forcément condamné à la timidité, car il ne peut ni ne doit rien donner au hasard.

Il y a deux manières d'assurer au travailleur un salaire qui soit la juste rémunération de son travail, et qui tienne compte de la valeur de l'homme : — par voie de réglementation ou par voie de liberté.

Par voie de réglementation, c'est l'Etat qui s'impose.

Par voie de liberté, c'est la Corporation qui s'administre.

Dans l'ordre de choses qui admet à tout propos et hors de propos l'immixtion de l'Etat, qu'aurait-on à objecter contre un décret, une loi ou un règlement qui se fonderait sur les motifs ci-après :

Attendu :

Qu'il a été reconnu que l'insuffisance des salaires est l'une des causes les plus générales de l'indigence parmi les individus valides *;

Qu'il est incontestable que la rétribution du travail est abandonnée au hasard ou à la violence **;

Que le bas prix des salaires est un des plus grands vices de l'ancien monde; qu'on ne peut pas appeler heureuse une société où, par la modicité et l'influence des salaires, les salariés ont une subsistance si bornée, que pouvant à peine satisfaire leurs premiers besoins, ils n'ont le moyen ni de se marier, ni d'élever de famille, et sont réduits à la mendicité aussitôt que le travail vient à leur manquer ou que l'âge et la maladie les forcent à manquer de travail : que l'insuffisance des salaires est une cause de décadence pour une manufacture, comme le haut prix est une cause de prospérité ***;

Que la simple équité exige que ceux qui habillent, nourrissent et logent le corps de la nation aient dans le produit de leur propre travail une part suffisante pour être eux-mêmes passablement nourris, vêtus et logés; que le prix réel de chaque chose, ce que chaque chose coûte réellement à celui qui veut se la procurer, c'est le travail et la peine qu'il faut s'imposer pour l'obtenir ; que le travail a été le premier prix, la monnaie payée pour l'achat primitif de toutes choses ****;

Que l'exemple de ces classes d'individus qui se soumettent sans se plaindre à la réduction de leurs salaires, qui se contentent de gagner simplement de quoi satisfaire à leurs premiers besoins, ne doit jamais être offert à l'admiration ni à l'imitation du public; que les intérêts de la société bien compris exigent que les salaires soient aussi élevés que possible; que les salaires réduits sont la cause

* Circulaire du 6 août 1840, adressée par le ministre de l'intérieur aux préfets.
** L.-N. Bonaparte.
*** Franklin.
**** A. Smith.

de cette apathie et de cette incurie qui se contentent de la satisfaction des premiers besoins animaux *.

Que le salaire est le revenu du pauvre; qu'en conséquence il doit suffire non-seulement à son entretien pendant l'activité, mais aussi pendant la rémission du travail; qu'il doit pourvoir à l'enfance et à la vieillesse comme à l'âge viril, à la maladie comme à la santé et aux jours de repos nécessa res au maintien des forces, ou ordonnés par la loi ou le culte public comme aux jours de travail **;

Que le travailleur qui n'a pas par devers lui des fonds de compensation ou de revenu autre que son travail actuel ne peut se faire associé. parce qu'il mourrait de faim en attendant la réalisation du produit ***:

Que le taux des salaires n'est pas réglé par les subsistances; que dans les temps de disette on voit une concurrence de misère, réduite à s'offrir avec anxiété pour le plus vil salaire, et que cependant la classe qui vit de salaires forme les trois quarts de la population; que s'il existait une propriété qu'on dût respecter plus encore que les autres, ce serait celle des hommes qui ne possèdent que leurs bras et leur industrie : que gêner leur travail, c'est leur ôter les moyens de vivre : qu'un tel vol est un assassinat ****;

Que la détresse des peuples se reconnaît toujours à l'inégalité des charges, à la distribution vicieuse des profits du travail et à la prédominance de quelques castes ingénieuses à placer les abus sous la protection des lois *****:

Que le travail porte toute la charge de la guerre industrielle : qu'il perd nécessairement de toutes manières et qu'il perd seul : que les ouvriers demandent du travail et du pain; du travail, qui est chaque jour plus difficile: du pain, qui est chaque jour plus cher ******:

Que le prix naturel du travail est celui qui fournit aux ouvriers, en général, les moyens de subsister et de perpétuer leur espèce sans accroissement ni diminution *******;

Que si les salaires avaient un taux fixe et nécessaire,

* Mac-Culloch.
** Sismondi.
*** Rossi.
**** Droz.
***** Blanqui.
****** Wolowski.
******* Ricardo.

ce taux ne pourrait être déterminé invariablement que par le prix des objets indispensables à la vie; qu'il est de toute évidence que les salaires ne se règlent pas sur les besoins réels des ouvriers, puisque le prix élevé des denrées alimentaires est sans action favorable sur eux ; que la disette coïncide le plus souvent avec une réduction de salaire et même avec le chômage ; que la cherté des subsistances arrête ordinairement la demande d'un travail qui est plus offert, à moins que la spéculation ne veuille profiter de la cherté des vivres pour imposer aux ouvriers une réduction de salaire contre laquelle la faim ne lui permet pas de se défendre *;

Que ce qui engendre le déficit, ruine à la fois maîtres et salariés, c'est l'inégalité entre le produit livré et le salaire reçu ** ;

Que l'homme parvenu à l'âge mur doit se suffire, non-seulement à lui-même, mais suffire aux besoins de sa femme, de ses enfants, de son père et de sa mère : aux besoins de sa femme, pour qu'elle le soigne à son tour dans les moments de chagrin et de maladie ; à ceux de ses enfants, pour qu'ils lui rendent ces soins plus tard aux jours de sa vieillesse; à ceux de ses parents, enfin, pour acquitter la dette qu'il contracta envers eux au temps de son enfance ***;

Que le salaire d'un ouvrier doit comprendre, pour être suffisant : 1º Ce qu'il faut pour vivre dans le milieu où l'ouvrier se trouve et veut rester, sans monter ni descendre dans l'échelle sociale; 2º l'entretien et le renouvellement de ses outils: 3º l'amortissement du capital employé par ses parents, avec lequel il peut alimenter son enfant qui le remplacera un jour dans la société; en admettant par hypothèse que sa compagne se suffise à elle-même; 4º le déchet de sa vieillesse, c'est-à-dire de quoi parfaire à ses besoins au fur et à mesure que l'âge engourdira ses membres, et de quoi les satisfaire en entier, le jour où il sera obligé de cesser le travail et de chercher un abri, soit dans un établissement de retraite, soit dans une famille, soit partout ailleurs que dans un hôpital ou un dépôt de mendicité ; toutes ces circonstances peuvent se présenter et doivent entrer dans ses calculs, s'il est lui-même charitable et s'il ne veut pas se mettre à la charge de ses semblables ; 5º un produit net de son travail, avec lequel il augmente sa famille ou son bien-être, avec lequel il soutiendra sa mère ou son vieux père, avec lequel

* Buret.
** Proudhon.
*** Thiers.

il fera la charité à ses semblables, avec lequel il montera l'échelle sociale, etc.; qu'il doit y avoir tout cela dans sa recette pour qu'elle soit vraiment normale *;

Que dès que chacun a sa part dans le gouvernement, rien ne peut s'appeler immixtion ni intrusion **;

Que toutes les prescriptions de la science économique sont en parfait accord avec ce précepte de la foi évangélique : « L'ouvrier mérite sa nourriture *** ; »

Attendu :

Que le salaire représente du travail au même titre que la monnaie, laquelle il est expressément interdit, sous les peines les plus sévères, de rogner ni de fausser;

Que le travailleur qui a uniquement pour capital son temps, n'a pas moins de droit que le propriétaire et le fabricant à la protection de la loi;

Que l'homme a une valeur qui lui est propre et qui compte dans l'actif dont se compose la richesse nationale ; que tout ce qui épuise les forces du travailleur sans les réparer, tout ce qui nuit à sa santé, tout ce qui abrége son existence, est une atteinte portée à sa valeur et à la richesse de la nation ; que toute atteinte de cette nature a les mêmes effets que le meurtre et le vol;

Qu'il faut calculer que tout travailleur, s'il est marié, doit pourvoir à sa subsistance, à celle de sa femme et de trois enfants **** et que s'il n'est pas marié, la somme disponible que lui coûterait la subsistance d'une femme et de trois enfants est nécessaire à la formation de l'épargne appelée *Douaire universel;*

Attendu que présentement sont réglés :

Le taux de la journée de travail servant de base à la contribution personnelle ;
Le taux des appointements des fonctionnaires publics ;
Le taux de l'intérêt de l'argent ;
Le taux des céréales ;
Le taux du pain ;
Le taux des droits protecteurs de l'agriculture, de l'industrie et du commerce ;

---

* J. Garnier.
** Dupont White.
*** Saint Matthieu.
**** Enfants légitimés par mariage. 3, 41. *Annuaire du bureau des longitudes,* année 1852.

Le taux des courses de voitures publiques ;
Le taux des transports de voyageurs et de marchandises sur les chemins de fer ;
Le poids, la forme et la valeur des monnaies ;
L'âge de majorité des citoyens ;
L'époque avant laquelle on ne peut valablement contracter mariage ;
Les degrés de parenté ;
Le partage des successions ;
La transmission de la propriété par voie d'acquisition ou de donation ;
Les conditions des diverses formes de société : société anonyme, société en participation, en nom collectif et en commandite, etc., etc.;

En conséquence de ce qui précède, il est décrété ce qui suit :

ARTICLE PREMIER.

En aucun cas, pour aucun travail et dans aucune industrie, le taux légal du salaire ne pourra être au-dessous du prix nécessaire à l'achat de :

Pain......................	750 kilogr. à 00 c.	000
Viande....................	365 kilogr. à 00 c.	000
Vin, bière ou cidre...........	365 litres à	00
Légumes, beurre, lait, œufs, épiceries..........		00
Logement		00
Chauffage..................		00
Eclairage		00
Habillement		00
Blanchissage...............		00
Dépenses diverses............		00
Assurance générale............	(Impôt).	00
Pension de retraite............	(Vieillesse).	00
Caisse commune des Corporations..	(Chômage).	00
Caisse spéciale des salaires.........	(Maladie).	00
	Total......	000

Le total ci-dessus aura pour diviseur le nombre moyen des jours probables de travail, tel qu'il résulte du tableau des professions, dressé pour l'année 18.. et annexé au présent décret.

ARTICLE II.

A dater du trentième jour qui suivra la promulgation du présent décret, le travail des femmes est interdit dans les ateliers, magasins, usines, fabriques et manufactures.
Est également interdit le travail des enfants âgés de moins de quinze ans.

Toute contravention sera punie solidairement d'une amende de 00 fr. à 0,000.

Voilà ce que pourrait faire l'État ; je ne demande pas qu'il le fasse ; je préfère de beaucoup le régime de la liberté au régime de la réglementation ; mais alors je demande qu'il laisse faire la Corporation.

Anéantir le salaire et le remplacer directement par la participation : tel est le but des associations. **Maintenir le salaire et l'élever indirectement par l'assurance :** tel est le but des Corporations dont l'utilité et la nécessité ont été ainsi reconnues par l'empereur Napoléon Ier.

« L'empereur prévoyait que si l'ancien régime avait péri par l'excès des *Corporations*, le nouveau pourrait périr à son tour par l'excès de l'*individualisme*, c'est-à-dire l'isolement de l'individu.

» Il y a donc urgence, aujourd'hui, à constituer d'une manière inébranlable le nouveau système, et comme chaque pays a son caractère particulier, son allure distincte, il faut que toutes les lois portent gravées sur leur front le cachet national. Les institutions, en France, doivent être marquées au coin démocratique. »

L.-N. BONAPARTE. T. III, p. 131.

Dans ces dernières années, on a beaucoup attaqué et décrié le salaire ; inconsidérément, selon moi. Il faut en combattre l'insuffisance* mais non le principe. M. de Chateaubriand a dit : « Le salaire n'est que l'esclavage prolongé. » Erreur profonde ! Le salaire, c'est la liberté réciproque. Je suis sur ce point complètement de l'opinion de Franklin qui, en même temps qu'il combattait de toute la puissance de son bon sens l'insuffisance du salaire, proclamait de toute l'autorité de sa

* Tous les hommes qui se sentent animés de l'amour de leurs semblables réclament pour qu'on rende enfin justice à la classe ouvrière qui semble déshéritée de tout ce que procure la civilisation.

La rétribution du travail est abandonnée au hasard ou à la violence ; c'est le maître qui opprime ou l'ouvrier qui se révolte. Par notre système les salaires sont fixés comme les choses humaines doivent être réglées non, pas par la force, mais par un juste équilibre entre les besoins de ceux qui travaillent et les nécessités de ceux qui font travailler.

L.-N. BONAPARTE. T. II , p. 293.

raison la nécessité de la conservation du salaire ; dès
que le salaire suffisant, nécessaire, légitime est garanti
de toute atteinte, la liberté réciproque entre ouvriers
et patrons est entière. S'ils ne se conviennent pas, ils
se quittent. S'ils se conviennent, ils ne se séparent
point. Rien de plus simple et de plus juste. Séparez-
vous donc quand vous êtes associés et que le dissentiment s'est glissé entre vous ! Le moyen d'établir un
compte de liquidation équitable. La Corporation a
tous les avantages que n'a pas l'Association. La Corporation abrite l'individu contre toute exploitation
abusive de l'homme par l'homme ; elle protége le travail contre le capital et le capital contre lui-même,
puisqu'elle marque à la concurrence non le point d'arrivée mais le point de départ. Elle seule peut adopter
des mesures efficaces pour rendre insensibles les effets
du chômage et inutiles les menaces de grève ; elle
seule, enfin, peut faire de ces paroles une vérité * :
« Le principe d'association plus largement appliqué
» doit régénérer le monde ; en lui est le problème de
» l'avenir. Mais là s'arrête l'hypothèse : la formule
» manque à la réalisation. » En effet, qu'est-ce que la
Corporation, sinon l'Association élevée à sa plus haute
puissance ? La Corporation, c'est la nation professionnelle au sein de la nation territoriale. Aussi mon avis
est-il que chaque corporation se grossisse en réunissant en faisceau toutes les industries qui ont de l'analogie entre elles, toutes les industries de la même famille, toutes celles qui mettent en œuvre la même
matière ou qui se servent des mêmes instruments de
travail, toutes celles, enfin, qui sont à la Corporation
ce que les membres sont au corps, ce que les petits
ruisseaux sont aux grandes rivières. Ce serait un moyen
de faire disparaître certaines causes de chômage qui
n'existent que parce que certaines industries sont trop
morcelées. Un exemple va faire comprendre ma pensée : l'hiver, le maçon des villes est condamné à vivre
de son épargne au lieu de vivre de son travail ; c'est
pendant l'hiver, au contraire, que les fumistes qui ont
chômé l'été sont le plus occupés. Le maçon ne pourrait-il être fumiste, le fumiste ne pourrait-il être maçon ? Le chômage est un risque ; comme tous les ris-

* Proudhon, 20 juillet 1850.

ques, il peut être, par l'étude approfondie de ses causes, considérablement diminué. Que de risques ont déjà disparu, uniquement parce qu'on s'en est rendu exactement compte et qu'on a porté la lumière où régnait l'obscurité ! Ce que la précieuse invention de la lampe Davy a réalisé dans l'ordre physique, il faut le réaliser dans l'ordre moral.

Il n'y a pas lieu de craindre que les Corporations deviennent trop puissantes : plus elles seront puissantes, moins elles seront multipliées ; moins elles seront nombreuses et plus elles seront modérées dans leurs exigences ; car en groupant ainsi des intérêts divers, ces intérêts se feront équilibre entre eux et tendront à composer une juste moyenne. Ce ne sera pas seulement une manière d'éteindre beaucoup de rivalités, ce sera aussi le moyen de diminuer considérablement frais, risques et peines.

Je viens d'exposer sommairement l'avantage que présenterait, au point de vue du travail et des travailleurs, l'existence des Corporations ; il me reste maintenant à montrer l'avantage qu'elles offriraient au point de vue de la liberté et des peuples.

En adoptant pour la Commune, pour l'État, pour la Corporation, pour chaque corps d'association, le même mode de constitution, le même centre de gravité, le même axe de rotation, qu'ai-je cherché ? J'ai cherché à tirer du chaos social toutes les forces qui s'y trouvent afin qu'elles se fassent réciproquement contre-poids et se tiennent toutes par elles-mêmes en parfait équilibre.

C'était avec raison que Napoléon, premier consul, disait au conseil d'État :

« Je vois bien un pouvoir législatif et un pouvoir administratif ; mais le reste de la nation, qu'est-ce ? Des grains de sable. Il faut jeter dans le sol des blocs de granit sur lesquels nous élevons un nouveau système.

Par l'indépendance des Communes et l'existence des Corporations se protégeant mutellement, l'État, si considérable que soit la force armée mise à sa disposition, est contenu dans son orbite sans qu'il y ait désormais lieu de craindre qu'il en puisse sortir. Au-dessus de l'État, au-dessus des Communes, au-dessus des Corporations plane la Justice, qui n'est elle-même que la première et la plus puissante des corporations, parmi lesquelles elle occupe le rang qu'occupe le soleil parmi les planètes, qui ne luisent qu'en réfléchissant sa lumière. Dans cet ordre d'idées les cultes et les universités redeviennent ce qu'ils n'auraient jamais dû cesser d'être, de libres corporations vivant chacune des fruits de ses travaux et de ses épargnes; de leur côté également, les lettres et les arts se constituent, soit en deux corporations distinctes, soit en une seule corporation représentant la pensée humaine en toutes choses où elle brille par l'individualité des œuvres.

Grouper tous les intérêts identiques, séparer tous les intérêts distincts, agréger, enfin, sous le nom de Corporation, de Commune et d'État toutes les molécules de chaque corps : — telle est la loi des mondes dans l'ordre social comme dans l'ordre physique. J'imite et je n'invente pas.

DÉCRET DE L'AVENIR.

CONVENTION [*]

pour l'exercice de la Puissance individuelle, communale, nationale.

TITRE PREMIER.

DE LA PUISSANCE.

L'homme meurt libre ; il doit naitre et vivre libre.

La liberté de chacun assure la puissance de tous ; réciproquement la liberté de tous assure la puissance de chacun.

La puissance a trois degrés :

Elle est individuelle.

Elle est communale.

Elle est nationale.

Distinctes : chacune de ces puissances est une, indivisible, inaliénable, imprescriptible.

Réunies : elles sont inviolables et se garantissent mutuellement.

La puissance individuelle réside dans le droit de l'individu de ne relever que de sa conscience et de sa raison ou des conventions qu'il a volontairement con-

---

[*] *Convention* et *Constitution* sont deux mots qu'il faut se garder de confondre.

Une *convention* se propose, une *constitution* s'impose.

Toute convention suppose une liberté réciproque et égale des deux parts; pas de constitution qui n'assujétisse la minorité à la majorité.

De là une différence essentielle entre le *droit conventionnel* et le *droit constitutionnel*.

Le droit conventionnel, c'est l'application de l'art. 815

tractées, toutes les fois qu'il agit dans les limites de sa propre puissance et qu'il ne porte aucune atteinte par la force ou la fraude, ni à la puissance, ni à la propriété qui ne sont pas les siennes.

La puissance individuelle est le cercle qui a pour rayons les libertés suivantes :

Liberté du domicile,
Liberté de la parole,
Liberté de la correspondance,
Liberté de l'imprimerie,
Liberté de l'association.

Ces libertés fondamentales et tutélaires qui résument, protégent, supposent toutes les autres libertés ou donnent le moyen certain de les acquérir, sont absolues, sans exceptions comme sans limites.

Pour uniques juges de leurs écarts, elles ont la conscience de chacun, l'opinion de tous, le contrôle de l'expérience.

La puissance communale réside dans le droit de la Commune d'administrer ce qui lui appartient.

La puissance communale est le cercle qui a pour rayons les dépenses d'utilité locale, consenties à l'effet de jouir collectivement d'avantages qu'on ne pourrait se procurer isolément et divisées ainsi qu'il suit :

<h3 style="text-align:center">§ Ier.</h3>

** Dépenses obligatoires. **

* Matériel. *

Bâtiments et édifices communaux [*].

du Code civil, élevé à la hauteur d'un principe politique :
« Nul n'est contraint à demeurer dans l'indivision. »
C'est la réalisation de cette pensée de Sièyes écrite dans l'art. 4 de sa Déclaration :
« Toute société ne peut être que l'ouvrage *libre* d'une *convention* entre tous les associés. »
Si la convention qu'on va lire a tous les avantages que lui attribue son auteur, pour la rendre *universelle* et l'appliquer à tous les peuples civilisés, il suffira de changer quelques mots et de mettre à la place du nom *France* le nom *Angleterre, Autriche, Espagne, Italie, Prusse,* etc.

[*] Mairie, justice de paix, maison d'arrêt, caserne de gendarmerie.

Cimetières, rues, places et chemins communaux [*].

Payement et amortissement de la dette et de l'emprunt contractés les......, à l'effet de...... [**].

Personnel.

Employés de la Mairie.

Gardes des bois, gardes champêtres, tambour-afficheur.

Frais de bureaux et d'impression.

§ II.

Dépenses facultatives.

Matériel.

Bâtiments et édifices spéciaux.
Écoles élémentaires et spéciales.
Pharmacie communale.
Glacière communale, etc.

Personnel.

Ministre des cultes.
Instituteurs et professeurs.
Médecins, chirurgiens et vétérinaires communs, etc.

La puissance nationale réside dans le droit de l'État de gérer ce qui est essentiellement indivisible, conséquemment indivis, nécessairement collectif et exclusivement public.

La puissance nationale est le cercle qui a pour rayons les dépenses d'utilité publique, consenties à l'effet de

[*] Pavage, éclairage, alignement, construction et entretien des chemins.

[**] « Le ministre de l'intérieur commencera par faire établir un inventaire général de la situation des 36,000 Communes de France.

» Cet inventaire a toujours manqué. Voici les principaux faits qu'on inventoriera. On fera trois classes : Communes *endettées* ; Communes *au courant* ; Communes ayant des *ressources disponibles*. Les deux dernières classes forment le plus petit nombre ; il n'est point possible de s'occuper de celles-là.

» La question est de mettre au courant les communes endettées. »

NAPOLÉON. *Lettre au Ministre de l'intérieur*, 1807.

garantir tous et chacun contre les risques suivants :
1º *Risques généraux* : Guerre territoriale et maritime ;
2º *Risques personnels :* Trouble, meurtre, voies de fait, viol, vol, faux et fraudes ; 3º *Risques spéciaux :* Misère, expropriation, incendie, inondation, grêle, gelée, épizootie, naufrage. Les dépenses sont divisées ainsi qu'il suit :

§ 1er.

Dépenses obligatoires.

Justice.
Armée.
Marine.
Routes nationales.

§ II.

Dépenses facultatives.

Assurance contre la misère.
  —   —   l'expropriation.
  —   —   l'incendie.
  —   —   l'inondation.
  —   —   la grêle et la gelée.
  —   —   l'épizootie.
  —   —   le naufrage.

Chacune de ces trois puissances, ainsi représentées par trois cercles ou trois sphères de grandeur inégale, a des attributions directes ; aucune n'a d'intérêts opposés ; toute rivalité est donc impossible et tout conflit improbable. L'assurance contre tout empiètement que pourrait tenter de commettre l'une de ces trois puissances se trouve dans l'intérêt des deux autres à se concerter pour l'empêcher.

Pour garanties contre tout acte arbitraire, contre toute atteinte portée à l'inviolabilité de leur existence, elles ont :

D'abord et avant tout, leur légitimité.
Ensuite :
L'abolition du service militaire obligatoire ;
Le droit de suffrage universel : individuel et annuel, direct et secret ;
L'unité d'impôt transformé en prime d'assurance ;
La liberté de payement ou de refus de l'impôt ;

L'indépendance réciproque de la Justice et de l'État ;
L'indépendance réciproque de l'Église et de l'État ;
L'indépendance réciproque de l'Enseignement et de l'État ;
L'existence des Corporations.

TITRE II.

DU SUFFRAGE UNIVERSEL.

Le suffrage universel est le mode d'exercice de la puissance individuelle, communale et nationale.

Le suffrage universel est individuel et annuel, direct et secret.

A le droit d'y prendre part, sans autre condition ni formalité, tout porteur d'une POLICE D'ASSURANCE GÉNÉRALE visée pour l'élection par l'officier de paix et par le percepteur, attestant qu'il a reçu les douzièmes échus.

Le coût fixe de la Police destinée à tenir lieu d'acte de naissance, de livret, de passe-port, de carte électorale, est fixé à 3 francs 65 centimes par an, soit un centime par jour.

Un premier timbre, apposé sur la POLICE D'ASSURANCE GÉNÉRALE au moment du vote, constate que le droit du porteur s'est exercé pour l'élection annuelle du Maire de la Commune et des membres appelés à composer la Commission communale de surveillance et de publicité ; un deuxième timbre, d'une couleur différente, également apposé sur le même certificat au moment du vote, constate que le droit du porteur s'est exercé pour l'élection annuelle du Maire d'État et des membres appelés à composer la Commission nationale de surveillance et de publicité. En cas d'élection extraordinaire, mêmes formalités.

Chaque bulletin ne doit porter qu'un seul nom.

Si le bulletin porte plusieurs noms, le premier inscrit est seul lu par le président et compté par les scrutateurs.

Le vote a lieu aux Sections. Il y a autant de Sections par Commune que l'exige l'agglomération ou la dissémination de la population. Le scrutin est ouvert un seul jour, pendant dix heures, de six heures du matin à quatre heures du soir. Il est dépouillé le soir même, et le bureau ne se sépare qu'après que le résultat a été proclamé.

S'il s'agit de l'élection locale du Maire de la Commune et des membres de la Commission communale, le tableau de dépouillement des votes de chaque Section, devant servir à l'opération du recensement successif et général, est immédiatement transmis de la section au chef-lieu de la Commune.

S'il s'agit de l'élection nationale du Maire d'État et des membres de la Commission nationale, le tableau de recensement est immédiatement transmis de chaque Commune par les présidents de bureau à la questure de la Commission nationale.

Les questeurs en opèrent publiquement le dépouillement et en font connaître jour par jour le recensement.

L'exercice du droit absolu de choisir en toute liberté le **Maire** de la Commune et le Maire d'État est la double garantie qui constitue l'inviolabilité de la puissance individuelle.

TITRE III.

DES ÉLECTIONS COMMUNALES.

Les élections communales, en France et en Algérie, ont lieu le premier dimanche d'avril de chaque année.

Le candidat dont le nom a réuni le plus grand nombre de voix est proclamé MAIRE DE LA COMMUNE.

Il est élu pour un an.

Il est indéfiniment rééligible et constamment révocable.

Il est assisté par deux adjoints qu'il nomme et révoque ; l'un a dans ses attributions *les recettes*, et l'autre, *les dépenses* de la Commune.

Les onze candidats qui ont ensuite réuni, dans l'ordre de dépouillement des votes, le plus grand nombre de voix, forment de droit la COMMISSION DE SURVEILLANCE ET DE PUBLICITÉ.

Les onze membres sont également élus pour un an.

Ils sont indéfiniment rééligibles et constamment révocables.

Le Maire de la Commune peut choisir ses deux adjoints parmi les onze membres de la Commission communale de surveillance et de publicité. Dans le cas d'acceptation de leur part, comme aussi dans le cas de décès ou de démission, ils seront remplacés par les candidats selon l'ordre d'inscription sur le tableau de recensement des votes.

TITRE IV.

DU MAIRE DE LA COMMUNE.

Le Maire de la Commune, ainsi élu, prescrit, sous sa responsabilité et sous le contrôle de la Commission communale de surveillance et de publicité instituée à cet effet, au nom de la Commune, tous les règlements d'administration locale, mais dans la limite où, sous quelque prétexte que ce soit de puissance communale et d'intérêt public, ces règlements ne portent ni directement ni indirectement aucune atteinte à la puissance individuelle.

Il nomme à tous les emplois dont le traitement est payé par la commune.

Il choisit, à l'effet de le suppléer, sur les lieux mêmes, dans la rédaction des actes de l'état civil, autant de suppléants que la commune a de sections.

Il remet, le 1er mars de chaque année, au président de la Commission communale de surveillance et de publicité :

L'exposé des motifs de tous les actes de son administration, avec toutes les pièces à l'appui ;

L'état de la situation de la Commune ;

Les règlements, certifiés conformes et complets, d'administration locale qu'il a cru utile de prendre, sous sa responsabilité ;

Les traités qu'il a conclus, sauf ratification ;

Le budget des recettes et des dépenses ;

Le règlement définitif du budget comprenant le dernier exercice clos.

TITRE V.

DE LA COMMISSION COMMUNALE DE SURVEILLANCE ET DE PUBLICITÉ.

La Commission communale de surveillance et de publicité est permanente.

Elle est présidée, de droit, par celui des membres présents dont le nom est inscrit le premier sur le tableau de recensement des votes.

Elle élit un secrétaire et un vice-secrétaire. Chaque bulletin ne doit porter qu'un seul nom. Le candidat dont le nom a réuni le plus grand nombre de suffrages est élu secrétaire. Le candidat qui a ensuite le plus grand nombre de suffrages est élu vice-secrétaire.

La Commission communale a pour principale fonction de veiller à ce que les actes du maire de la Commune reçoivent immédiatement la publicité la plus entière et la plus fidèle.

Elle a le devoir de visiter et d'inspecter tout ce qu'il lui paraît nécessaire de voir par les yeux d'un ou de plusieurs de ses membres.

Elle a le droit d'exiger que toutes les pièces comptables relatives à l'établissement du budget annuel lui soient communiquées, pour servir d'éléments au rapport qu'elle est tenue de faire et qui doit être annexé au budget des recettes et des dépenses de chaque exercice.

Budget du Maire de la Commune et rapport de la Commission communale doivent être imprimés au plus tard le 10 mars de chaque année, afin que tout électeur ait le temps de les examiner avant l'élection communale du premier dimanche d'avril et puisse régler son vote sur cet examen préalable.

En cas de désaccord sur l'interprétation de la volonté commune et de l'intérêt collectif, la partie la plus diligente des deux, le Maire de la Commune ou la Commission communale, soit à l'unanimité, soit à la simple majorité des voix, convoque, à deux dimanches de date, les électeurs, qui représentent l'universalité des habitants et qui constituent la puissance communale.

Si les électeurs, arbitres souverains, donnent raison au Maire de la Commune contre la commission communale, leur manière de prouver qu'ils lui donnent raison est de le réélire ; si, au contraire, les électeurs donnent tort au Maire de la Commune, leur manière de prouver qu'ils lui donnent tort est de le remplacer. Dans l'un comme dans l'autre cas, les onze candidats qui ont ensuite réuni, dans l'ordre de dépouillement des votes, le plus grand nombre de voix, forment de nouveau la Commission communale, que ce soient les mêmes membres qui aient été réélus, ou que ce soient de nouveaux membres qui les aient remplacés.

Si le Maire de la Commune et la majorité au moins des membres de la Commission communale ont été l'un et l'autre réélus, la signification de ce vote sera que les électeurs souverains rendent égale justice à la conduite du Maire de la Commune et à la vigilance des membres de la Commission communale.

L'exercice du droit absolu de réélire ou de révoquer le Maire de la Commune est la garantie qui constitue la puissance communale.

TITRE VI.

DES ÉLECTIONS NATIONALES.

Les élections nationales ont lieu le premier dimanche de mai de chaque année.

Le candidat dont le nom a réuni le plus grand nombre de voix est proclamé MAIRE D'ÉTAT.

Il est élu pour un an.

Il est indéfiniment rééligible et constamment révocable.

Il est assisté par deux adjoints, qu'il nomme et qu'il révoque : l'un remplit les fonctions de *ministre des recettes* ; l'autre, celles de *ministre des dépenses*.

Les onze candidats qui ont ensuite réuni, dans l'ordre de dépouillement des votes, le plus grand nombre de voix, forment de droit la COMMISSION NATIONALE DE SURVEILLANCE ET DE PUBLICITÉ.

Ces onze membres sont également élus pour un an.

Ils sont indéfiniment rééligibles et constamment révocables.

Le Maire d'État peut choisir ses deux adjoints parmi les onze membres de la Commission nationale de surveillance et de publicité. Dans le cas d'acceptation de leur part, comme aussi dans le cas de décès ou de démission, ils sont remplacés par les candidats selon l'ordre d'inscription sur le tableau de recensement des votes.

TITRE VII.

DU MAIRE D'ÉTAT.

Le Maire d'État, prenant pour la France le titre de

Maire de France, ainsi élu, prescrit, sous sa responsabilité et sous le contrôle de la Commission nationale de surveillance et de publicité, au nom du Peuple français, tous les règlements d'administration publique, toutes les mesures de sûreté intérieure et extérieure, mais dans la limite où, sous quelque prétexte que ce soit de souveraineté nationale et de salut public, ces règlements et ces mesures ne portent, ni directement ni indirectement, aucune atteinte, soit à la puissance individuelle, soit à la puissance communale.

Il nomme à tous les emplois dont le traitement est payé par l'État.

Il remet, le 1er mars de chaque année, au président de la Commission nationale de surveillance et de publicité :

L'exposé des motifs de tous les actes de son administration, avec toutes les pièces à l'appui ;

L'état de situation de la France ;

Les règlements, certifiés conformes et complets, d'administration publique qu'il a cru utile de prendre sous sa responsabilité ;

Les traités qu'il a conclus, sauf ratification ;

Le budget des recettes et des dépenses ;

Le règlement définitif du budget, comprenant le dernier exercice.

Le Maire d'État reçoit une allocation annuelle de 60,000 francs.

Chacun de ses deux adjoints, le ministre des recettes et le ministre des dépenses, reçoit une allocation annuelle de 30,000 francs.

TITRE VIII.

DE LA COMMISSION NATIONALE DE SURVEILLANCE

ET DE PUBLICITÉ.

La Commission nationale de surveillance et de publicité est permanente.

Elle est présidée de droit par celui des membres présents dont le nom est inscrit le premier sur le tableau de recensement des votes.

Elle élit un secrétaire et un vice-secrétaire. Chaque bulletin ne doit porter qu'un seul nom. Le candidat dont le nom a réuni le plus grand nombre de suffrages est élu secrétaire. Le candidat qui a ensuite réuni le plus grand nombre de suffrages est élu vice-secrétaire.

La Commission nationale de surveillance et de publicité a pour principale fonction de veiller à ce que tous les actes du Maire d'État reçoivent immédiatement la publicité la plus entière et la plus fidèle.

Elle a le devoir de visiter et d'inspecter tout ce qu'il lui paraît nécessaire de voir par les yeux d'un ou de plusieurs de ses membres.

Elle a le droit d'exiger que toutes les pièces comptables relatives à l'établissement du budget annuel lui soient communiquées, pour servir d'éléments au rapport qu'elle est tenue de faire, et qui doit être annexé au budget des recettes et des dépenses de chaque exercice.

Budget du Maire d'État et rapport de la Commission nationale doivent être imprimés et publiés au plus tard le 20 mars de chaque année, afin que tout électeur ait le temps de les examiner avant l'élection nationale du premier dimanche de mai et puisse régler son vote sur cet examen préalable.

En cas de désaccord sur l'interprétation de la volonté nationale et de l'intérêt collectif, la partie la plus diligente des deux, Maire d'État ou Commission nationale, soit à l'unanimité, soit à la simple majorité des voix, convoque les électeurs, qui représentent l'universalité des Français, et qui constituent la puissance nationale.

Si les électeurs, arbitres souverains, donnent raison au Maire d'État contre la Commission nationale, la manière de prouver qu'ils lui donnent raison est de le réélire; si, au contraire, les électeurs donnent tort au Maire d'État, la manière de prouver qu'ils lui donnent tort est de le remplacer. Dans l'un comme dans l'autre cas, les onze candidats qui ont ensuite réuni, dans l'ordre de dépouillement des votes, le plus grand nombre de voix, forment de nouveau la Commission nationale, que ce soient les mêmes membres qui aient été réélus, ou que ce soient de nouveaux membres qui les aient remplacés.

Si le Maire d'État et la majorité au moins des membres de la Commission nationale ont été l'un et l'autre réélus, la signification de ce vote sera que les électeurs rendent une égale justice à la conduite du Maire d'État et à la vigilance des membres de la Commission nationale.

Les membres de la Commission nationale reçoivent une allocation annuelle de 30,000 francs.

L'exercice du droit absolu de réélire ou de révoquer le Maire d'Etat est la garantie qui constitue la puissance nationale.

TITRE IX.

DE LA PUISSANCE PUBLIQUE.

La puissance publique est représentée dans chaque Commune par la présence de l'officier de paix nommé et rétribué par l'État*.

Le titre de commissaire de police est remplacé par celui d'officier de paix.

L'officier de paix a seul le droit, en l'absence du préfet, de requérir l'intervention de la force publique.

Il se concerte avec le Maire de la Commune, mais il ne reçoit d'ordres et d'instructions que les instructions et les ordres qui lui sont transmis par le Sous-Maire d'État ou qui émanent de lui directement.

Les rapports de l'État à la Commune sont les suivants :

Il assure et surveille l'exécution des règlements d'administration publique.

Il respecte et fait respecter les arrêts de la justice.

Il commande et solde la force publique.

Il ouvre, rectifie et entretient les routes.

Il construit et entretient les ponts.

Il réglemente et améliore ce qui est relatif à la navigation fluviale et maritime et aux ports.

Il protége et facilite la circulation sous toutes ses formes.

Il centralise le service des télégraphes.

Il distribue les lettres et les imprimés.

Il opère le recouvrement de l'impôt tranformé en prime d'assurance.

* Arrète du 9 nivòse an VIII. Les commissaires de police et les officiers de paix seront nommés par le premier consul, sur la présentation du ministre de la police générale.

Enfin, il rédige et publie les réglements d'administration publique.

TITRE X.

DU MODE D'ADHÉRER A LA PRÉSENTE CONVENTION.

Aucune durée autre que celle que déterminera l'expérience n'est assignée à la présente convention, telle qu'elle vient d'être énoncée et telle qu'elle pourra successivement se simplifier, se rectifier, se compléter.

Cette convention n'oblige que ceux qui l'auront librement acceptée et qui y auront formellement adhéré.

La manière d'y adhérer est de payer la prime d'assurance qui forme le lien entre les deux parties contractantes : l'Individu, l'État.

DÉCRET DE L'AVENIR.

—

TITRE PREMIER.

COMPOSITION ET DIVISION DE L'ÉTAT.

CHAPITRE PREMIER. — *Des Communes, de l'État et des Départements*.*

Article 1er. Les Communes composent l'État.
L'État se divise en Départements (1).

CHAP. II. — *Des Communes.*

La Commune, unité sociale et absolue (2), est l'association locale contractée entre tous les habitants nés ou domiciliés sur son territoire, à l'effet d'y jouir collectivement d'avantages qu'ils ne pourraient se procurer individuellement, et de subvenir au payement proportionnel des dépenses *obligatoires* ou *facultatives*, telles qu'elles résultent de son budget annuellement publié.

CHAP. III. — *De l'État.*

L'État, unité politique et relative, est l'association nationale contractée entre toutes les Communes d'un pays libre, à l'effet de diminuer, en les partageant, le poids et les frais de risques sociaux que séparément elles seraient impuissantes à porter.
L'État entretient dans chaque Commune :
Un officier de paix ;
Un officier de gendarmerie ;
Un percepteur ;
Un conservateur des actes et du cadastre :

* Si cette composition et cette division de l'État paraissent rationnelles, rien ne sera plus simple que de l'appliquer successivement à chaque État par la voie du progrès successif, comme après les États-Unis de l'Amérique et l'Angleterre, la Belgique et la France ont adopté le gaz, les chemins de fer, le télégraphe électrique, etc.

Un directeur des postes ;

Un directeur expert d'assurances, chargé des secours contre l'incendie.

CHAP. IV. — *Des Départements.*

La division de l'État en départements, conformément à la carte des chemins de fer et des télégraphes électriques dressée et annexée à cet effet (3), a pour but d'accélérer la vitesse des rapports entre la Commune et l'État, dans l'intérêt de tous et de chacun.

Ces rapports ont pour objet le maintien de l'ordre public ;

La construction et l'entretien des routes et ponts ;

La perception de l'impôt transformé en prime d'assurance ;

La poursuite et la constatation de tous les crimes et délits ;

L'exécution des arrêts de la justice.

À cet effet, toute ville chef-lieu de département est le siége des établissements suivants :

Sous-mairie d'État ;

Palais de justice ;

Division militaire ;

Légion de gendarmerie ;

Division des travaux publics : routes et ponts, géologie, minéralogie, hydrographie ;

Division de santé et de salubrité publiques ;

Division télégraphique ;

Bourse ;

Recette générale ;

Vérification des poids et mesures ;

Bibliothèque départementale ;

Musée départemental ;

Conservatoire industriel ; collection des objets d'histoire naturellle ;

Ferme-modèle expérimentale, avec vacherie et bergerie destinées à naturaliser les meilleures races appropriées au département ; jardin des plantes utiles ; pépinières et écoles forestières ; dépôts d'instruments aratoires perfectionnés ;

Maisons d'aliénés, d'aveugles, de sourds-muets et d'incurables :

Et autres établissements présentant un caractère d'utilité collective, et fondés ou entretenus, soit aux frais particuliers de la ville chef-lieu départemental, soit aux frais communs (dépenses obligatoires ou facultatives) de toutes les Communes réunies du département.

TITRE II.

BUDGET DE L'ÉTAT.

CHAPITRE PREMIER. — *Des Recettes et des Dépenses de l'État.*

Le budget de chaque État est le règlement par prévision de ses recettes et de ses dépenses.

CHAP. II. — *Des Recettes de l'État.*

Les recettes de l'État sont *ordinaires* ou *extraordinaires*.

Les recettes *ordinaires* se composent :

1º Des revenus de tous les biens dont les habitants n'ont pas la jouissance en nature ;

2º Du montant de la prime générale et spéciale payée volontairement pour s'assurer contre les risques déterminés ;

3º De la part réservée à l'État conjointement avec la Commune dans tous les cas où la succession du décédé leur est acquise par égale moitié.

Les recettes *extraordinaires* se composent :

1º Du prix de la vente des forêts, domaines ou autres immeubles appartenant à l'État ;

2º Du produit des emprunts contractés.

CHAP. III. — *Des Dépenses de l'État.*

Les dépenses de l'État sont *obligatoires* ou *facultatives*.

Les dépenses *obligatoires* sont celles qui ont pour objet :

1º L'acquittement des dettes exigibles ;

2º L'armée ;

3º La marine ;

4º La justice ;

5º L'administration publique ;

6º La perception de l'impôt transformé en assurance ;

7º Les routes nationales et les ponts.

Les dépenses *facultatives* sont celles dont le payement ne saurait être exigé que des souscripteurs qui les auront librement, préalablement et spécialement approuvées. Elles ont pour objet, notamment :

1° Fondations de prix à décerner ;
2° Essais à vérifier ;
3° Progrès à encourager ;
4° Améliorations à réaliser.

TITRE III.

CONSTITUTION DE LA COMMUNE*.

CHAPITRE PREMIER. — *De la population, du revenu et de l'administration des Communes.*

Il y a autant de Communes que d'associations locales qui, tenant à avoir une existence distincte, ont justifié qu'elles réunissent ces conditions :

Une population immatriculée de 4 à 5,000 habitants au moins (4);

Un revenu certain de 5,000 francs, au moins (5).

La Commune est administrée par un Maire élu par le suffrage universel sous le contrôle d'une commission de surveillance et de publicité nommée conformément aux titres III, IV et V de la Convention pour l'exercice de la souveraineté individuelle, communale, nationale.

Tous les habitants nés ou domiciliés dans la Commune sont garants civilement des attentats commis sur le territoire de la Commune soit envers les personnes, soit envers les propriétés **.

Toute Commune est le chef-lieu de la Justice de paix (6).

CHAP. II. — *Des sections.*

Les Communes actuelles qui ne sont pas chefs-lieux de justice de paix prendront le nom de Sections.

Les Communes ayant pris le nom et le rang de Sections continueront de former, si elles y tiennent, des communautés distinctes.

* Ce décret suppose la suppression préalable, en France, des arrondissements et des cantons, deux complications, deux superfétations qui doivent disparaître.

** Loi du 10 vendémiaire an IV.

CHAP. III. — *De la propriété des édifices et immeubles.*

Les édifices et immeubles servant à des usages publics deviennent la propriété de la Commune chargée
de pourvoir aux dépenses de leur entretien ; mais tous
les biens dont les habitants jouissent et dont ils perçoivent les fruits en nature restent la propriété distincte
et séparée des Sections qui auront déclaré qu'elles dé-
sirent qu'il en soit ainsi. Les citoyens qui résident dans
ces Sections continueront à jouir desdits biens, conformément aux droits établis.

CHAP. IV. — *De la fixation du chef-lieu.*

En cas de dissentiment entre les Sections sur la fixation du chef-lieu, il y sera procédé, par voie de scrutin,
dans la même forme que pour l'élection du Maire.
La Section qui aura été désignée par la moitié des
votes plus un de l'universalité des électeurs sera proclamée chef-lieu de la Commune et siége de la Justice
de paix.

CHAP. V. — *De l'inscription à la Commune.*

Tout étranger qui aura été ou qui voudra être natu-
ralisé Français devra déclarer dans quelle commune de
France et dans quelle Section il désire être inscrit. Son
inscription équivalant à adoption ne sera définitive
qu'après une année de résidence, au moins (7), et ap-
probation par le Maire et la majorité des membres de
la Commission communale, lesquels, dans ce ces, le
feront inscrire au registre matricule de la Commune.

CHAP. VI. — *Du registre matricule.*

Il est tenu dans chaque Commune un registre matricule de tous les habitants qui y sont nés (8).
Ce registre est tenu par le maire de la Commune,
sous la surveillance de l'officier de paix.
Sont rayés du registre matricule ceux qui ont perdu
leur qualité de Français.
Les citoyens inscrits sur le registre matricule sont
seuls admis à l'exercice du droit d'élire le Maire ou les
membres de la Commission communale.

CHAP. VII. — *Disposition transitoire.*

Dans les trois mois de la promulgation du présent

règlement d'administration publique, il sera procédé, dans chaque commune chef-lieu de Justice de paix, à la formation du registre matricule. Seront portés d'office dans chaque Commune tous ceux qui y sont nés.

TITRE IV.

BUDGET DE LA COMMUNE.

CHAPITRE PREMIER. — *Des recettes et des dépenses de la Commune.*

Le budget de chaque Commune est le **règlement par prévision** de ses recettes et de ses dépenses.

CHAP. II. — *Des recettes de la Commune.*

Les recettes de la Commune sont *ordinaires* ou *extraordinaires*.

Ses recettes *ordinaires* se composent :

1° Des revenus de tous les biens dont les habitants n'ont pas la jouissance en nature ;

2° Des cotisations imposées annuellement sur les ayants droit aux fruits qui se perçoivent en nature ;

3° De la part réservée à la Commune, conjointement avec l'État, dans tous les cas prévus où la succession du décédé leur est acquise par égale moitié ;

4° Du produit des droits de place perçus dans les halles, foires, marchés, abattoirs, d'après les tarifs dument autorisés ;

5° Du produit des permis de stationnement et des locations sur la voie publique, sur les ports et rivières ;

6° Du produit des péages communaux, des droits de pesage, mesurage et jaugeage, des droits de voirie et autres droits régulièrement établis ;

7° Du prix des concessions dans les cimetières ;

8° Du produit des concessions d'eau, de l'enlèvement des boues et immondices de la voie publique et autres concessions autorisées par les services communaux ;

9° Du produit des expéditions des actes administratifs et des actes de l'état civil ;

10° De la moitié revenant aux Communes dans le produit des amendes prononcées par le Juge de paix.

Ses recettes *extraordinaires* se composent :

1° Du produit des centimes additionnels à la prime

d'assurance générale perçue par l'Etat, s'il y a lieu d'y recourir ;

2º Du prix des biens aliénés ;

3º Du remboursement des capitaux exigibles et des rentes rachetées ;

4º Du produit des coupes extraordinaires des bois;

5º Du produit des emprunts et de toutes autres recettes accidentelles.

CHAP. III. — *Des dépenses de la Commune.*

Les dépenses de la Commune sont *obligatoires* ou *facultatives.*

Les dépenses *obligatoires* sont celles qui ont pour objet :

1º L'acquittement des dettes exigibles et l'amortissement des emprunts ;

2º La construction, l'entretien et la réparation des bâtiments et édifices communaux : — Mairie, Justice de paix, Office de paix, caserne de gendarmerie, maison d'arrêt, halle, hospice, etc. ;

3º Frais de bureaux et d'impression pour le service de la Commune, registre matricule, registres de l'état civil, et portion des frais d'impression des tables décennales à la charge de la Commune ;

4º Traitements des employés de la Mairie ;

5º Abonnement au *Moniteur français* * ;

6º Traitements des gardes des bois de la Commune, des gardes champêtres et des tambours-afficheurs ;

7º Construction et entretien des chemins, pavage et éclairage des rues et des places ;

8º Clôture et entretien des cimetières religieux et civil, et leur translation dans les cas déterminés par les règlements d'administration publique ;

9º Frais des plans d'alignement et de conservation de ces plans ;

10º Frais et dépenses du conseil des prud'hommes. pour les Communes où ils siégent ; [menus frais des

---

* Le *Moniteur français*, coûtant 18 francs par an (5 centimes par jour), renfermerait tous les règlements d'administration publique, toutes les nominations dans l'ordre politique, administratif, judiciaire et militaire, et tous les faits d'une utilité générale et d'une exactitude constatée.

chambres consultatives des arts et manufactures, chambres de commerce et chambres d'agriculture pour les Communes où ces chambres existent;

11° Part proportionnelle basée sur la population et le revenu de la Commune aux frais d'entretien des maisons départementales d'aliénés (9), de sourds et muets, d'aveugles, d'incurables, etc.;

12° Dépenses de l'hospice, du dispensaire ou de l'infirmerie.

Les dépenses *facultatives* sont celles dont le payement ne saurait être exigé que des habitants qui les auront préalablement et spécialement approuvées. Elles ont pour objet notamment :

Matériel.

1° Bâtiments et édifices spéciaux ;
2° Écoles élémentaires et spéciales ;
3° Pharmacie et glacière communes ;
4° Bains et lavoirs ;
5° Boulangerie et boucherie communes ;
6° Agence de commission vendant à prix coûtant ;
Etc., etc.

Personnel.

Ministres des cultes ;
Instituteurs et professeurs ;
Médecins, chirurgiens, vétérinaires communs ;
Etc., etc.

CHAP. IV. — *De la comptabilité de la Commune.*

Un règlement d'administration publique détermine dans quelles formes doit être tenue la comptabilité de la Commune, pour assurer et faciliter le contrôle de la Cour des Comptes.

CHAP. V. — *Dispositions transitoires.*

Le principe de la liberté des cultes, solennellement proclamé, ayant pour conséquence l'indépendance réciproque de l'Église et de l'État, chaque Commune ou Section donne, cède, échange, vend ou loue les édifices, lui appartenant, consacrés à l'exercice des divers cultes.

Le principe de la liberté de l'enseignement, non

moins solennellement proclamé, ayant également pour
conséquence l'indépendance réciproque de l'Enseignement et de l'État, chaque Commune ou Section donne,
cède, échange, vend ou loue les bâtiments et édifices,
lui appartenant, qui servaient à l'instruction publique.

Il sera procédé à la vente, location ou transformation de tous les bâtiments communaux devenus inutiles par suite de la nouvelle constitution des Communes.

Le prix de la vente ou le produit de la location des
bâtiments ci-dessus sera versé dans la caisse de la
Commune chef-lieu de la Justice de paix.

DÉCRET DE L'AVENIR.

—

TITRE PREMIER.

CONSTITUTION DE LA CORPORATION.

CHAPITRE PREMIER. — *Objet de la Corporation.*

La Corporation est l'association de tous les travailleurs d'une profession unis contre le même risque, celui d'atteinte, par la concurrence, le chômage, la cherté des subsistances ou par toute autre cause, au taux nécessaire du salaire (10).

A cet effet, la Corporation française des....., adoptant les bases discutées et convenues entre toutes les Corporations spécialement réunies, s'est constituée ainsi qu'il suit :

CHAP. II. — *De l'exercice de la puissance corporative.*

Le suffrage universel est le mode d'exercice de la puissance corporative.

Le suffrage universel est annuel, direct et secret.

A le droit d'y prendre part, pour toute la France, sans autre condition ni formalité, tout porteur d'une POLICE D'ASSURANCE GÉNÉRALE sur laquelle est constatée sa qualité de membre de la Corporation française des...

Un timbre apposé sur la police d'assurance générale au moment du vote constate que le droit du porteur s'est exercé pour l'election annuelle du Maire de la Corporation des...

Chaque bulletin ne doit porter qu'un seul nom.

Si le bulletin porte plusieurs noms, le premier nom inscrit est seul lu par le président et compté par les scrutateurs.

Le vote a lieu aux sections, conformément au tableau des sections ci-annexé. Le scrutin est ouvert un seul jour, de six heures du matin à quatre heures du soir. Il est dépouillé le soir même, et le bureau ne se sépare qu'après que le résultat a été proclamé.

Le tableau de dépouillement des votes de chaque section est immédiatement transmis de la section à la questure de la Corporation, qui en opère le recensement et qui en publie le résultat.

CHAP. III. — *Des élections corporatives.*

Les élections corporatives ont lieu le même jour que les élections communales, le premier dimanche d'avril de chaque année.

Le candidat dont le nom a réuni le plus grand nombre de voix est proclamé MAIRE DE LA CORPORATION.

Il est élu pour un an.

Il est indéfiniment rééligible.

Il est assisté par deux adjoints qu'il nomme et révoque : l'un a dans ses attributions les *recettes,* et l'autre, les *dépenses* de la Corporation.

Les onze candidats qui ont ensuite réuni, dans l'ordre de dépouillement des votes, le plus grand nombre de voix, forment de droit la COMMISSION CORPORATIVE DE SURVEILLANCE ET DE PUBLICITÉ.

Les onze membres sont également élus pour un an.

Ils sont indéfiniment rééligibles.

Le Maire de la Corporation peut choisir ses deux adjoints parmi les onze membres de la Commission corporative de surveillance et de publicité. Dans le cas d'acceptation de leur part, comme aussi dans le cas de décès ou de démission, ils seront remplacés par les candidats selon l'ordre d'inscription sur le tableau de recensement des votes.

CHAP. IV. — *Du Maire de la Corporation.*

Le Maire de la Corporation, ainsi élu, veille, sous la responsabilité et sous le contrôle de la Commission corporative de surveillance et de publicité, au maintien et à l'exécution du tarif adopté par la majorité des maires de toutes les Corporations spécialement réunies.

Il remet, le 1ᵉʳ mars de chaque année, au Président de la Commission corporative de surveillance et de publicité :

L'exposé des motifs de tous les actes de son administration avec toutes les pièces à l'appui ;

L'état de situation de la Corporation ;

En cas de désaccord sur l'interprétation de la volonté commune et de l'intérêt collectif, la partie la plus diligente des deux, Maire de la Corporation ou Commission corporative de surveillance convoque à deux dimanches de date les électeurs qui représentent l'universalité des membres de la Corporation et qui constituent la souveraineté corporative.

Si les électeurs, arbitres souverains, donnent raison au Maire de la Corporation contre la Commission de surveillance, leur manière de prouver qu'ils lui donnent raison est de le réélire ; si, au contraire, les électeurs donnent tort au Maire de la Corporation, la manière de prouver qu'ils lui donnent tort est de le remplacer. Dans l'un comme dans l'autre cas, les onze candidats qui ont ensuite réuni le plus grand nombre de voix forment de nouveau la Commission corporative de surveillance et de publicité, que ce soient les mêmes membres qui aient été réélus, ou que ce soient de nouveaux membres qui les aient remplacés.

Si le maire de la Corporation et la majorité au moins des membres de la Commission corporative ont été l'un et l'autre réélus, la signification de ce vote sera que les électeurs souverains rendent égale justice à la conduite du Maire de la Corporation et à la vigilance des membres de la Commission corporative.

L'exercice du droit absolu de réélire ou de révoquer le Maire de la Corporation est la garantie qui constitue la souveraineté professionnelle.

CHAP. VI. — *Du mode d'adhérer à la présente convention.*

Aucune durée autre que celle que déterminera l'expérience n'est assignée à la présente convention, telle qu'elle vient d'être énoncée et telle qu'elle pourra successivement se simplifier, se rectifier, se compléter.

Cette convention n'oblige que ceux qui l'auront librement acceptée et qui y auront formellement adhéré.

La manière d'y adhérer est de payer la prime d'assurance contre l'abaissement du salaire, payement et encaissement qui forment le lien entre les deux parties contractantes : le Travailleur, la Corporation.

Cette prime est fixée à demi pour cent du taux déclaré le salaire nécessaire ; elle est versée dans la Caisse commune.

Les règlements certifiés conformes d'administration spéciale qu'il a cru utile de prendre sous sa responsabilité ;

Les traités qu'il a conclus, sauf ratification :

Le budget des recettes et des dépenses ;

Le règlement définitif du budget comprenant le dernier exercice clos.

Le Maire de la Corporation reçoit une allocation annuelle de 3,000 francs.

Chacun de ses adjoints, chargés l'un des *recettes* et l'autre des *dépenses*, reçoit une allocation annuelle de 1,500 francs.

CHAP. V. — *De la Commission corporative de surveillance et de publicité.*

La Commission corporative de surveillance et de publicité est permanente.

Elle est présidée de droit selon l'ordre d'inscription des membres sur le tableau de recensement des votes.

Elle élit un secrétaire et un vice-secrétaire. Chaque bulletin ne doit porter qu'un seul nom. Le candidat dont le nom a réuni le plus grand nombre de suffrages est élu secrétaire. Le candidat qui a ensuite réuni le plus grand nombre de suffrages est élu vice-secrétaire.

La Commission corporative de surveillance et de publicité a pour principale fonction de veiller à ce que tous les actes du Maire de la Corporation reçoivent immédiatement la publicité la plus entière et la plus fidèle.

Elle a le devoir de visiter et d'inspecter tout ce qu'il lui paraît nécessaire de voir par les yeux d'un ou de plusieurs de ses membres.

Elle a le droit d'exiger que toutes les pièces comptables relatives à l'établissement du budget annuel lui soient communiquées pour servir d'éléments au rapport qu'elle est tenue de faire et qui doit être annexé au budget des recettes et des dépenses de chaque exercice.

Budget du Maire de la Corporation et rapport de la Commission de surveillance et de publicité doivent être imprimés au plus tard le 10 mars de chaque année, afin que tout électeur ait le temps de les examiner avant l'élection corporative du premier dimanche d'avril et puisse régler son vote sur cet examen préalable.

La Caisse commune est appelée de ce nom parce qu'elle est le lien qui unit toutes les Corporations à l'effet de former entre elles une assurance mutuelle et générale contre le chômage et l'abaissement du salaire.

TITRE II.

DU SALAIRE NÉCESSAIRE.

CHAPITRE PREMIER.—*Du travail des hommes.*

Ainsi constituée, la Corporation des..... évaluant à 000 le nombre moyen annuel des jours de chômage et à dix heures la journée de travail effectif, a fixé pour l'année 18.., conformément au tarif ci-après le taux au-dessous duquel ne pourraient être abaissés les prix déclarés nécessaires au payement des dépenses d'un ménage composé de cinq personnes *.

00 ANNÉE. TARIF DE LA CORPORATION DES... ARRÊTÉ LE... **18** .

Dépenses.			*Recettes.*	
Pain,	730 k. à 00 c.	000	L'heure de travail effectif....	00
Viande,	365 k. à 00 c.	000	....**	
Vin, bière ou			....	
cidre,	365 l. à 00 c.	00	....	
Légumes, beurre, lait, œufs.		00	....	
Sel, épiceries...............		00	....	
Logement..................		00	....	
Chauffage.................		00	....	
Éclairage.		00	....	
Habillement...............		00	....	
Blanchissage...............		00	....	
Dépenses diverses...........		00	....	
Assurance générale..		00	....	
Pension de retraite.........		00	....	
Chômage..................		00	....	
Maladie..................		00	.. ..	
Total ***....		000	Total ***....	0 00

* Le nombre moyen des enfants par mariage est de 3,40 ; il faut donc calculer que tout travailleur, s'il est marié, doit pourvoir à la subsistance de trois enfants et de leur mère, et que s'il n'est pas marié, la somme disponible que lui coûterait la subsistance d'une femme et de trois enfants lui est nécessaire pour former l'épargne appelée : **DOUAIRE UNIVERSEL.**

** Chaque ligne ponctuée est une place réservée pour indiquer, selon la diversité des professions, le prix de chaque sorte de travail, soit à la tâche, soit à façon, soit à la pièce.

*** Diviser par le nombre moyen des jours probables de travail, pour avoir le taux du salaire nécessaire.

Si ce nombre moyen est 300 jours, ce sera. 0 fr. 00 c.
Si ce nombre moyen est 250 jours, ce sera. 0 fr. 00 c.
Si ce nombre moyen est 200 jours, ce sera. 0 fr. 00 c.

CHAP. II. — *Du travail des femmes et des enfants.*

Le travail des femmes dans les ateliers, usines, fabriques et manufactures est expressément interdit.

Est également interdit le travail des enfants de moins de quinze ans.

CHAP. III. — *Du travail des apprentis.*

Nul n'est admis en qualité d'apprenti s'il ne sait :

1° Lire, écrire, compter, la tenue des livres et le dessin linéaire.

2° S'il n'a pas été vacciné.

La durée de l'apprentissage est fixée à 00 années.

Le travailleur qui a présenté l'apprenti et qui se charge de le former, a droit, pendant le temps fixé de l'apprentissage, à la moitié du salaire de l'apprenti, après prélèvement de la retenue de demi pour cent, versé dans la Caisse commune.

TITRE III.

DE LA CAISSE COMMUNE.

La Caisse commune, ainsi qu'il a été dit, est le lien qui unit toutes les corporations à l'effet de former entre elles une assurance mutuelle et générale contre le chômage et l'abaissement des salaires.

Elle est administrée par un trésorier sous le contrôle d'un conseil composé des Maires de toutes les Corporations et d'un nombre égal de membres de toutes les Commissions corporatives de surveillance et de publicité, pris dans l'ordre du tableau de dépouillement des votes.

Elle a un préposé (receveur et payeur) dans toutes les localités où le but de l'institution l'exige.

Le préposé local est chargé, sous sa responsabilité, du payement, aux ayants droit, des allocations dans les cas de chômages qui ont été prévus.

Le préposé local a droit, à titre de remises, à   0/0 du montant des sommes nettes dont il a effectué, le 31 décembre de chaque année, le versement à la Caisse commune.

TITRE IV.

DE LA CAISSE SPÉCIALE DES SALAIRES.

Partout où il y a lieu de le faire, il est formé une caisse spéciale des salaires.

La caisse spéciale reçoit et paye pour les membres des Corporations.

Elle centralise le montant des salaires du recouvrement desquels elle a été chargée.

Au moyen de cette centralisation, elle organise deux services :

1º Service d'approvisionnement ayant pour objet de fournir aux membres des corporations à prix coûtant et à domicile :

Le pain ;

Le vin, le cidre ou la bière ;

Le sel, l'huile à manger, l'huile à brûler, la chandelle et le savon ;

Le sucre et le café ;

Le bois et le charbon.

La caisse spéciale, représentée par ses succursales, proportionne le crédit accordé à la solvabilité probable.

Le risque possible est couvert par un fonds commun.

La caisse spéciale opère, pour le compte des membres de la Corporation, le versement régulier de 2 fr. 50 c. par mois à la caisse générale des retraites.

2º Service de santé, ayant pour objet d'assurer aux malades tous les soins nécessaires :

Médecin ;

Chirurgien ;

Médicaments ;

Bains ;

Traitement spécial.

NOTES DU LIVRE QUATRIÈME.

(1) 1790. DIVISION DE LA FRANCE EN QUATRE-VINGT-TROIS DÉPARTEMENTS.

Le royaume était divisé en provinces, dont plusieurs, sous le titre de *Pays d'Etat*, jouissaient du droit de régler leur administration dans des assemblées particulières.

Sièyès conçut l'idée d'effacer toutes les démarcations anciennes. Par le décret rendu le 15 janvier 1790, le territoire fut divisé en quatre-vingt-trois départements ; chaque département fut subdivisé en districts, chaque district en cantons, chaque canton en municipalités. On constitua d'abord le département et ensuite la commune. L'administration du premier se composa de trente-six membres et d'un directoire exécutif de cinq membres, la commune fut administrée par un conseil général et une municipalité nommée par le peuple ; cette municipalité disposait seule de la force publique. L'administration du district était en diminutif celle du département, et celle du canton, une subdivision de celle de la commune. Les tribunaux furent ainsi répartis : chaque département eut un tribunal criminel, chaque district un tribunal civil, et chaque canton une justice de paix.

(2) DÉFINITIONS DE LA COMMUNE.

Les citoyens français, considérés sous le rapport des relations locales qui naissent de leur réunion dans les villes et dans certains arrondissements des campagnes, forment les Communes.

Constitution du 3 septembre 1791.

Une Commune est une société de citoyens unis par des relations locales, soit qu'elle forme une municipalité particulière, soit qu'elle fasse partie d'une autre municipalité, de manière que si une municipalité est composée de plusieurs fusions différentes, et que chacune d'elle ait des biens séparés, les habitants seuls qui jouissaient de ces biens auront droit au partage.

Décret du 10 juin 1793.

(3) NOUVELLE DIVISION DE LA FRANCE.

Cette division nouvelle de la France a deux avantages :
1° Elle oblige de terminer rapidement le réseau de nos chemins de fer.

2° Elle donne à la centralisation administrative la simplicité, la justesse et l'accord d'un clavier. Le Maire d'Etat tient au bout d'une aiguille toute la France, avec laquelle il peut se mettre en communication sur tous les points en moins d'une heure.

4 RAPPORT DU NOMBRE DES HABITANTS AU NOMBRE DES FAMILLES.

Le chiffre de 4 à 5,000 habitants représente celui de 1,000 familles : le nombre des enfants par ménage étant de 3,49.

5 PROPRIÉTÉS DES COMMUNES.

En France, la valeur des propriétés des Communes n'est susceptible d'aucune estimation complète.
En 1833 :

Leurs immeubles ont produit.	25,828,817
Location d'emplacements.	8,292,780
Rentes sur l'Etat.	2,715.927
— sur particuliers	544.044
Produits divers, emprunts, dons, legs, amendes.	41,904,787
Les cinq centimes additionnels.	9,331,149
Affect. sur le droit des patentes	1,640,364
Impositions extraordinaires	13,451,094
Octroi.	56,571,506

Plusieurs communes possèdent des revenus et une population que des royaumes envieraient pour leur capitale : un grand nombre n'ont aucun bien, aucun autre revenu que l'impôt en centimes autorisé par la loi des finances.

3,628 communes ont	moins de. .		100	fr. de revenus.
6,196	— ont de	100 fr. à.	200	—
10,091	— de	200 fr. à.	500	—
16.742	— de	500 fr. à.	10,000	—
386	— de	10,000 fr. à.	30,000	—
173	— de	30,000 fr. à.	100.000	—
87 plus de.		100,000	—

VIVIEN rapporteur, 1836.

—

BIENS DE MAIN-MORTE.

La taxe annuelle sur les biens de main-morte, établie pour tenir lieu des droits de mutation sur les biens qui ne sont pas susceptibles de changer de maîtres, puisqu'ils appartiennent à des personnes pour ainsi dire éternelles, comme les hospices, les communautés, les départements, les séminaires, les bureaux de bienfaisance, les congrégations religieuses, les compagnies industrielles, etc., portait, en 1850, sur une masse totale de 5.173.011 hectares. Leur contenance, en 1851, était de 5,175.373 hectares qui se subdivisent ainsi, en laissant de côté les ares et les centiares :

	Hectares en nombre rond.
Départements	385
Communes	1,838,943
Hospices	205,766
Séminaires	5,539
Fabriques	23,481
Congrégations	9,109
Consistoires	2,092
Etablissements de charité	2,726
Bureaux de bienfaisance	25,570
Sociétés anonymes	88,996
Etablissements divers	3,059

Les départements, comme on le voit, sont d'une pauvreté absolue. Les communes, au contraire, possédent encore une grande richesse territoriale. Les départements où les propriétés communales se trouvent le plus nombreuses sont : les Hautes-Alpes, qui en ont 256,765 hectares ; les Landes, 253,523 ; les Basses-Alpes, 243,000 ; les Basses-Pyrénées, 237,588 ; les Hautes-Pyrénées, 187,754 ; l'Isère, 175,947 ; les Vosges, 149,611 ; le Doubs, 138,398 ; la Gironde, 136,048 ; la Haute-Saône, 130,366 ; le Jura, 128,918 ; la Côte-d'Or, 127,000 ; le Haut-Rhin, 122,083 ; l'Aude, 117,157 ; le Bas-Rhin, 103,913 ; la Meuse, 115,149 ; la Haute-Marne, 105,503 ; le Var, 94,818 ; la Creuse, 93,493 ; le Puy-de-Dôme, 88,939 ; la Meurthe, 86,239 ; l'Ain, 84.925 ; l'Hérault, 81,000 ; la Corse, 84,428 ; la Drôme, 75,287 ; le Cantal, 84,015 ; la Lozère, 80,850 ; la Moselle, 72,548.

Le département qui contient le moins de propriétés communales est celui de la Seine. Il n'en a que 392 hectares, payant, il est vrai, une taxe aussi considérable que les propriétés des Basses-Alpes et des Hautes-Alpes réunies. Les propriétés religieuses sont répandues dans tous les départements ; ceux qui en contiennent le plus sont la Corse, le Finistère, le Bas-Rhin, le Morbihan et les Côtes-du-Nord. C'est dans la Somme, le Bas-Rhin, la Marne, l'Eure-et-Loir, l'Aisne, le Maine-et-Loire, Seine-et-Marne, Seine-et-Oise, que les propriétés des hospices sont le plus répandues.

POPULATION DES COMMUNES.

L'ordonnance du 30 janvier 1847 a fixé la population de la France à 34,400,486 habitants.

CLASSEMENT DE LA POPULATION DANS LES COMMUNES.

```
    9 au-dessus de  50,000. . . . . .    1,680,124
    6 de 40 à       50,000. . . . . .      255,014
    8 de 30 à       40,000. . . . . .      276,298
   20 de 20 à       30,000. . . . . .      505,588
   24 de 15 à       20,000. . . . .       423,432
   52 de 10 à       15,000. . . . .       623,733
  274 de  5 à       10,000. . . . . .    1,883,117
  174 de  4 à        5,000. . . . .        776,768
  535 de  3 à        4,000. . . . .      1,825,053
15,717 au-dessous de 3,000.. . . . .    27,151,359
 ───────                                ──────────
 36,819                                 35,400,486
```

Il y aurait un moyen certain de rendre facile et prompte
cette conversion des 36,352 communes ayant moins de
4 à 5,000 habitants ; ce serait que l'Etat aliénât une portion des FORÊTS qui lui appartiennent, afin d'en faire l'objet d'une *prime*, soit en nature, soit en argent, qui serait
donnée à toute conversion de Commune accomplie dans
le délai d'une année.

Le cadastre a fixé à 52 millions 153,000 hectares la contenance totale des quatre-vingt-six départements de la
France, dont 49,339,500 imposables et imposés et 2,773,500
non imposés.

Dans ce chiffre général, voici quelle est la part du sol
forestier :

```
Bois imposés. . . . . . . . . . . . . . . . . . .    7,688,300 hect.
Bois non imposés. . . . . . . . . . . . . . . .     1,047,700
                                                   ──────────
                        Total. . . . .              8,736,000
Divisés en forêts impériales . . . . . . . .        1,047,700
Bois communaux et des établissements
    publics. . . . . . . . . . . . . . . . . . .    1,938,200
Bois des particuliers . . . . . . . . . . . . .     5,750,100
                                                   ──────────
                        Total égal. . . . .         8,736,000
```

L'administration des forêts accuse un chiffre un peu
moindre ; elle ne compte que 8,556,977 hectares.

Si l'on prend le chiffre du cadastre, il convient d'en
déduire : 1o 736,000 hectares au moins de landes dans
lesquelles on compte à peine quelques cepées de bois ;
2o 1/15 de vides et clairières formant 600,000 hectares ;
3o 1,400,000 hectares dans lesquels les cepées sont moins
rares, mais ne produisent à peu près que du bois menu
et des broussailles.

Après ces déductions, il reste alors 6,000,000 d'hectares
de bois réellement productifs, divisés en 4,500,000 hectares de bois feuillus et 1,500,000 hectares de bois résineux.

(6) JUSTICES DE PAIX EN BELGIQUE

Pour les successions de peu de valeur, la justice de paix suffit en Belgique. Cette intervention de la justice de paix dans les partages en licitation est demandée en France par plusieurs conseils généraux.

(7) NATURALISATION EN FRANCE.

Tout étranger âgé de vingt et un ans accomplis qui, domicilié en France depuis une année :

Y vit de son travail ;

Ou épouse une Française ;

Ou adopte un enfant ;

Ou nourrit un vieillard ;

Tout étranger, enfin, qui sera jugé par le corps législatif *avoir bien mérité de l'humanité*, est admis dans l'exercice des droits de citoyen français.

Constitution du 24 juin 1793.

Art. 1er. Les étrangers qui rendront ou qui auraient rendu des services à l'Etat, ou qui apporteront dans son sein des talents, des inventions, ou une industrie utile, ou qui formeront de grands établissements, pourront après un an de domicile être admis à jouir des droits de citoyen français.

Art. 2. Ce droit leur sera conféré par un décret spécial rendu sur le rapport d'un ministre, le conseil d'Etat entendu. *Sénatus-consulte du 19 février 1808.*

8. REGISTRE MATRICULE.

Il sera fait et dressé dans chaque commune de la République un tableau contenant les noms, âge, état ou profession, de tous les habitants au-dessus de l'âge de douze ans, le lieu de leur habitation et l'époque de leur entrée dans la commune. *Loi du 10 vendémiaire an IV.*

(9) DÉPENSE DES ALIÉNÉS.

Ordonnance royale du 22 décembre 1842 :

1o Les communes ayant 20,000 fr. de revenus et au-dessus concourent pour 12 0/0 à la dépense de leurs aliénés placés d'office, et pour 25 0/0 à celle de leurs aliénés non dangereux ;

2o Les communes ayant 5,000 fr. de revenus et au-dessus concourent pour 8 0/0 à la dépense de leurs aliénés placés d'office, et pour 17 0/0 à celle de leurs aliénés non dangereux ;

3o Les communes dont les revenus ordinaires sont inférieurs à 5,000 fr. concourent pour 5 0/0 à la dépense de leurs aliénés placés d'office, et 10 pour 1,000 à celle de leurs aliénés non dangereux.

(10) LES ANCIENNES CORPORATIONS

Les maîtres *seuls* formaient les *corporations: eux seuls*

composaient le pouvoir dirigeant ; les ouvriers étaient exclus de toute part d'influence ; ils ne participaient ni directement ni indirectement à l'élection des membres de la *jurande*, de ce tribunal de famille qui disposait de leur existence.

Tous les maîtres ne jouissaient pas des mêmes priviléges. Ceux qui avaient moins de dix ans d'exercice de la maîtrise, connus sous le nom de *jeunes maîtres*, étaient simplement électeurs ; les maîtres *modernes* ayant plus de dix ans d'exercice étaient électeurs et éligibles ; dans les communautés nombreuses on n'appelait à chaque nomination d'officier qu'un certain nombre de jeunes maîtres et de maîtres modernes, suivant l'ordre d'inscription au tableau, mais les *anciens* maîtres, ceux qui étaient passés par la *jurande*, exerçaient en toute occasion leur droit électoral.

Dans cette savante hiérarchie, nulle place n'est faite aux hommes que leur naissance ou leur défaut de fortune empêchaient de participer aux honneurs et aux profits de la maîtrise. L'obéissance passive, telle était leur unique loi. Aussi, quand on parle de l'ancienne organisation industrielle, ne devrait-on pas oublier que tous les bienfaits de ce régime étaient réservés aux maîtres, comme cela se pratique encore aujourd'hui dans les pays où les corporations se sont conservées cristallisées pour ainsi dire dans leur forme antique.

L. WOLOWSKI. De l'Organisation industrielle.

En vertu des règlements des métiers, aucun *maître* ne pouvait s'établir autre part que dans la ville où il avait été reçu en maîtrise, et il ne pouvait vendre ses produits dans un autre lieu.

En 1632, une ordonnance interdit aux *maîtres* de prendre des *apprentis*, afin que toute l'industrie se trouvât concentrée dans les mains des *fils de maîtres*.

PIERRE VINÇARD. Histoire des corporations.

Le travail considéré comme *domanial* était absorbé par les communautés qui, seules, patentées avaient le droit de faire le commerce. On les appelait le **COLLÉGE DES SIX CORPS**, et leur fédération était tellement un droit reconnu, que Savary disait : « *Il faut les considérer comme les canaux par où tout le commerce doit passer.* » Leur devise était un Hercule assis et faisant des efforts inutiles pour briser un faisceau de six baguettes ; ce faisceau était le symbole de leur union et de leur monopole. Cette fédération donnait licence d'apprentissage et de maîtrise ; sans sa permission, il était impossible de travailler, et le génie et l'ardeur venaient inutilement solliciter le droit au travail, qui était le droit de vivre.

V. AVRIL. Histoire philosophique du crédit.

LIVRE CINQUIÈME.

Docere est gubernare.

LOUIS XI.

J'ai toujours pensé qu'on réformerait le genre humain si l'on réformait l'éducation de la jeunesse.

LEIBNITZ. *Lettres à Placcius*, t. v.

Depuis les siècles les plus vertueux et les plus sages jusqu'à nos jours, on s'est plaint que les républiques ne s'occupaient que trop des lois et pas assez de l'éducation.

BACON.

Ceux qui ont étudié les crises du cœur humain savent qu'il est plus important de donner aux hommes des mœurs et des habitudes que des lois et des tribunaux.

Il ne faut pas faire par les lois ce qu'on peut faire par les mœurs.

L'homme, cet être flexible, se pliant dans la société aux pensées et aux impressions des autres, est également capable de connaître sa propre nature lorsqu'on la lui montre, et d'en perdre jusqu'au souvenir lorsqu'on la lui dérobe.

MONTESQUIEU.

Aucune vertu ne peut convenir à un esclave.

ARISTOTE.

Nous ne travaillons qu'à remplir la mémoire et laissons l'entendement et la conscience vides.

MONTAIGNE. Liv. II, ch. 24.

Naturellement l'homme ne pense guère. Penser est un art qu'il apprend comme tous les autres, et même plus difficilement.

J.-J. ROUSSEAU.

On instruit les enfants à craindre et à obéir. On les excite encore à être copistes, à quoi ils ne sont déjà que trop enclins ; nul ne songe à les rendre originaux, entreprenants, indépendants.

VAUVENARGUES.

Développer chaque individu dans toute la perfection dont il est susceptible, voilà le but de l'éducation.

KANT.

L'éducation doit mettre au jour l'idéal de l'individu.

JEAN-PAUL RICHTER.

La même sorte d'éducation convient-elle à tous les individus ? La réponse est négative sous beaucoup de rapports. Mais un seul point leur est commun à tous, c'est la culture des facultés qui caractérisent la nature humaine.

SPURZHEIM. *Essai philosophique.*

Les vertus et les crimes des hommes peuvent être aussi bien imputés à ceux qui sont chargés de leur éducation et de leur gouvernement qu'à ceux qui se montrent vertueux et criminels.

GALL. *Fonctions du cerveau.*

Sous le titre d'éducation morale, il faut comprendre l'ensemble des moyens qui peuvent agir et sur l'esprit et sur le caractère de l'homme depuis sa naissance jusqu'à sa mort ; car l'homme environné d'objets qui font sans cesse sur lui de nouvelles impressions ne discontinue pas son éducation.

CABANIS.

Ce n'est pas à coups de massue et par soubresauts qu'on peut naturaliser le système moderne ; il faut l'implanter dans l'éducation.

NAPOLÉON.

L'INSTRUCTION UNIVERSELLE[*].

Un Etat peut-il exister sans constitutions écrites, sans lois positives, sans peines corporelles?

Je dis oui.

On me demande comment?

Je réponds : En donnant à chacun et à tous l'instruction sans laquelle l'homme n'est *socialement* qu'un enfant ou qu'un ilote.

L'homme qui n'a pas appris à penser et à raisonner est exactement, dans l'ordre social, ce qu'est l'enfant dans l'ordre naturel, avant d'avoir appris à parler et à marcher. « L'enfant peut faire du mal, mais il ne sau-» rait mal faire, » a dit J.-J. Rousseau, avec un sens profond. Ce que J.-J. Rousseau a dit de l'enfant, je le dis de l'ignorant. Ce qui est vrai pour l'un n'est pas moins vrai pour l'autre.

Que l'homme apprenne tout ce qu'il doit savoir, et peines corporelles, lois positives, constitutions écrites, tout ce qui compose enfin le régime de l'arbitraire, tout ce qui met la raison individuelle en tutelle publique, n'auront plus ni motifs ni prétextes de subsister.

— Mais que doit savoir l'homme? L'homme *doit* savoir tout ce qu'il *peut* apprendre.

L'instruction, c'est le droit à la civilisation.

[*] Ce livre est entièrement nouveau : il a été écrit en 1854.

Le droit à la civilisation est la fin du droit à la révolution.

Qui dit révolution dit *risques*.

Qui dit civilisation dit *progrès*.

Il y a toujours à gagner à la civilisation, il y a souvent à perdre à la révolution.

La civilisation ne compromet rien et résout tout.

La révolution compromet tout et ne résout rien.

La civilisation, c'est la révolution continue.

La révolution, c'est la civilisation interrompue.

La civilisation, c'est la révolution par la science.

La révolution, c'est la civilisation par la force.

Raisonnablement, on ne saurait donc hésiter entre le droit à la civilisation, droit fécond, et le droit à la révolution, droit stérile.

Mais alors, il faut être conséquent ; il faut universaliser l'instruction.

M. Guizot a dit : « Le travail est un frein. » Ce que M. Guizot a dit du travail, je le dis de l'instruction, mais avec plus de vérité, car le frein qui sert à retenir sert aussi à diriger. Si l'instruction est le frein de l'homme, le frein est l'instruction du cheval.

L'homme qui sait tout ce qu'il a pu apprendre, l'homme qui a appris tout ce qu'il doit savoir, porte avec lui-même son frein, et n'en a besoin d'aucun autre : c'est ce que démontrera l'avenir, à qui il est réservé de répondre à cette question : « Si les hommes n'avaient » pas d'autre *législation* que leur *instruction*, si les » peuples n'avaient pas d'autre *constitution* que leur » *civilisation*, le monde en irait-il moins bien et moins » sûrement ? »

Cet avenir, que je vois distinctement, a pour cautions le passé et ses transitions successives, le présent et ses progrès accomplis, qu'il suffit de rappeler sommairement :

I. DESTRUCTION DE L'HOMME PAR L'HOMME.

BARBARIE. — *Transition et progrès :* — GUERRE.

II. POSSESSION DE L'HOMME PAR L'HOMME.

ESCLAVAGE. — *Transition et progrès :* — SERVAGE.

III. DOMINATION DE L'HOMME PAR L'HOMME.

ARBITRAIRE. — *Transition et progrès :* — LÉGALITÉ.

IV. EXPLOITATION DE L'HOMME PAR L'HOMME.

PÉCULE. — *Transition et progrès :* — SALAIRE.

La possession de l'homme par l'homme a été un progrès sur la destruction de l'homme par l'homme.

La domination de l'homme par l'homme a été un progrès sur la possession de l'homme par l'homme.

L'exploitation de l'homme par l'homme a été un progrès sur la domination de l'homme par l'homme.

L'instruction de l'homme par l'homme sera un progrès sur l'exploitation de l'homme par l'homme.

J'ajoute donc :

V. INSTRUCTION DE L'HOMME PAR L'HOMME.
TRAVAIL. — *Transition et progrès :* — **CRÉDIT.**

Ce dernier progrès sera le régime définitif de la paix entre les peuples et de la liberté entre les hommes succédant aux régimes transitoires de la barbarie à la guerre, de l'esclavage au servage, de l'arbitraire à la légalité, du pécule au salaire, car le crédit est appelé à renouveler et à pacifier le monde.

Depuis le commencement des siècles, qu'apprend-on aux peuples ? — On leur *apprend* à se battre ; on leur apprend à grand'peine et à grands frais, à se conduire non en êtres supérieurs qui raisonnent, mais en êtres inférieurs qui ne raisonnent pas, non en hommes policés s'entr'aidant, mais en bêtes féroces s'entr'égorgeant; peine et dépense qu'il suffirait de s'épargner pour qu'une ère nouvelle s'ouvrît, ère qui serait la fin du règne de la force matérielle, ère qui serait le commencement du règne de la force immatérielle.

Et que serait-ce si tout le temps et tout l'argent qu'on dépense ainsi à perpétuer la barbarie au sein de la civilisation étaient employés à convertir les soldats en instituteurs, les casernes en écoles, les arsenaux en bibliothèques, les munitions et les instruments de guerre en livres et en instruments d'études ! Au bout d'une année qu'a produit une armée de trois cent mille hommes ayant coûté plus de trois cents millions ? — Rien. Qui pourrait calculer ce que rapporterait le même capital annuellement appliqué au défrichement, à la culture, et au sarclage de toute la portion encore jeune d'une nation de trente millions de têtes ? Quel progrès se ferait attendre ? Quelle richesse resterait inexplorée ? Quelles difficultés résisteraient ? Que ne pourrait-on pas entreprendre ? — Tout.

L'homme est ce que le font l'ignorance et la misère.

L'homme est ce que le font l'instruction et le bien-être.

Même au temps de Platon. l'influence de la richesse sur la moralité était constatée en ces termes par l'auteur de *la République* et des *Lois* : « C'est à la richesse que
» l'on doit. en grande partie, de n'être pas réduit à
» tromper ou à mentir et de pouvoir, en payant ses
» dettes et en accomplissant les sacrifices, sortir sans
» crainte de ce monde, quitte envers les pauvres et en-
» vers Dieu. »

Or, la société qui, sous des peines sévères, exige qu'on la respecte jusqu'à la superstition et qui interdit qu'on ose la scruter. est-elle ce qu'il faudrait qu'elle soit pour que tout homme qui emploie toute sa force. toute son intelligence, retire de son intelligence et de sa force, utilement dépensées. de quoi semer fructueusement. autour de lui, l'instruction et le bien-être? Fait-elle tout ce qu'il faudrait qu'elle fasse pour combler, par le bien-être. l'immense gouffre qui existe entre la misère et le luxe. entre la privation et la tentation, et, en le comblant, sauver ainsi de l'avilissement. de l'abrutissement. de la prison, du bagne, de l'échafaud les victimes que ce gouffre attire à lui, par le vertige qu'il leur donne ?

Vauvenargues a dit : « Tandis qu'une grande partie de
» la nation languit dans la pauvreté. l'opprobre et le tra-
» vail ; l'autre, qui abonde en honneurs, en commodi-
» tés, en plaisirs. ne se lasse pas d'admirer le pouvoir de
» la politique qui fait fleurir les arts et le commerce et
» rend les Etats redoutables. »

Montesquieu a dit : « Tant d'hommes étant occupés à
» faire des habits pour *un seul*, le moyen qu'il n'y ait
» bien des gens qui manquent d'habits? Il y a *dix* hom-
» mes qui mangent le revenu des terres contre *un* la-
» boureur . le moyen qu'il n'y ait pas bien des gens
» sans aliments. »

Quels sillons ont creusés ces paroles ? Quelle semence ont reçue ces sillons ? Quels épis a portés cette semence ? Quelles gerbes ont formées ces épis ? Société. ne serais-tu donc qu'un champ aride où la parole est stérile ? Est-il certain. est-il démontré que la richesse léguée aux générations par les générations suit le cours qu'elle devrait suivre ? La richesse qui s'amasse ainsi répand-elle la richesse ou étend-elle la misère et, avec la misère, le crime ? N'y a-t-il pas un vice de répartition, un

défaut de circulation, un manque d'équilibre entre la
production et la consommation, que l'impôt pourrait
et devrait atténuer et qu'il aggrave ?

Partout la misère apparaît à tous les yeux : avertie
par Montesquieu, la société fait-elle ce que fait la nature ? « La nature, dit-il, est juste envers les hommes :
» elle les récompense de leurs peines ; elle les rend labo-
» rieux, parce qu'à de plus grands travaux elle attache
» de plus grandes récompenses ; mais si un pouvoir ar-
» bitraire ôte les récompenses de la nature, on reprend
» le dégoût pour le travail, et l'inaction paraît le seul
» bien. »

Est-il bien certain que nos lois factices ne soient
pas conçues en sens inverse de cette loi naturelle, et,
dans ce cas, à qui serait-il juste d'imputer les crimes
qu'elles recherchent et qu'elles punissent? Il est passé
en axiome que l'unique moyen de tarir le mal, c'est
de remonter à la source. Or, le mal existe ; il apparaît à tous les regards; il n'est contesté par personne.
Remontons donc à la source.

Qu'est-ce que l'ignorance? C'est la misère immatérielle. Comment peut-on la combattre et la détruire ?
On peut la combattre et la détruire par l'instruction,
non moins certainement que par le travail on peut
combattre et détruire la misère matérielle. Ainsi donc
le travail et l'instruction sont les moyens par lesquels on
peut tarir et la misère matérielle et la misère immatérielle, ces deux sources de la plupart des crimes.

Les remèdes au mal étant connus, comment la société
ne les applique-t-elle pas ? Qu'a-t-elle à faire de plus
important et de plus urgent ? Quelle mission plus
haute, quel devoir plus impérieux a-t-elle à remplir?
Craindrait-elle que l'instruction, en s'universalisant, ne
fasse le nivellement ? Cette crainte serait fondée qu'elle
n'en serait pas moins blâmable ; mais elle est chimé-
rique, car l'instruction est, de toutes les échelles, celle
qui compte le plus d'échelons; de tous les amphithéâ-
tres, celui qui comporte le plus grand nombre de degrés; de toutes les pyramides, ce le dont la base est la
plus large et le sommet le plus élevé.

Instruction universelle n'est pas ici une expression
employée pour dire : *la même instruction donnée à
tous.* Loin de là ! Telle que je l'entends, *instruction
universelle* signifie : *instruction nécessaire,* et rien de

plus : conséquemment, instruction graduée et variée selon le niveau et la diversité des aptitudes. Certes, ce n'est pas moi qui voudrais prendre pour exemple cette instruction uniforme que l'Université exige sous le nom de baccalauréat ès-lettres et de baccalauréat ès-sciences, véritable lit de Procuste sur lequel elle mesure indistinctement les mémoires les plus inégales, étend impitoyablement les aptitudes les plus diverses. Un tel enseignement est le pire de tous les communismes, la pire de toutes les promiscuités ; car c'est le communisme et la promiscuité des intelligences. Aussi quels n'en sont pas les tristes résultats, au double point de vue de la société et de l'individu ! Quels hommes forme cette instruction communiste ! Ne semble-t-il pas qu'en eux tout ressort soit brisé, toute spontanéité éteinte ! Hors du chemin battu, quand il est obstrué, et il l'est souvent, ils sont incapables de s'en frayer aucun autre. Il ne semble pas que ce soient des hommes se dirigeant par la force qui leur est propre, il semble plutôt que ce soient des machines se mouvant en raison de l'impulsion reçue.

A l'exception du parc de Versailles et d'une allée du jardin des Tuileries, où cette barbarie est restée en usage et en honneur, on a renoncé à tailler et à rogner les arbres, comme on les taillait et rognait sous Louis XIV, qui ne permettait ni à une branche ni à une feuille de dépasser une autre feuille et une autre branche : branches et feuilles ont recouvré leur liberté. Un jour aussi, je l'espère, les intelligences recouvreront la leur ; elles cesseront d'être assujéties à cette uniformité d'études que l'Université leur inflige, et dont celle-ci semble avoir emprunté l'idée aux jardins dessinés par Lenôtre. Déjà les certificats d'études, que n'osa supprimer aucun des ministres de la monarchie de 1830, ont disparu : si petit qu'il soit, c'est un pas fait vers l'abolition des grades universitaires.

A l'*instruction universitaire* substituer l'*instruction nécessaire* et l'étendre à tous : telle est la simple et facile réforme que l'avenir s'est réservé d'opérer, puisque le passé n'a pas su l'accomplir et que le présent persiste à l'ajourner.

Mais, me dit-on, quelle sera et qui déterminera la mesure de l'instruction nécessaire ? Où commencera-t-elle ? où s'arrêtera-t-elle ?

Je réponds : elle s'arrêtera naturellement où finira visiblement l'aptitude de l'élève.

A moins d'être idiot ou infirme, tout enfant, exercé avant l'âge où sa volonté a acquis une certaine force de résistance, peut apprendre ce qui suit :

La lecture ;

L'écriture ;

L'orthographe ;

La géographie ;

Le calcul ;

Le dessin linéaire ;

La comptabilité.

En se servant, pour lui enseigner à lire, à écrire, à raisonner, à dessiner, de cahiers ornés de planches renfermant des notions graduées de géométrie, de mécanique, d'astronomie, de physique, d'histoire naturelle, de chimie, de physiologie, d'hygiène, l'élève amassera ainsi, presque sans effort, la somme des connaissances strictement indispensables dans toutes les conditions de la vie où il est nécessaire de se rendre compte à soi-même de ce qu'on a entrepris et de ce qu'on veut entreprendre.

Telle est cette nécessité, que j'ai donné à la connaissance de la comptabilité un rang qu'elle n'occupe, en France, ni dans le premier ni dans le second degré de l'instruction primaire. Omission injustifiable! car riche ou pauvre, homme ou femme, chacun doit être en état de dresser, soit le bilan de sa fortune, soit le bilan de sa gestion. Nous approchons d'un temps où la subtilité des lois n'admettra plus de distinction entre le *propriétaire* qui vend son blé, son bétail, son vin, et le *commerçant* qui achète ce blé, ce bétail, ce vin ; où l'égalité s'établira entre eux en droit comme en fait ; où la signature d'un billet à ordre n'en fera plus varier le caractère ; où, lorsqu'on aura consommé un acte de commerce, on ne craindra plus d'être qualifié de commerçant, comme si ce nom impliquait encore la flétrissure et la dérogation !

On remarquera que, dans le programme succinct qui précède, écartant tout ce qui n'avait pas le sceau de la certitude, j'ai retranché conséquemment ce que le programme de l'instruction primaire en France désigne et comprend sous ces deux titres :

Instruction morale et religieuse ;

Éléments d'histoire nationale et étrangère.

Si ce n'est pas le prêtre qui donne l'instruction religieuse, que donnera-t-il? Il convient donc de la lui réserver exclusivement.

Enseigner à des enfants l'histoire, n'est-ce pas risquer de fausser inconsidérément leur jugement, et, si on la réduit à la chronologie, n'est-ce pas charger inutilement leur mémoire de dates et de noms? On a le temps d'apprendre l'histoire à l'âge où l'on peut se former soi-même une opinion sur les hommes et sur les événements du passé.

Ainsi réduite au strict nécessaire, on cherche en vain une objection à l'instruction que je propose de rendre universelle par tous les moyens et par toutes les méthodes les plus propres à atteindre rapidement et certainement ce but.

Je compare l'instruction à un arbre.

Quelque innombrables qu'en soient les branches et les rameaux, il n'a qu'un tronc qui leur est commun. Quel sera le tronc de cet arbre? de quoi sera-t-il formé? Il sera formé de tout ce qui sera nécessaire à l'existence et à la multiplication de ses branches et de ses rameaux.

Est-il possible de se livrer à l'étude des langues mortes ou vivantes et des lettres si l'on n'a commencé par apprendre à lire et à écrire? Non : donc l'étude des langues mortes ou vivantes et des lettres sera, relativement à la lecture et à l'écriture, ce que la branche est au tronc.

Est-il possible d'apprendre les mathématiques et la géométrie si l'on n'a commencé par apprendre le calcul et le dessin linéaire? Non : donc l'étude des mathématiques et de la géométrie est, relativement au calcul et au dessin linéaire, ce que la branche est au tronc.

Est-il possible, riche ou pauvre, propriétaire ou commerçant, homme ou femme, de se rendre exactement compte des opérations d'une gestion privée ou d'une administration publique, si l'on n'a commencé par apprendre la comptabilité? Non : donc l'art d'administrer ou de gérer sera, relativement à la comptabilité, ce que la branche est au tronc.

Aussi le tronc m'occupe-t-il exclusivement; je ne m'occupe aucunement des branches: elles se multiplieront d'elles-mêmes en aussi grand nombre que l'arbre devra couvrir d'espace. Si l'élève qui saura lire et écrire a une aptitude exclusive pour la littérature, celui-là ne sera

pas contraint de perdre son temps à pâlir sur des livres
de géométrie ; il ne sera pas contraint de faire à sa nature une violence qui, le plus souvent, n'aboutit qu'à
émousser en lui le goût de l'étude, qu'à l'éteindre ; se
développant toujours dans le sens naturel de ses dispositions, tout progrès qu'il fera le stimulera d'autant
plus qu'il lui aura moins coûté. Si, au contraire, l'élève
qui aura appris le calcul et le dessin linéaire a une aptitude marquée pour la géométrie et les mathématiques, celui-ci ne sera pas contraint de perdre son temps
à graver machinalement et péniblement dans sa mémoire rebelle force mots latins et grecs dont plus tard
il ne saura que faire, et qui, cependant, lui auront
coûté à retenir infiniment plus de peine qu'il ne lui en
eût fallu pour s'élever à la hauteur des théorèmes les
plus difficiles à démontrer, des problèmes les plus difficiles à résoudre.

Chacun n'apprenant ainsi que ce qu'il préférera apprendre et que ce qu'il sera utile qu'il sache, il y aura
plus d'hommes spéciaux, il y aura moins d'hommes su-
perficiels qui, ayant la prétention d'être aptes à tout,
ne sont en réalité aptes à rien. Ce sera un double progrès.

D'un élève qui, naturellement et sans efforts, eût pu
devenir un bon littérateur, que gagne-t-on à en faire
un mauvais géomètre, et d'un élève qui, naturellement et sans effort, eût pu devenir un bon géomètre,
que gagne-t-on à en faire un mauvais littérateur? On
y gagne d'en faire chèrement et laborieusement deux
hommes médiocres. C'est donc à cela qu'aboutit la
violence intellectuelle exercée sur la liberté des voca-
tions par la tyrannie universitaire! Mais y a-t-il lieu
de s'étonner que, fabrique de médiocrité, l'Université
ne produise que médiocrité? La logique des causes s'atteste par leurs effets.

L'instruction universelle ainsi réduite à sa plus simple expression, il reste à examiner la question de savoir si elle devra être obligatoire ou facultative. Je réponds : Ni facultative ni obligatoire, mais nécessaire.
Aucune obligation ne contraint l'homme de manger du
pain ; il a la faculté de ne pas en manger : pourquoi
s'en nourrit-il, partout où il sème et récolte du blé ou
de l'orge? Parce que le pain lui est devenu nécessaire.

Rendre l'instruction nécessaire vaut mieux que ren-

dre l'instruction obligatoire; c'est plus sûr. On est moins
tenté d'éluder la nécessité que la légalité. Qu'est-ce que
la nécessité? C'est la loi naturelle. Qu'est-ce que la légalité? C'est la loi factice. Mettre fin à l'usurpation des lois
factices, et restituer aux lois naturelles leur empire est
le but que j'ai constamment besoin de voir distinctement afin d'être parfaitement sûr que je suis dans le
droit chemin et que je ne m'en écarte pas.

« Nature, dit Montaigne [1], a maternellement ob-
» servé cela, que les actions qu'elle nous a enjoinctes
» pour notre besoing nous fussent aussi voluptueuses,
» et nous y convie non-seulement par la raison, mais
» aussi par l'appétit. »

Que peut-on faire de plus sage que d'appliquer sa
raison à consulter toujours la nature pour en suivre
attentivement les préceptes? N'est-ce pas le plus sûr
moyen de ne sortir jamais des voies de la liberté?

Il est un âge avant lequel l'enfant ne peut être astreint aux travaux corporels sans porter atteinte à la
loi de son libre et entier développement physique. La
loi factice tolère cette funeste atteinte, cet odieux attentat, mais la loi naturelle ne le pardonne pas. Tôt ou
tard, celle-ci en demande compte à la santé individuelle, à la longévité moyenne, à la reproduction
humaine. Cet âge est précisément le plus propice aux
travaux intellectuels qui exercent et fortifient la mémoire, développent et forment la raison. La nature,
qui jamais ne se trompe, indique donc ici avec certitude ce qu'il y a à faire : pendant que le corps est
faible, mais que l'esprit est docile, c'est le temps de semer la parole, si l'on veut que le champ soit fertile et
que la récolte soit abondante. « Le champ, c'est le
monde, a dit saint Matthieu [2], » ce qui signifie qu'on
doit l'ensemencer. Mais toute semence, comme toute
récolte, a sa saison. Qui laisse passer le temps de l'une
ne voit pas arriver le temps de l'autre.

L'expérience démontre que l'adolescent ne doit pas
travailler manuellement ; car, par suite du perfectionnement sans fin des machines et des instruments, lesquels tendent à économiser de plus en plus la force
humaine, l'enfant, s'il travaille *prématurément*, at-

[1] *Essais*, l. III, chap. xiii.
[2] Chap. xiii, § 38.

tendu qu'il produit autant et qu'il consomme moins, devient cause de chômage et d'avilissement du salaire, et, comme à Liverpool et à Manchester, condamne son père à l'inaction, sa mère à la misère.

Cette cause, que j'ai déjà signalée*, n'est encore qu'imparfaitement et peu généralement connue; mais lorsqu'il sera pleinement et manifestement établi que le travail prématuré des enfants et des adolescents est plus nuisible que profitable aux parents, il suffira, pour l'abolir, de laisser s'exercer la liberté de réunion et la liberté d'association : la liberté de réunion qui démontrera les effets désastreux de ce travail prématuré, la liberté d'association qui saura trouver les meilleures bases constitutives, sous le nom de Corporation, de l'assurance contre le chômage et l'insuffisance du salaire.

Ainsi tout s'enchaîne; ainsi tout est alternativement cause et effet, effet et cause; ainsi l'assurance contre l'insuffisance du salaire mène à la nécessité de l'instruction qui, à son tour, mène à l'abolition de la dernière des servitudes : l'assujétissement de la raison humaine aux lois factices, décorées du nom de *lois positives* pour les distinguer des *lois naturelles*; ainsi le servage intellectuel, ce servage légal qui a survécu au servage corporel, au servage féodal, disparaît par l'instruction nécessaire, par l'instruction universelle.

* *L'abolition de la Misère par l'élévation du Salaire.* Voir, page 99.

DÉCRET DE L'AVENIR.

ARTICLE UNIQUE.

Une subvention *temporaire* de   fr. sera accordée
sur le budget des dépenses à ceux des officiers, sous-of-
ficiers, magistrats, fonctionnaires et employés que, par
suite de la simplification des rouages, l'Etat ne pourra
plus conserver à son service et qui, n'ayant pas atteint
l'âge fixé pour la liquidation de leur pension de retraite, voudront entrer dans la carrière de l'enseignement, après y avoir été reconnus aptes.

NOTES DU LIVRE CINQUIÈME.

NÉCESSITÉ POLITIQUE DE L'INSTRUCTION UNIVERSELLE.

« Sous la constitution la plus libre, l'homme ignorant est à la merci du charlatan, et beaucoup trop dépendant de l'homme instruit. Une instruction générale bien distribuée peut seule empêcher, non pas la supériorité des esprits, qui est nécessaire et qui concourt au bien de tous, mais le trop grand empire que cette supériorité donnerait, si l'on condamnait à l'ignorance une classe quelconque de la société. Celui qui ne sait ni lire ni compter dépend de tout ce qui l'environne. Celui qui sait les premiers éléments du calcul ne dépendrait pas du génie de Newton et pourrait même profiter de ses découvertes. »

PRINCE DE TALLEYRAND.

OBLIGATION DE L'INSTRUCTION.

« Si les pères sont assez stupides ou assez avares pour ne pas envoyer leurs enfants aux écoles, j'estime que c'est pour l'autorité un droit et même un devoir de les y forcer. On trouve tout naturel qu'elle puisse employer la contrainte pour le service militaire, et elle aurait moins de droits quand il s'agit de former dans les écoles des citoyens utiles? Un pays n'a-t-il pas besoin d'hommes instruits, de pasteurs, de juges, de bourguemestres, de médecins, etc., au moins aussi bien que de lansquenets? L'ignorance est plus dangereuse pour un peuple que les armes de l'ennemi.... »

OEUVRES DE LUTHER, édit. de Walch, ch. X, p. 187.

ANGLETERRE. — Dans les questions de l'enseignement, comme dans les questions de l'ordre économique, l'Etat n'est qu'un *accident*, c'est la nation qui est le *principe*.

Deux sociétés principales exercent, sur le développement

de l'instruction primaire dans le royaume-uni, une action décisive : la *National society* et la *British and foreign society*. Toutes deux poursuivent ce but commun : la diffusion de l'instruction dans les classes pauvres, mais avec cette différence fondamentale dans l'application, que l'une est en union intime avec l'Eglise établie, et que l'autre, repoussant toute formule dogmatique, refuse de se renfermer dans le cercle précis du symbole. La première n'admet pas d'*écoles mixtes*, elle est une arme aux mains de l'anglicanisme ; pour la seconde, l'instruction n'est point un instrument de propagande ; elle n'est pas seulement un moyen, elle est un but. Dans la sphère de l'enseignement supérieur et de l'enseignement secondaire, l'instruction privée, grâce aux conditions morales et politiques particulières au pays, pouvant suffire à la tâche, le rôle de l'Etat est passif.

AUTRICHE. — « Tous les enfants, garçons et filles, riches ou pauvres, dès qu'ils atteignent leur sixième année, jusqu'à l'âge de douze ans accomplis, doivent aller à l'école.

» L'état des enfants est dressé tous les ans par le maître d'école et l'inspecteur, aux fêtes d'automne, collationné avec les registres de baptême et arrêté par le curé de la paroisse. »

Après cette prescription générale, voici une disposition qui témoigne, pour le bien-être moral d'une nombreuse classe d'enfants, d'une sollicitude qu'on ne saurait trop louer.

La garde des troupeaux par les enfants, les isolant de la surveillance des parents, et tendant, en les privant d'instruction, à développer des habitudes sauvages et une précoce immoralité, on doit travailler, partout où faire se peut, à abolir cet usage... En tout cas, aucun pâtre ne peut être reçu en service s'il ne produit un certificat de son curé, certificat constatant qu'il a reçu dans l'école l'instruction religieuse et qu'il a subi sur ce point un examen satisfaisant.

BAVIÈRE. — Un décret du 23 décembre 1802 statuait : « Aucun enfant ne peut quitter l'école avant d'avoir atteint l'âge de douze ans accomplis : il doit avoir subi un examen public et obtenu un certificat de l'inspecteur. Il est tenu de produire ce certificat de sortie pour être reçu en apprentissage, et plus tard pour se marier. Cette prescription doit être universellement observée. De sa rigoureuse exécution dépend le bien-être moral, physique et civil des classes inférieures. »

Ce décret fondamental a été, depuis 1802, commenté par une foule de règlements, d'arrêtés, etc., confirmé par tous les actes législatifs. Aujourd'hui encore, il est la base du système de l'instruction primaire en Bavière.

ÉTATS-UNIS.—L'enseignement primaire est obligatoire ; l'enseignement est gratuit à tous les degrés ; la liberté d'enseignement est absolue : la constitution des États-Unis ne reconnaissant aucune religion et s'interdisant d'en prohiber aucune, l'enseignement religieux est nul dans les *écoles communes*, et défense formelle y est faite aux instituteurs de porter atteinte d'une manière quelconque à cette liberté de la conscience. L'enseignement religieux est un droit du foyer qu'on respecte scrupuleusement. Les écoles fondées et entretenues par des sectes religieuses ont le caractère exclusif *d'écoles privées*.

L'État n'est rien, la Commune est tout : aussi l'Américain dit-il de la Commune où il est né, qu'elle est sa véritable patrie.

Souverainement responsable de ses propres destinées, livrée à ses propres forces, chargée de la défense, de l'administration, du poids de ses intérêts et de sa fortune, contrainte de choisir dans son sein ses nombreux fonctionnaires, la Commune est obligée, sous peine de déchéance et d'isolement, de s'élever et de se maintenir à la hauteur de sa mission.

L'instruction de tous est donc l'affaire et la garantie de tous. L'État laissant à la charge de la Commune la presque totalité des dépenses afférentes aux écoles, la Commune naturellement s'en réserve exclusivement, en vertu de ses droits de constitution, l'entretien, l'administration, la direction, et juge souverainement toutes les matières qui s'y rapportent. Dans la répartition des terres faite par le congrès, une certaine portion de ces terres a été particulièrement affectée aux besoins des écoles et sont désignées sous le nom de *school-lands* ; elles sont vendues ou concédées à leur profit, et en attendant, l'État en paye l'intérêt à raison de 6 pour 100 par an. Dans certains États, on prélève, pour compte des écoles, des droits sur les encans, les loteries, les jeux, sur toutes les amendes judiciaires dont la loi n'a pas, à l'avance, prévu l'emploi, sur les successions vacantes, enfin jusque sur les procès ; mais ces fonds, ainsi que ceux provenant de taxes spéciales ou d'allocations votées par la Commune, forment une branche d'administration financière en dehors du maniement des autres revenus. Ils constituent une fortune particulière, sauvegardée par la loi et gérée par les comités directeurs nommés à l'élection et investis du droit de posséder, d'acheter, de vendre des capitaux, des immeubles ou tous autres biens au nom et pour le mieux des intérêts des écoles.

L'État n'intervient que dans l'intérêt de la loi qu'il a décrétée.

Il ordonne que les Communes tiendront ouvertes un certain nombre d'écoles. Il a le droit de constater que ces obligations sont observées.

Il s'assure que les subsides qu'il accorde sont équitablement répartis entre toutes les localités, selon leurs besoins respectifs ; que les fonds, enfin, sont bien employés à l'usage qui leur est destiné.

Le plus loin que le contrôle de l'Etat s'étende, c'est quand il va jusqu'à exiger des comités directeurs, institués dans chaque centre, qu'ils fassent connaître annuellement à la législature, la situation morale et matérielle des écoles, les résultats obtenus, les actes accomplis, enfin tous les documents de nature à éclairer l'opinion publique.

L'Etat est représenté dans l'exercice de ce droit par un surintendant général de l'éducation publique.

La nomination des instituteurs, leur révocation, l'inspection des études et des écoles, tout ce qui touche, en un mot, à l'administration des personnes, des finances et du matériel, est dévolu aux comités qui ont leurs fonctionnaires choisis par eux-mêmes.

Aux termes de la loi de l'Etat du Massachussets :

Toute Commune, quelle que soit l'étendue de son territoire, quel que soit le chiffre de sa population, est tenue d'entretenir au moins une école ouverte pendant six mois de l'année.

L'existence de cent feux dans une commune nécessite l'entretien d'une école pendant les douze mois de l'année, ou de deux écoles pendant six mois.

Pour cent cinquante familles, deux écoles pendant neuf mois de l'année, ou trois écoles pendant six mois.

Du moment où le chiffre de la population atteint cinq cents familles, outre deux écoles primaires ouvertes pendant toute l'année, la Commune doit entretenir une troisième école spéciale où les enfants reçoivent une éducation d'un degré supérieur.

Dans les villes d'au moins quatre mille âmes l'instituteur doit être en mesure d'enseigner le grec, le latin et toutes les branches d'une éducation secondaire.

La sollicitude dont l'enseignement est l'objet en Amérique devait nécessairement se refléter sur les instituteurs chargés de la donner ; et l'œuvre si largement entreprise par les Etats-Unis ne pouvait manquer d'offrir encore, sous ce rapport, un caractère tout particulier.

On s'y est appliqué d'abord à faire aux instituteurs une position indépendante et considérée. Pour s'attacher des hommes dignes d'appeler autour d'eux la considération et l'estime, on a commencé par faire à l'instituteur un rang honorable dans la société, en lui assurant un traitement qui fût une garantie que cette profession serait une carrière réelle.

Ces traitements varient dans toutes les parties de l'Union ; mais partout ils sont convenables, et en rapport avec les besoins de la vie. Dans le Massachussets, ils sont en moyenne de 1,500 à 4.800 fr. pour les instituteurs mâles, et de 720 à 1.300 fr. pour les institutrices.

Les instituteurs sont généralement recrutés, dans les écoles normales, dont l'organisation procéde directement du système des écoles communes. Comme dans ces dernières, l'instruction y est gratuite.

L'Etat concourt à l'entretien de ces écoles, mais elles sont plus spécialement l'œuvre des part culiers, qui, sous l'inspiration des comités directeurs ont coopéré à leur formation. L'entretien d'écoles publiques gratuites pour les enfants résidant dans sa circonscription est pour les Communes une des obligations les plus importantes de leur acte d'incorporation (*Revised statutes*, ch. 23), et elles sont tenues d'y satisfaire sous peine d'amendes très élevées.

Dans un rapport sur la situation de l'enseignement, le comité d'éducation de l'Etat de Massachussets ne cite qu'*une seule* Commune qui se refuse à toute dépense au-dessus de celle strictement exigée par la loi pour les écoles.

Le nombre des écoles à établir, le nombre de mois pendant lesquels elles doivent être ouvertes durant l'année, sont subordonnés à l'importance de la Commune.

Cependant tout en élargissant le cercle de son action, la loi s'est réservé encore un recours toujours assuré sur les ind.vidus. Ainsi, aucun enfant *au-dessous de quinze ans* ne peut être employé dans une manufacture ou fabrique quelconque, s'il n'a suivi au moins pendant trois mois, soit une école privée, soit une école publique. (*Statutes of* 1836, ch. 24.)

Tout propriétaire, agent ou administrateur d'une fabrique qui emploie un enfant sans que celui-ci ait rempli les conditions exigées par la loi, est condamné à des amendes dont le chiffre s'élève jusqu'à prés de 300 francs. (*Revised statutes*, ch. 23.)

Il existe une vaste et puissante association connue sous le nom de l'*Union américaine pour les éco'es du dimanche*, et dont le siége est à Philadelphie. Cette société, qui compte dans son sein des hommes riches et éminents et des femmes du monde, a des ramifications sur toute la surface des Etats-Unis, où elle distribue gratuitement l'instruction, le dimanche, à ceux que le travail ou la pauvreté écarte des écoles pendant la semaine.

Par ses missionnaires qui vont prêchant l'enseignement comme d'autres prêchent l'Evangile, par ses journaux, par ses livres qu'elle débite à des prix d'une modicité extrême, cette société a acquis et elle exerce une immense influence.

Par le fait de l'entière liberté de l'enseignement à côté des écoles publiques s'élève une multitude innombrable d'établissements de toutes sortes, laïques ou religieux, que les Communes ou les Etats encouragent et favorisent au besoin, et qui, pour la plupart, répandent gratuitement l'instruction, sans qu'il y ait lutte entre eux : il n'y a qu'émulation. Les Universités, qui représentent l'organisation des hautes études scientifiques sont indépendantes ; par conséquent elles n'appellent au partage et au bénéfice de leurs leçons, qu'une portion évidemment restreinte et privilegiée des populations.

Les écoles secondaires gratuites sont, au contraire, des ateliers d'intelligence ouverts à toutes les classes, à toutes les aptitudes.

Toutefois, les Américains y ont posé des bornes, en n'admettant au partage de l'enseignement secondaire que les jeunes gens qui se montrent capables de le recevoir, ce que l'on constate par des épreuves, et seulement ceux qui proviennent des écoles primaires communes.

Aussi l'enseignement supérieur qui est cependant très remarquable dans sa sphere restreinte, cesse-t-il d'être l'œuvre de la Commune ou de l'Etat, pour devenir l'œuvre exclusive d'associations particulières qui en ont la charge et le mérite.

FRANCE. — Une déclaration de 1598 enjoint aux « pères et mères, tuteurs et autres personnes qui sont chargées de l'éducation des enfants, et notamment de ceux dont les pères et mères ont fait profession de la religion prétendue réformée, de les envoyer aux écoles et au catéchisme jusqu'à l'âge de quatorze ans : enjoint aux juges royaux et à ceux qui ont haute justice de faire toutes les diligences possibles pour l'exécution de la volonté du roi, et de punir ceux qui seront négligents d'y satisfaire ou qui y contreviendront selon l'exigence des cas. »

Plus tard, Louis XIV dispense bien de la nécessité d'envoyer leurs enfants aux écoles, les pères et mères en état de pourvoir à l'obligation imposée par une éducation domestique : mais en même temps, il ordonne aux curés de veiller avec une attention particulière sur l'instruction des enfants dans leurs paroisses, « même à l'égard de ceux qui n'iront pas à l'école. » Il oblige les pères et mères à leur représenter les enfants qu'ils ont chez eux, lorsqu'ils l'ordonnent dans le cours de leurs visites, pour leur rendre compte de l'instruction qu'ils auront reçue touchant la religion : il réitere « pour tous et chacun l'injonction aux juges royaux et à tous ceux qui ont la haute justice, de tenir la main à l'exécution de la volonté du roi. »

Loi du 15 mars 1850 :

« Art. 24. L'enseignement primaire est donné gratuitement à tous les enfants dont les familles sont hors d'état
de le payer.

» Art. 36. Toute commune doit entretenir une ou plusieurs écoles primaires. »

Le gouvernement français, après comme avant 1848, a
hautement repoussé l'enseignement obligatoire.

HANOVRE. — Loi de 1845 :

« Art. 3. — Tout enfant est tenu de fréquenter une
école pendant le temps sur lequel porte l'obligation (*wah-
rend des schulpflichtigen alters*), s'il ne reçoit pas l'instruction nécessaire dans un établissement supérieur ou par
l'enseignement privé.

» L'autorité ecclésiastique, chargée de l'inspection, a
cependant le droit, dans les circonstances spéciales, de
dispenser de la fréquentation de l'école.

» Art. 4. L'âge sur lequel porte l'obligation de l'école
commence après la sixième année accomplie.

» Art. 6. L'instruction privée exempte de la fréquentation de l'école publique, au cas seulement où elle embrasse les matières prescrites dans cette école, et où en
même temps la capacité des maîtres qui la donnent est
reconnue par ceux à qui est confiée la surveillance des
écoles. »

Dans le duché de Saxe-Weimar, la législation de 1821
contenait des prescriptions analogues; et la loi récente
du 2 mai 1851 n'y a introduit aucune modification.

PRUSSE. — « Tous les établissements fondés et tous les
règlements écrits pour le bien de nos sujets produiront
peu de fruits si, comme il est arrivé jusqu'à ce jour, les
écoles restent vides, et s'il dépend de la volonté des parents d'y envoyer ou de n'y pas envoyer leurs enfants.
C'est pourquoi nous ordonnons que tous les enfants, dans
les villes et dans les campagnes, les parents étant ou
n'étant pas en état de payer l'impôt scolaire, dès qu'ils
auront atteint l'âge de six ans, jusqu'à la fin de leur treizième année, soient envoyés à l'école. » (*Schul-Reglement*
de 1765.)

Les parents ou tuteurs, continue le rescrit de 1801,
dont les enfants restent une semaine hors de l'école, sans
cause de force majeure, sont punis d'une amende de 4
silbergros. Ceux que la pauvreté empêche de payer donnent à la commune un jour de travail. La maladie ou un
voyage obligé sont les seules causes qui puissent dispenser de l'école.

« Les classes du dimanche, prescrites par le *Schul-Reglement* de 1765, doivent être suivies par les enfants qui
ont quitté l'école jusqu'à leur seizième année. Les appren-

tis dans les villes sont tenus de fréquenter ces classes, sous peine de 3 thalers d'amende. » V. l'*Allgemeines Landrecht.*)

SAXE. — Loi de 1835 :

« Art. 20. Tout enfant doit fréquenter l'école pendant huit années consécutives, en hiver comme en été.

» Art. 24. Même lorsque le temps fixé par la loi pour la fréquentation de l'école est écoulé, l'enfant ne peut quitter l'école avant que le but de l'année scolaire ait été atteint, en ce qui concerne les matières essentielles, à savoir : la lecture, l'écriture, le calcul ; il doit surtout posséder une intelligence nette des vérités de la religion et une connaissance suffisante des saintes Écritures.

» Art. 59. Tout enfant qui atteint l'âge où commence l'obligation de l'école (*das schulpflichtige alter*), doit, pendant le temps fixé par la loi, recevoir l'enseignement de l'instituteur préposé au cercle de l'école (*schulbezirk*).

» Art. 60. Il y a dispense de l'obligation pour l'enfant de fréquenter l'école du cercle, quand les parents, tuteurs, etc., prouvent que, soit chez eux, soit ailleurs, ils l'instruisent ou le font instruire d'une manière suffisante.

» Art. 64. Nul enfant ne peut, sans excuse valable, manquer aux heures fixées pour l'école. « Ne doit en géné- » ral être considérée comme telle que la maladie, soit de » l'enfant, soit d'un membre de sa famille. » Le *schulvorstand* (comité de l'école) a le devoir de s'assurer si cette raison, ou toute autre, selon les circonstances, est sérieusement admissible.

» Art. 65. Le *schulvorstand* doit employer tous ses efforts pour faire cesser les absences non légitimes. Si ces efforts restent sans succès, l'amende et les autres moyens de contrainte doivent être employés contre les parents, tuteurs, maîtres, etc.

» Art. 67. Quand les parents, tuteurs, etc., n'allèguent que des excuses jugées insuffisantes, ils sont punis, pour une première fois, d'une amende de 5 silbergros à 2 thalers 15 silbergros, ou d'un temps de prison équivalent, et, en cas de récidive, de peines proportionnelles. »

INSTRUCTION MORALE ET RELIGIEUSE.

« La constitution, en reconnaissant le droit qu'a chaque individu de choisir son culte, en établissant une entière égalité entre tous les habitants de la France, ne permet point d'admettre dans l'instruction publique un enseignement qui, en repoussant les enfants d'une partie des citoyens, détruirait l'égalité des avantages sociaux et donnerait à des dogmes particuliers un avantage contraire à la liberté des opinions. Il était donc rigoureusement écessaire de séparer de la morale les principes de toute religion particulière, et de n'admettre dans l'enseignement public l'enseignement d'aucun culte religieux.

» Chacun d'eux doit enseigner dans ses temples par ses propres ministres. Les parents, quelle que soit leur opinion sur la nécessité de telle ou telle religion, pourront alors, sans répugnance, envoyer leurs enfants dans les établissements nationaux, et la puissance publique n'aura point usurpé sur les droits de la conscience, sous prétexte de l'éclairer et de la conduire. »

CONDORCET, 1792.

« Les écoles primaires ne doivent appartenir à aucun culte en particulier et n'enseigner aucun dogme positif. Il ne faut pas tendre à la division des écoles et avoir des écoles spéciales catholiques et des écoles spéciales protestantes. Une école du peuple est pour le peuple tout entier. »

VAN HENSDE.

« Je remarquai qu'il n'y a aucun enseignement moral et religieux dans l'école latine d'Utrecht. C'est le même système que dans l'enseignement primaire. M. Van Hensde me donnait de cette coutume les mêmes raisons qu'on m'avait déjà données : la nécessité de maintenir la tolérance, surtout la nécessité de ne point effaroucher les ministres des différents cultes, l'impossibilité de se passer d'eux pour un tel enseignement et en même temps l'inconvénient de la confier à l'un d'eux en particulier.— Mais pourquoi ne confieriez-vous pas l'enseignement des différents cultes à des ministres de ces cultes? nul n'aurait à se plaindre, et l'école y gagnerait. — C'est ce qui se fait, me dit-il, mais hors de l'école. »

COUSIN.

« Pour voir régner la concorde, l'amitié, la charité entre les diverses communions, *il est nécessaire que l'instituteur s'abstienne de l'enseignement des dogmes de diverses communions.* J'en excepte seulement le cas où un instituteur, dont d'ailleurs la probité et la capacité sont notoires, n'aurait des élèves que d'une seule communion. Sans cela, les enfants apprennent trop tôt qu'ils diffèrent de religion. L'un fait des reproches à l'autre, et beaucoup d'instituteurs ne se mettent pas en peine de l'empêcher. Ce n'est d'abord, à la vérité, qu'un enfantillage : mais cependant les enfants croissent, et l'éloignement augmente de plus en plus, et toute leur religion n'est souvent qu'un faux zèle, que le véritable esprit religieux et la charité chrétienne réprouvent et détestent. »

PIE VII.

GRADES UNIVERSITAIRES.

« Les grades universitaires ont le triple inconvénient *d'uniformiser* l'enseignement (l'uniformité n'est pas l'unité) et de l'*immobiliser* après lui avoir imprimé la *direction la plus funeste*.

» S'il y a quelque chose au monde qui soit progressif par nature, c'est l'enseignement. Qu'est-ce, en effet, sinon la transmission, de génération en génération, des connaissances acquises par la société, c'est-à-dire un trésor qui s'épure et s'accroît tous les jours?

» Comment est-il arrivé que l'enseignement, en France, soit demeuré uniforme et stationnaire à partir des ténèbres du moyen-âge? Parce qu'il a été monopolisé et renfermé, par les grades universitaires, dans un cercle infranchissable

» Si encore les connaissances exigées pour le baccalauréat avaient quelques rapports avec les besoins et les intérêts de notre époque! Si, du moins, elles n'étaient qu'inutiles! mais elles sont déplorablement funestes : fausser l'esprit humain; c'est le problème que semblent s'être posé et qu'ont résolu les corps auxquels a été livré le monopole de l'enseignement. »

F. BASTIAT. Baccalauréat et socialisme.

« Les études telles qu'elles sont, avec leur uniformité, appliquée à toutes les natures d'esprit, sont-elles ce qu'elles doivent être dans un temps comme le nôtre? — Je ne le pense pas.

» En apprenant les mêmes choses à tous les enfants, on ne prépare aucune disposition particulière, on n'a compris aucune vocation, on ne favorise aucun génie pour l'avenir.

» Les études modernes arrivent principalement à ce résultat, qu'elles multiplient les esprits sans vocation; et il n'y a pas de pire fléau. »

LAURENTIE.

« Pour le baccalauréat, on n'exige qu'une version latine faite à l'aide d'un dictionnaire. Qu'arrive-t-il? C'est que les bacheliers, qui ne font pas de compositions françaises, sont inférieurs en littérature à des élèves non bacheliers. »

FR. ARAGO.

« Sept années d'humanités, deux de philosophie, trois de théologie : douze ans d'ennui, d'ambition et de suffisance, sans compter les années que de bons parents font doubler à leurs enfants, pour les renforcer, disent-ils! A quoi donc tout cela sert-il à la plupart des hommes? Quelle utilité le plus grand nombre en tire-t-il dans le monde pour la perfection de ses propres lumières, et pour la pureté de sa diction? Nous avons vu que les auteurs classiques eux-mêmes n'ont puisé leurs connaissances que dans la nature, et que ceux de notre nation, qui se sont le plus distingués dans les sciences et dans les lettres, tels que Descartes, Michel Montaigne, J.-J. Rousseau. etc., n'ent réussi qu'en s'écartant de la route de leurs modèles, et en en prenant souvent une opposée. C'est ainsi que Descartes attaqua et ruina la philosophie d'Aristote : vous diriez que les sciences et l'éloquence sont précisément hors des barrières de nos institutions gothiques. »

BERNARDIN DE SAINT-PIERRE.

LE LATIN.

« Les Grecs, qui n'apprenaient pas le latin, ne manquaient pas d'intelligence, et nous ne voyons pas que les femmes françaises en soient dépourvues non plus que de bon sens. » **BASTIAT.**

« Ce qui était bon à une autre époque peut n'être plus indispensable à l'époque actuelle. Je veux que dans chaque collége on puisse substituer au grec et au latin l'étude des langues vivantes les plus appropriées aux différentes localité. »

F. ARAGO. *Ch. des députés*, 1846.

« J'ai souvent déploré moi-même ces persistances de la routine, qui donnent à une époque l'éducation d'une autre époque, qui enseignent à des Français la langue des Latins et des Grecs... Je veux à chaque époque sa vérité, à chaque génération sa nature. »

LAMARTINE. *Ch. des députés*, 1836.

L'HISTOIRE.

« Qui ose te résister , maudit torrent de la coutume ! N'est-ce pas pour suivre tes erreurs qu'on m'a fait lire l'histoire de Jupiter qui, en même temps, tient la foudre et commet l'adultère? » **SAINT AUGUSTIN.**

« Ce n'est pas qu'il faille mépriser l'*histoire*, par exemple, et n'étudier jamais que des sciences solides qui, par elles-mêmes, perfectionnent l'esprit et règlent le cœur, mais c'est qu'il faut étudier les sciences dans leur rang. On peut étudier l'histoire lorsqu'on se connaît soi-même, sa religion, ses devoirs, lorsqu'on a l'esprit formé, et que, par là, on est en état de discerner, du moins en partie, la vérité de l'histoire des imaginations de l'historien.

» Pauvres enfants, on vous élève comme des citoyens de l'ancienne Rome, vous en aurez le langage et les mœurs; on ne pense pas à faire de vous des hommes raisonnables. »

MALEBRANCHE. *Traité de morale,* ch. **x.**

« Plutarque devint ma lecture favorite. Le plaisir que je prenais à le relire sans cesse me guérit un peu des romans, et je préférai bientôt Agésilas, Brutus, Aristide, à Orondate, Artamène et Juba. *De ces intéressantes lectures se forma cet esprit libre et républicain, ce caractère indomptable et fier, impatient de joug et de servitude, qui m'a tourmenté tout le temps de ma vie.* Sans cesse occupé de Rome et d'Athènes, vivant pour ainsi dire avec leurs grands hommes, je me croyais Grec ou Romain, je devenais le personnage dont je lisais la vie. Le récit des traits de constance et d'intrépidité qui m'avaient frappé me rendait les yeux étincelants et la voix forte. Un jour que je racontais à table l'aventure de Scévola, on fut effrayé de me voir avancer et tenir la main sur un réchaud pour représenter son action. »

J.-J. ROUSSEAU. *Confessions,* liv. **i.**

« Notre admiration était gagnée d'avance aux institutions de Lycurgue et aux tyrannicides des panathénées. On ne nous avait jamais parlé que de cela. A la veille des événements, le prix de composition s'était débattu entre deux plaidoyers à la manière de Sénèque l'orateur, en faveur de Brutus l'ancien et de Brutus le jeune. Je ne sais qui l'emporta aux yeux des juges, de celui qui avait tué son père ou de celui qui avait tué ses enfants ; mais le lauréat fut encouragé par l'intendant, caressé par le premier président et couronné par l'archevêque. Le lendemain on parla d'une révolution, et on s'en étonna, comme si on n'avait pas dû savoir qu'elle était faite dans l'opinion du peuple. »   **CH. NODIER.**

SCIENCES.

« C'est donc *dès l'enfance* qu'il faut appliquer nos élèves à l'étude de l'arithmétique, de la géométrie et des autres sciences qui servent de préparation à la dialectique, mais il ne doit y avoir dans les formes de l'enseignement rien qui les contraigne à apprendre.

» Pour quelle raison ?

» Parce que *l'homme libre ne doit point apprendre en esclave.* Que les exercices du corps soient forcés, le corps n'en profite pas moins que s'ils étaient volontaires. Mais les leçons qui entrent de force dans l'âme n'y demeurent pas.

» Ainsi, mon ami, bannis toute violence des études de ces enfants ; qu'ils s'instruisent en jouant ; par là tu seras plus à portée de connaître leurs dispositions particulières. »

PLATON. *République.*

« Il faut commencer ses études par les sciences les plus nécessaires ou par celles qui peuvent le plus contribuer à la perfection de l'esprit et du cœur. »

MALEBRANCHE.

« Les politiques veulent en un Etat bien réglé, plus de maîtres ès-arts mécaniques que de maîtres ès-arts libéraux. »

RICHELIEU. Testament.

« Partout l'étude de la physique a précédé le règne des lumières et de la sagesse. La connaissance des lois de la nature porte des coups mortels aux opinions superstitieuses, prépare l'extirpation des erreurs et fraie la route de la vérité. Le créateur de la philosophie moderne, l'immortel Bacon, qui, brisant le sceptre de l'école, et du milieu des fausses clartés de son siècle, prévenant par une espèce de révélation toutes les conquêtes de l'esprit humain, s'était élancé dans l'avenir pour y diriger notre marche et régler d'avance tous nos pas, nous offre sans cesse le génie des sciences naturelles comme la vraie colonne lumineuse. »

MIRABEAU. Éducation publique.

« Nous devrions commencer nos études par ce qui tombe sous les sens et qu'on peut apprendre sans presque d'autre secours que celui de la mémoire.

» Ce sont là les choses qui devraient servir de fondement à toutes nos connaissances et non pas des notions abstraites de logique et de métaphysique, car après que les jeunes gens se sont rempli la tête de ces sortes de spéculations abstraites pour ne retirer aucun fruit, ils sont portés à concevoir une chétive idée de la science.

» Plus tôt vous traiterez l'enfant en homme, plus tôt il commencera de l'être. »

LOCKE.

« Montrez toujours à l'enfant l'utilité des choses que vous lui enseignez; faites-lui en voir l'usage par rapport au commerce du monde : sans cela l'étude lui paraît un travail abstrait, stérile et épineux. A quoi sert d'apprendre toutes ces choses, dont on ne parle point dans les conversations, et qui n'ont aucun rapport avec ce qu'on est obligé de faire ?

» A mesure que sa raison augmente, il faut aussi de plus en plus raisonner avec lui. »

FÉNELON.

« Il n'y a rien de tel que d'allécher l'appétit et l'affection des enfants par la curiosité et de leur donner de l'amour et de l'estime pour la science, autrement on ne fait que des ânes chargés de livres. »

MONTAIGNE.

» Vers l'âge de dix ou douze ans, où leur intelligence

s'inquiète et s'empresse d'imiter tout ce qu'elle voit faire, je leur apprendrais comment on pourvoit aux besoins de la société. Je ne leur ferais pas connaître les cinq cent trente arts et métiers qu'on exerce dans Paris, mais seulement ceux qui servent aux premières nécessités de la vie, tels que l'agriculture, les diverses préparations du pain, les arts appelés par notre orgueil mécaniques, tels que ceux de filer le lin et le chanvre, d'en faire de la toile, et de bâtir des maisons. J'y joindrais les éléments des sciences naturelles qui ont fait imaginer ces métiers, les éléments de géométrie et les expériences de physique, qui n'ont rien inventé à cet égard, mais qui expliquent leurs procédés. »

BERNARDIN DE SAINT-PIERRE.

LIVRE SIXIÈME.

Il n'y a point de liberté si la puissance de juger n'est pas séparée de la puissance législative et de l'exécutrice... Si elle était jointe à la puissance exécutrice, le juge pourrait avoir la force d'un oppresseur.

MONTESQUIEU. E. des L. Liv. XI, ch. v.

La puissance de juger ne doit pas être donnée à un sénat *permanent*, mais exercée par des personnes tirées du corps du peuple, comme à Athènes, dans certains temps de l'année, de la manière prescrite par la loi, pour former un tribunal qui ne dure qu'autant que la nécessité le requiert.

De cette façon, la puissance de juger, si terrible parmi les hommes, n'étant attachée ni à un certain état, ni à une certaine profession, devient pour ainsi dire nuisible et nulle.

E. des L. Liv. XI, ch. vi.

Chaque année, à Rome, le préteur formait une liste ou tableau de ceux qu'il choisissait pour faire les fonctions de juge pendant *l'année* de sa magistrature, où il prenait le nombre suffisant pour chaque affaire. Cela se pratique à peu près de même en Angleterre. Et ce qui était très favorable à la liberté, c'est que le préteur prenait les juges du consentement des parties.

Ces juges ne décidaient que des *questions de fait :* par exemple, si une somme avait été payée ou non ; si une action avait été commise ou non.

E. des L. Liv. XI, ch. xvii.

Il faut même que les juges soient de la condition de l'accusé, ou ses pairs, pour qu'il ne puisse pas se mettre dans l'esprit qu'il soit tombé entre les mains de gens portés à lui faire violence.

E. des L. Liv. XI, ch. vi.

Au berceau de la monarchie française, les citoyens avaient le droit d'élire leurs juges.

THOURET. Abrégé des révolutions, p. 3.

Les républiques anciennes n'avaient pas de lois judiciaires pour punir les crimes et reprimer les violences.

ARISTOTE. Cité par VICO.

Les peines sèment la guerre et la haine.

Soyez donc pleins de miséricorde, comme votre père est plein de miséricorde.

Je veux la miséricorde et non point le sacrifice.

Évangile.

En 1427, à Florence, lorsque l'impôt sur le capital y fut établi, *toutes* les peines corporelles y furent abolies.

EDGAR QUINET.

Détruisez les crimes et conservez les hommes.

THOMAS MORUS.

LA JUSTICE UNIVERSELLE.

I.

ORGANISATION JUDICIAIRE.

La justice humaine, qui tient dans ses mains une balance et un glaive, n'y doit plus tenir qu'une balance.

Elle doit peser; elle ne doit plus frapper. L'infaillibilité seule possède ce droit suprême. Or, la justice humaine, qui a condamné Jésus à mourir crucifié, peut-elle se croire et se prétendre infaillible? La justice humaine, ce jour-là, n'a-t-elle pas signé à jamais la condamnation de la justice pénale?

Constater le fait, sans même qu'il dût être besoin de le qualifier délit ou crime, c'est punir le coupable, car c'est le vouer, selon l'indulgence ou la rigueur des temps et des pays, au blâme, au mépris ou à l'exécration. La peine ne doit pas aller au-delà ni rester en deçà. Alors le châtiment du crime commis, c'est le crime constaté; le bourreau du criminel, c'est le criminel lui-même. Le magistrat reçoit contradictoirement les témoignages contraires et les pèse; dès qu'il les a pesés, sa mission est remplie, son œuvre est terminée; il a constaté le fait, il n'a pas condamné l'homme. L'homme n'est plus jugé par l'homme; l'homme n'a plus d'autres juges que sa conscience, son pays et son siècle. Si le fait qui lui a été imputé lui a été imputé à tort, si les témoins ont menti, si le magistrat s'est trompé, la vérité est là qui conserve tous ses droits, sans que la justice en ait rien à redouter; car alors la vérité qui se manifeste est à la justice qui se revise ce qu'un arrêt d'une cour d'appel est au jugement d'un tribunal de première instance.

Quel arbitre plus désintéressé et moins suspect que le siècle où vit l'accusé?

Si ce siècle se trompe, qui aura la prétention d'être plus que lui infaillible et de lui imposer ses arrêts?

Je le demande.

Telle justice pénale, telle justice civile.

Réformer la justice pénale d'un siècle ou d'un pays, c'est donc en réformer implicitement la justice civile.

Rigoureusement et logiquement, la justice civi'e ne devrait point exister comme justice publique, car l'État, être abstrait et collectif, ne devrait intervenir que pour régler ce qui est essentiellement indivisible, conséquemment indivis, nécessairement collectif et exclusivement public.

Il ne devrait y avoir de justice d'État qu'à l'égard de ce qui se rapporte à l'État.

Juges de paix, juges d'appel, juges de cassation, ne devraient prononcer qu'en matière publique de contraventions, de délits, de crimes, de forfaitures, et point en matière privée de contestations civiles ni commerciales.

Toute contestation entre particuliers devrait être vidée par arbitre le plus indépendant, ce qui veut dire le plus désintéressé, qu'il fût incontestablement possible de choisir.

Chacun étant ainsi exposé à être tour à tour arbitre et partie, l'esprit de justice, par l'instinct de réciprocité, ne tarderait pas à devenir moins rare et à entrer plus communément dans les mœurs et dans les transactions, dans les contrats et dans les consciences.

La justice mutuelle serait alors le premier degré de la justice universelle.

Ce degré franchi, le plus difficile serait accompli.

Rien ne nuit plus à la maturité de l'esprit de justice parmi les hommes que cette superstition de la justice, qui les habitue trop généralement à se considérer comme des mineurs assujettis à une tutelle judiciaire et à ne consulter que la jurisprudence, jamais la justice; que le droit, jamais l'équité; que la procédure,

jamais la conscience. Rien n'est plus contraire au sens
moral, rien ne contribue plus activement à le pervertir,
à l'étouffer. Lorsque, par la tortueuse habileté d'un
avoué retors ou l'heureux choix d'un avocat célèbre, on
a gagné un procès qu'on savait être inique, eût-on spo-
lié une veuve, eût-on ruiné des orphelins, eût-on empêché un père de légitimer ses enfants naturels ou de
les adopter, tout scrupule, tout remords est banni par
ces mots : « Cela ne me regarde pas, cela regarde les
juges qui ont prononcé. » L'excès de justice et l'insuffisance de morale se tiennent, comme la cause précède
l'effet.

La justice universelle, c'est la justice absolue; c'est
la justice n'ayant qu'une mesure et qu'un poids pour
tous les peuples, faibles ou forts; pour tous les individus, pauvres ou riches; pour tous les âges, enfance et
adolescence, maturité et vieillesse; pour les deux sexes,
hommes et femmes; c'est la justice renonçant à n'être
qu'un vain symbole pour devenir une vérité appliquée;
la justice universelle enfin, c'est la balance séculaire.

Qu'il n'y ait pour tous qu'une seule balance, comme
il n'y a pour tous qu'un soleil qui éclaire successivement toutes les parties du monde, et la justice universelle aura tout simplifié.

Que de haines qui s'apaiseraient!
Que de rivalités qui s'éteindraient!
Que de préjugés qui s'évanouiraient!
Que d'erreurs qui se rectifieraient!
Que de contestations qui se termineraient
Que de procès qui s'arrangeraient!
Que d'ennemis qui se réconcilieraient!
Que de problèmes qui se résoudraient!
Que de nœuds qui se dénoueraient!
Que d'économies qui s'opéreraient!
Que de misères qui se transformeraient!
Que de larmes qui se tariraient!
Que de plaies qui se sécheraient!
Que de douleurs qui se calmeraient!
Que de maux qui se guériraient!
Que de fronts qui s'abaisseraient!
Que de fronts qui se relèveraient!
Que d'angoisses qui s'abrégeraient!
Que de supplices qui s'épargneraient!
Que d'arbitraires qui s'écrouleraient!

La justice universelle, c'est la réciprocité individuelle.

Elle est contenue tout entière dans cette seule ligne :

« NE PAS FAIRE A AUTRUI CE QU'ON NE VOUDRAIT PAS QU'ON VOUS FÎT. »

A cette règle incontestée, pour qu'elle fût observée, qu'a-t-il manqué toujours et partout ? — L'une de ces deux choses : une sanction évidemment certaine ou un arbitre entièrement désintéressé.

Qui croit au Dieu dont Moïse a écrit la loi, qui croit au Dieu dont le fils a été crucifié, qui croit au Dieu dont Mahomet s'est déclaré le prophète, qui croit au Dieu dont Luther, Mélanchthon, Zwingle, Œcolampade, Calvin, etc., etc., ont réformé le culte, qui croit enfin à un Dieu, souverain juge, porte en soi cette sanction, lumière de sa conscience et but de sa marche, règle de sa conduite et mesure de sa foi.

D'où vient donc que cette sanction, qui devrait être si puissante, est communément si faible ? — Cela ne peut s'expliquer qu'en disant qu'il lui manque la certitude, quelques efforts qui aient été faits, quelques martyres qui aient été endurés pour la démontrer et pour la répandre.

Vains efforts, martyres inutiles et qui devaient l'être, car foi et certitude sont deux mots, dont l'un implique la négation de l'autre. A défaut de cette certitude, que nul n'a pu donner, à défaut de la sanction au-dessus de tous les doutes, il faut donc chercher l'arbitre au-dessus de toutes les influences.

Le constituer serait-il impossible ?

Serait-il impossible d'imaginer une justice pénale, criminelle, civile, qui fût plus simple et moins douteuse que celle qui régit le monde sous tant de noms différents et sous tant de formes diverses, qui punit ici ce que là elle absout, qui tantôt met l'équité au-dessus du droit, et tantôt le droit au-dessus de l'équité ; qui, le plus souvent, a pour règle l'exception, qui partout, à peu près, écarte le vrai Dieu qu'elle proclame, pour ouvrir un passage au faux dieu qu'elle devrait écarter, le faux dieu dont on a tant abusé, et qui se nomme faussement la Nécessité ?

Partout, en effet, je vois en perpétuel désaccord la foi et la loi.

Ce que la foi excuse, la loi le condamne.

Ce que la foi pardonne, la loi le punit.

Ce que la foi prescrit, la loi l'enfreint.

Qu'est-ce donc que la foi? qu'est-ce donc que la loi?

Si la foi, c'est la loi divine, comment au-dessus de la loi divine la loi humaine ose-t-elle se placer, et celle-ci plus que celle-là se croire nécessaire et infaillible?

Sacrilége! sacrilége!

Je ne comprends pas, je n'ai jamais pu comprendre qu'en aucun temps et en aucun pays, la foi transmise ne fût pas toujours la loi vivante; que la loi ne fût pas relativement à la foi ce que le son est à la voix, ce que la parole est à la pensée, ce que la conscience est à la conduite, ce que la matière qui obéit est à la volonté qui commande!

Qui pourrait me nommer un seul peuple qui, considérant l'Évangile comme un livre divin, ait voulu que ses codes en fussent la traduction fidèle? Est-ce ce qu'a fait l'empereur Napoléon? Cependant, il disait de l'É-vangile : « L'Évangile n'est pas un livre, c'est un être » vivant. Le voici, sur cette table, ce livre par ex-» cellence; je ne me lasse pas de le lire... Je connais » les hommes, et je vous dis que Jésus n'est pas un » homme * ».

S'il est un pays qui n'ait pas d'autre code que l'Évan-gile, si ce pays existe, qu'on me l'indique, afin que je le choisisse pour ma patrie d'élection, et que, n'ayant pas eu le bonheur d'y naître, j'aie le bonheur d'y mourir.

La foi, par la bouche de l'apôtre saint Matthieu, com-mande en ces termes :

« Si tu veux être parfait, va, vends ce que tu as, donne-le aux pauvres, et tu auras un trésor dans le Ciel.

» Les derniers seront les premiers et les premiers se-ront les derniers.

» Vous savez que les princes des nations les **MAÎTRI-SENT** et que les grands usent d'**AUTORITÉ** sur elles, *mais il n'en sera pas ainsi entre vous; AU CONTRAIRE, quiconque voudra être grand entre vous, qu'il soit votre* SERVITEUR! *Et quiconque voudra être le premier entre vous qu'il soit votre* SERVITEUR!

» Mais vous, ne veuillez pas être appelés maîtres, car vous n'avez qu'un seul maître et vous êtes tous frères, et

* *Sentiment de Napoléon sur le christianisme*, par de Beauterne.

n'appelez sur la terre personne votre père, car vous n'avez qu'un père, qui est dans les Cieux. Celui qui est le plus grand d'entre vous sera votre serviteur, — car quiconque s'élévera sera abaissé, et quiconque s'abaissera sera élevé.

» Nul ne peut servir deux maîtres, car il aimera l'un et haïra l'autre, ou il sera docile à l'un et méprisera l'autre.

» Vous ne pouvez servir Dieu et Mammon.

» C'est pourquoi je vous dis : Ne vous inquiétez pas de votre vie, comment vous mangerez ; ni de votre corps comment vous le vêtirez. La vie n'est-elle pas plus que la nourriture, et le corps plus que le vêtement ?

» Cherchez premièrement le royaume de Dieu et sa justice, et tout cela vous sera donné en surcroît.

» N'ayez donc point souci du lendemain, demain aura soin de lui-même. A chaque jour suffit sa peine.

» Vous avez reçu gratuitement, donnez gratuitement.

» N'ayez en possession ni or, ni argent, ni aucune monnaie dans vos ceintures, ni sac pour la route, ni deux tuniques, ni chaussures, ni bâton, car à l'ouvrier est due la nourriture.

» Tu aimeras le Seigneur ton Dieu, de tout ton cœur, de toute ton âme et de toute ta pensée.

» Celui-ci est le premier et le plus grand commandement. Et le second semblable à celui-là est : *Tu aimeras ton prochain comme toi-même.* De ces deux commandements dépendent toute la loi et les prophètes. »

La foi, par la bouche de l'apôtre saint Paul, s'exprime ainsi :

« Vous êtes tous enfants de Dieu par la foi en Jésus-Christ ; vous avez été baptisés tous dans le Christ ; vous avez tous revêtu le Christ. Il n'y a plus maintenant ni de juif ni de gentil, ni d'esclave, ni de libre, ni d'homme ni de femme : vous n'êtes tous qu'un en Jésus-Christ.

» Vous n'êtes tous qu'un corps et qu'un esprit, comme vous êtes tous appelés à une même espérance. Travaillez avec soin à conserver l'unité d'un même esprit par le lien de la paix.

» Que chacun recherche, non son propre avantage, mais celui de son prochain.

» Unissez-vous les uns aux autres pour vous soutenir mutuellement comme le Christ vous a unis avec lui pour la gloire de Dieu.

» Maîtres et serviteurs, vous avez les uns et les autres un maître commun dans le Ciel qui n'a point d'égard à la condition des personnes.

» Tenez-vous tous unis ensemble, n'ayant tous qu'un même amour, une même âme et les mêmes sentiments.

Ne faites rien par un esprit de contention ou de vaine gloire ; que chacun, par humilité, croie les autres au-dessus de soi; que chacun ait égard, non à ses propres intérêts, mais à ceux des autres. — Vous, pourquoi condamnez-vous votre frère, et vous, pourquoi méprisez-vous le vôtre? Car nous paraîtrons tous devant le tribunal du Christ.

» Nous sommes les enfants, non de l'esclave, mais de la femme libre.

» Vous avez été rachetés à un haut prix, ne vous rendez plus esclaves des hommes. Vous n'avez point reçu l'esprit de servitude ; vous avez reçu l'esprit de l'adoption divine, cet esprit qui nous rend témoignage que nous sommes enfants de Dieu et cohéritiers du Christ.

» Réglez vos paroles et vos actions comme devant être jugés par la loi de la liberté.

» Tenez-vous donc fermes dans la liberté à l'égard de laquelle le Christ vous a affranchis et ne vous soumettez plus au joug de la servitude.

» Car nous n'avons pas à combattre contre le sang et la chair, mais contre les principautés, contre les puissances, contre les seigneurs du monde, *gouverneurs des ténèbres de ce siècle.* »

La foi, par la bouche de l'apôtre saint Jacques, fait entendre ces paroles :

« Mes frères, vous qui avez la foi en la gloire de Notre-Seigneur Jésus-Christ, ne faites point acception de personnes. S'il entre dans une de vos assemblées un homme ayant un anneau d'or et un habit magnifique et qu'il y entre aussi un pauvre mal vêtu, et qu'arrêtant vos regards sur le riche, vous lui disiez, en lui offrant un siége : « Asseyez-vous ici. » et que vous disiez au pauvre : « Te-» nez-vous là debout ou asseyez-vous à mes pieds, » n'est-ce pas là faire, en vous-mêmes, une différence entre l'un et l'autre, et vous abandonner à d'iniques pensées dans le jugement que vous faites? Si vous avez égard à la *condition des personnes*, vous commettez un péché et vous serez condamnés par la loi comme en étant les transgresseurs.

» Si un de vos frères ou une de vos sœurs n'a pas de quoi se vêtir et manque de ce qui lui est nécessaire chaque jour pour vivre, et que quelqu'un d'entre vous lui dise : « Allez en paix, je vous souhaite de quoi vous ga-» rantir du froid et de quoi manger, » sans leur donner ce qui est nécessaire à leur corps, à quoi serviront vos paroles? *C'est par les œuvres que l'homme est justifié et non pas seulement par la foi.* »

La foi, par la bouche de l'apôtre saint Jean, prescrit ce qui suit :

« C'est de Dieu même que nous avons reçu le commandement : Celui qui aime Dieu doit aussi aimer son frère. Tout homme qui n'aime point son frère n'est point de Dieu.

» Si quelqu'un a des biens dans ce monde et que voyant son frère réduit à la nécessité, il lui ferme son cœur et ses entrailles, comment l'amour de Dieu demeurerait-il en lui ?

» Jugez suivant l'équité. »

La foi, par la bouche de l'évangéliste saint Luc, donne ces commandements :

« A vous qui m'entendez, je vous dis : Aimez vos ennemis, faites du bien à ceux qui vous haïssent.

» Bénissez ceux qui vous maudissent.

» Et à celui qui te frappe sur une joue, présente-lui aussi l'autre ; et si quelqu'un t'ôte ton manteau, ne l'empêche point de prendre aussi ta tunique.

» Et à tout homme qui te demande, donne-lui ; et à celui qui t'ôte ce qui t'appartient, ne le demande point.

» Et comme vous voulez que les autres vous fassent, faites-leur aussi de même.

» Mais si vous aimez seulement ceux qui vous aiment, quel gré vous en saura-t-on ? Car les gens de mauvaise vie font aussi de même.

Et si vous ne faites du bien qu'à ceux qui vous auront fait du bien, quel gré vous en saura-t-on ? car les gens de mauvaise vie font aussi de même.

» C'est pourquoi aimez vos ennemis et faites du bien, et prêtez sans en rien espérer, et votre récompense sera grande et vous serez les fils du Très-Haut, car il est bienfaisant envers les ingrats et les méchants.

» Et ne jugez point et vous ne serez pas jugés ; ne condamnez point et vous ne serez pas condamnés. »

Que fait la loi ?

S'applique-t-elle à faire entrer dans les mœurs et dans les esprits ces idées de liberté, d'égalité, de fraternité ?

Oblige-t-elle celui qui veut être le plus grand à n'être que le serviteur de tous ?

Avant et par-dessus tout, de quoi se préoccupe-t-elle ?

Est-ce de la charité ? — Non, c'est de la propriété.

Dans ses prescriptions et dans ses préoccupations fait-elle passer le pauvre avant le riche ? Non : elle fait passer le riche avant le pauvre ; elle protége l'héritage et poursuit le vagabondage ; elle punit la mendicité et ne punit pas l'oisiveté : elle écrase indirectement le travail sous l'impôt, afin d'en rendre directement au patrimoine le poids plus léger.

Elle punit d'un emprisonnement de deux à cinq ans les chefs ou moteurs de coalitions d'ouvriers, et seulement d'un emprisonnement de six jours à un mois, plus une amende de 200 fr. à 3,000 fr., les coalitions formées entre les chefs d'industrie.

Partout où une révolution ne l'a pas détruit, elle maintient abusivement l'esclavage de l'homme, et je ne sache pas de codes où elle n'ait expressément écrit l'inégalité de la femme *.

Inégalité et légalité sont deux mots synonymes dans les dictionnaires de tous les peuples qui ont des dictionnaires.

Ce que la loi prescrit est le plus souvent le contraire de ce que la foi commande.

* **CODE CIVIL FRANÇAIS :**

213. Le mari doit *protection* à sa femme, la femme *obéissance* à son mari.
214. La femme est *obligée* d'habiter avec le mari et de le suivre partout où il juge à propos de résider.
215. La femme ne peut ester en jugement sans l'autorisation du mari.
217. La femme non commune ou séparée de biens ne peut donner, aliéner, hypothéquer, acquérir à titre gratuit ou onéreux sans le concours du mari dans l'acte ou le consentement prescrit.
224. Dans le cas de divorce, admis en justice pour cause d'adultère, l'époux coupable ne pourra jamais se marier avec sa complice. La femme adultère sera condamnée par le même jugement, et sur la réquisition du ministère public, à la réclusion dans une maison de correction.

CODE PÉNAL :

324. Dans le cas d'adultère de la femme, le meurtre commis par l'époux sur son épouse, ainsi que sur le complice, à l'instant où il les surprend en flagrant délit dans la maison conjugale, est excusable.
337. La femme convaincue d'adultère subira la peine de l'emprisonnement pendant trois mois au moins et deux ans au plus.
339. Le mari qui aura *entretenu une concubine dans la maison conjugale* et qui a été convaincu sur la plainte de la femme, sera puni d'une amende de cent francs à dix mille francs.

Montesquieu établit entre les lois humaines et la religion la distinction suivante :

« Les lois humaines, faites pour parler à l'esprit, doivent donner des préceptes et point de conseils : la religion, faite pour parler au cœur, doit donner beaucoup de conseils et peu de préceptes. »

Distinction subtile ! La loi, conversion des conseils en préceptes, ne devrait être que la sanction pénale de la foi.

Montesquieu, dans le chapitre qui suit celui que je viens de citer, ajoute :

« Les points principaux de la religion des habitants de Pégu sont de ne point tuer, de ne point voler, d'éviter l'impudicité, de ne faire aucun déplaisir à son prochain, de lui faire, au contraire, tout le bien qu'on peut. Avec cela, ils croient qu'on se sauvera dans quelque religion que ce soit. »

Habitants de Pégu, vous avez raison, et je ne demande rien de plus à la justice pour qu'elle suffise à sa tâche et devienne universelle.

Mais l'Évangile lui-même ne prescrit rien de plus ; que dit-il ? Il dit :

« Si tu veux entrer dans la vie, garde les commandements :
» Tu ne tueras point.
» Tu ne commettras point d'adultère.
» Tu ne déroberas point.
» Tu ne diras point de faux témoignage.
» Honore ton père et ta mère et tu aimeras ton prochain comme toi-même. »

Rien de plus simple que la justice pénale telle que je la conçois ; je ne lui demande point d'inventer des tortures et des instruments de supplice qui, pour faire briller la vérité d'une lueur douteuse, font pâlir l'humanité d'une lueur sinistre ; je ne lui demande point de construire des labyrinthes de procédure, sous le prétexte menteur de garanties nécessaires à la légitime défense ; non, je ne demande à la justice pénale que d'être le fait judiciairement constaté, et alors il suffira, pour qu'elle devienne la justice absolue, qu'elle soit la vérité relative.

On conviendra que, si la justice humaine se bornait à n'être plus que la justice pénale, et que, si la justice pénale se bornait à n'être plus que l'enquête judiciaire et la constatation publique du fait *, elle serait singulièrement et universellement simplifiée.

Serait-il donc plus difficile d'être arbitre que d'être juré ? Est-il démontré que le président d'assises, dont actuellement la fonction consiste à appliquer la peine à l'accusé ou à renvoyer le prévenu de la plainte, ne fasse pas là une chose superflue, après que le jury a prononcé le verdict de condamnation ou d'acquittement qui admet ou qui écarte l'imputation du fait ?

Si la conscience publique était ce que, livrée à elle-même, elle ne tarderait pas à devenir, ne serait-elle pas de tous les juges le plus redoutable et le plus redouté ? Quelles peines seraient à craindre à l'égal de son blâme, de son mépris, de son exécration, équivalant le plus souvent à l'expatriation pour cause de honte publique ?

Expatriation pour cause de honte publique. — Quelle admirable peine, et comme celle-ci relèverait promptement une nation à ses propres yeux d'abord, et ensuite aux yeux de tous les autres peuples !

Je compare la justice, telle qu'elle existe généralement, à un arbre touffu dont l'épais ombrage empêche, dans l'espace qu'il couvre, toute tige qui a besoin d'air et de jour de pousser, de fleurir et de fructifier.

Dans ce cas, qu'y a-t-il à faire ? — Élaguer l'arbre.

Pour rendre universelle la justice, qu'y a-t-il à faire ? — La rendre plus simple.

La rendre plus simple, afin qu'elle ait plus rarement à suppléer la conscience, que l'on accoutume à se taire lorsqu'il faudrait, au contraire, l'exercer à parler.

M'étant dit qu'à défaut d'une sanction religieuse dont la certitude fût démontrée ; il fallait chercher et trouver un arbitre suprême, au-dessus duquel il n'y eût rien, un arbitre suprême dont la situation fût si haute qu'elle le rendît inaccessible à la multitude des considérations secondaires et qu'elle laissât en chemin tous les soupçons injurieux ; un arbitre suprême dont l'im-

---

* Il existe en Angleterre une juridiction spéciale appelée *Cour d'équité*, où l'on statue sans avoir égard aux lois et sans tenir aucun compte des conventions écrites justifiées par des contrats.

(L'Angleterre comparée à la France.)

partialité, matériellement garantie, fût aussi probable que chose humaine peut l'être, j'ai commencé par poser, pour première assise du nouvel édifice judiciaire, l'indépendance réciproque de la Justice et de l'État.

Où la Justice est dépendante de l'État, — et dire l'État, c'est dire la Force, — la Justice absolue n'existe pas et ne saurait exister ; ce n'est et ce ne peut être que la Justice relative.

C'était l'opinion de Portalis, combattant en ces termes, le 24 brumaire an IV, dans le Conseil des Anciens, la nomination des juges par le pouvoir exécutif :

« Si c'est déjà violer la Constitution que de donner au Directoire le droit de nommer les administrateurs, que sera-ce donc si on lui accorde celui de nommer les juges ? Ainsi la justice naîtrait d'une autorité constituée, elle n'existerait pas par elle-même. Ce troisième pouvoir établi dans la Constitution pour balancer les autres, ne tiendrait plus son existence que de l'un des deux autres ; vous ne devez point, comme l'ancien gouvernement, établir des commissaires, mais des juges, et dans le système qu'on vous propose vous formeriez des commissions et non des tribunaux. Je le demande, est-ce là la justice que la Constitution a assurée à tous les citoyens français ? Il faut que l'ordre judiciaire soit intact : il faut qu'il garde son indépendance dans l'État, comme la conscience la garde dans le cœur de l'homme. S'il en était autrement, les tribunaux ne seraient plus que les instruments des passions et des volontés de ceux qui les auraient créés. »

A la séance de l'Assemblée nationale du 29 mars 1790, Duport s'élevait ainsi contre la perpétuité des magistrats :

« Les juges ne sont pas propriétaires de la justice. Qu'est-ce que des emplois à vie, si ce n'est une véritable propriété ? La perpétuité des juges était une institution utile dans un autre ordre de choses ; elle tenait à l'ancien régime ; elle en était une partie essentielle ; semblable aux priviléges des corps et des individus, elle servait de barrière au despotisme ; mais comme eux elle nuisait à la liberté.

» Des hommes qui savent qu'une fois juges ils ne descendront plus de leur tribunal, sont tentés de regarder leurs fonctions comme une aliénation de la société en leur faveur, et eux comme une classe distincte dans l'État..... En rendant les juges perpétuels, on risque d'affaiblir en eux le sentiment même de la justice. Ce qui constitue la moralité entre les hommes, c'est l'égalité de leurs rapports et la réciprocité de leurs actions. Le motif qui nous rend justes envers les autres, est surtout le désir et le besoin que dans l'occasion on soit juste envers nous.

» Les juges perpétuels ne voient pas leurs égaux dans leurs justiciables ; ils ne voient pas en eux des hommes qui peuvent les juger ou influer sur leur sort. Ils sont donc amenés involontairement à des idées de supériorité, ou au moins de distinction contraires en général à l'idée de justice et d'impartialité.

» Déclarer l'inamovibilité, c'est travailler dans l'intérêt des mauvais juges. »

Dans la séance du 3 mai 1790, d'André, conseiller au parlement d'Aix, l'un des magistrats de France les plus instruits, disait :

« Il n'est pas douteux que des hommes qui seraient juges à vie regarderaient leurs offices comme leur propriété et chercheraient à étendre leurs prérogatives. Il n'est pas douteux qu'à la long e l'esprit de corps attaquerait la liberté. La seule objection qui puisse d'abord être raisonnable est celle-ci : des juges à temps ne seraient pas de bons juges. Je crois, au contraire, que des juges à vie seraient de mauvais juges. Il est certain qu'un magistrat assuré de conserver son état toute sa vie, se fait une routine et n'étudie plus. *On peut sur ce point en croire mon expérience.* Les juges honorés des choix du peuple croiront n'avoir plus rien à apprendre et n'avoir plus qu'à juger. Ainsi, l'inamovibilité est un moyen sûr d'avoir de mauvais juges. Le magistrat à temps, désirant se faire conserver, travaillera et rendra bonne justice. Vous exciterez les gens de loi à se conduire avec désintéressement et probité pour obtenir les suffrages du peuple. »

Rœderer, qui avait été conseiller au parlement de Metz, fermait la discussion par ces paroles :

« Vous avez dès le premier moment de cette discussion montré beaucoup d'empressement à aller aux voix après avoir entendu, contre l'inamovibilité des juges, un magistrat qui avait le droit de la faire absoudre (M. d'André). Je demande comme lui que les juges soient temporaires ; je le demande pour l'intérêt des juges, pour l'intérêt de la justice, pour l'intérêt politique national ; quant à l'intérêt de la justice, je n'ajouterai rien à ce qu'a dit M. d'André ; il est clair à mes yeux que des juges élus pour trois ans, qui pourront être éliminés du tribunal s'ils se conduisent mal et conservés s'ils se conduisent bien, assureront au ministère de la justice ce respect et cette majesté que l'opinion publique lui confère. Quant à l'intérêt des juges, les déclarer inamovibles, ce serait travailler dans l'intérêt des mauvais juges ; déterminer la durée de leurs fonctions et autoriser la réélection, c'est s'occuper de l'intérêt des bons juges; la confiance publique conservera ceux qui se seront montrés dignes de cette confiance. »

Jefferson se prononce en ces termes dans ses *Mélanges politiques et philosophiques* :

« Avant notre révolution, nous étions tous de bons whigs anglais, attachés cordialement à leurs principes de liberté, imbus des mêmes défiances contre le pouvoir exécutif. Cette défiance se fait sentir dans les constitutions de tous nos Etats, et dans celle du gouvernement fédéral nous avons poussé la prétention plus loin que la nation anglaise, en exigeant pour la destitution d'un juge le vote des deux tiers des membres de l'une des chambres; majorité tellement impossible à réunir dans une assemblée d'hommes soumis aux passions et aux préjugés ordinaires, toutes les fois que le juge inculpé présente quelque défense, que nos juges sont réellement indépendants de la nation; *c'est ce qui ne devrait pas exister.* Sans doute, je ne voudrais pas les mettre sous la dépendance de l'autorité exécutive, comme ils s'y trouvaient originairement en Angleterre, mais je regarde *comme indispensable au maintien de notre gouvernement* qu'ils soient soumis à quelque contrôle praticable et impartial, et je pense que, pour être impartial, ce contrôle doit être exercé par le concours des autorités des Etats et des autorités fédérales. Il ne suffit pas de ne choisir pour les fonctions de juges que des hommes honnêtes : tout le monde sait quelle est sur l'esprit de l'homme l'influence de l'intérêt, et comment cette influence fait gauchir le jugement sans qu'il en ait la conscience. Ajoutez aux effets de cette disposition commune ceux de l'esprit de corps et de cette maxime, de cet article de foi propre à la magistrature judiciaire, qu'il est du devoir d'un bon juge d'étendre sa juridiction; puis joignez à cela l'absence complète de responsabilité, et dites-moi comment il serait possible d'attendre d'eux une décision impartiale entre le gouvernement fédéral, dont ils sont eux-mêmes une branche si éminente, et un Etat particulier, dont ils n'ont rien à espérer, ni à craindre.

» Dans le pouvoir judiciaire, les juges des cours supérieures ne dépendent que d'eux-mêmes. En Angleterre, les juges ont commencé par être nommés par un magistrat exécutif héréditaire et destituables à sa volonté; or, comme on avait à craindre et comme on a éprouvé de ce pouvoir les plus grands abus, on a regardé comme une grande conquête d'obtenir que les juges fussent nommés à vie et rendus ainsi plus indépendants de son influence. Mais dans un gouvernement fondé sur la volonté publique, *ce principe agit dans une direction opposée à la liberté et contre cette liberté elle-même.* En Angleterre, d'ailleurs,

les juges ne peuvent être destitués que par le concours
des deux chambres législatives et du pouvoir exécutif;
mais nous les avons rendus *indépendants de la nation elle-
même* ; ils ne peuvent être dépouillés de leurs fonctions
que par leur propre corps, pour quelque vice de conduite
que ce soit, et même pour cause de cette incapacité
qu'amène la faiblesse de l'âge.....

» Où donc est dans notre État le républicanisme ? Il
n'est certainement pas dans notre Constitution : il n'est
que dans l'esprit du peuple. C'est cet esprit qui obrige-
rait même un despote à nous gouverner d'une façon répu-
blicaine. Si tout a bien marché jusqu'ici, c'est à cet esprit
et nullement aux formes de notre Constitution qu'il faut
l'attribuer. Ainsi ce fait, que les adversaires de la réforme regardent comme une raison victorieuse, n'est pas
le fruit de nos institutions, et, n'est au contraire, qu'un
avantage obtenu en dépit d'elles. »

Après avoir constitué l'indépendance réciproque de
la Justice et de la Force, la seconde assise que j'ai posée a été, hormis les cas de forfaiture qui exigent le
déploiement du plus grand appareil , l'unité de juge à
tous les degrés, parce que sans unité point de responsabilité, point de célérité. La justice languit ; or, la justice qui se fait attendre n'est plus la justice.

La troisième assise que j'ai posée a été la rééligibilité,
nouvelle forme de l'inamovibilité, car, en droit, être
constamment rééligible, c'est, en fait, être le plus souvent inamovible. De ce que l'homme peut mourir
chaque jour, cela l'empêche-t-il de vivre et d'étendre
constamment la durée de son existence moyenne et
probable ?

La quatrième assise, enfin, que j'ai posée a été l'inviolabilité judiciaire de la vie humaine, l'abolition de
toutes les peines afflictives.

Plus d'échafauds et de peine de mort !

Plus de travaux forcés à perpétuité ou à temps !

Plus de déportation !

Plus de détention, de réclusion, ni d'emprisonnement !

Juges de paix, juges d'appel, juges de cassation et
juge d'État, ou Grand-juge, sont tous élus par l'universalité des justiciables.

Ce qui fait la garantie de ceux-ci constitue l'indépendance de ceux-là

Le juge de paix, qui remplit les fonctions de juge
de première instance et de juge d'instruction, est tou-

jours élu dans l'étendue du ressort d'appel où il est né, marié, ou domicilié, tandis que le juge d'appel ne siége jamais au chef-lieu du ressort dans lequel il est né, domicilié ou marié. Ainsi sont conciliées les deux garanties opposées.

Le jury de trente-six membres, tel qu'il est composé, n'ayant plus de raison d'être par suite de l'élection des juges, cesse d'exister.

Effectivement, à quoi bon des jurés lorsqu'il n'y a plus en instance et en appel que des juges du fait?

Ainsi, le jury universel et élu remplace le jury partiel et tiré au sort.

En réalité, le Grand-juge, c'est le chef du grand jury, et le grand jury, c'est l'unité de justice.

Le Juge d'État est l'unité du pouvoir judiciaire, comme le Maire d'État est l'unité du pouvoir administratif.

Le Juge d'État et le Maire d'État étant réciproquement indépendants l'un de l'autre, de cette indépendance, on l'aperçoit tout de suite, naît un Monde nouveau.

Qui, plus que toute chose, a contribué à perpétuer le vieux monde, le monde de l'intolérance, de la guerre, de la conquête, de l'esclavage, de l'ignorance, de l'inégalité et de l'iniquité? La dépendance de la Justice, *instrumentum regni*.

La Justice frappe les peuples, elle ne frappe pas les Rois.

Les Rois commandent à la Justice; la Justice ne leur commande pas.

La Justice a donc au-dessus d'elle la Politique.

La Justice a donc deux poids et deux mesures?

La Justice qui a deux poids est-elle la Justice?

J'ai voulu qu'enfin elle existât sur la terre, et je n'ai cessé de chercher qu'après avoir trouvé une organisation judiciaire qui fût un niveau au-dessous duquel pussent et dussent passer toutes les têtes, les plus humbles mais aussi les plus hautes.

Le juge d'État, le Grand-juge, présidant la Cour nationale de justice, connaît de toutes les forfaitures qui lui sont juridiquement dénoncées et casse tous les règlements d'administration publique, centrale ou locale, qui lui sont juridiquement déférés comme portant atteinte aux libertés déclarées inviolables.

C'est là ce qui constitue sa suprématie.

Mais, à son tour, il a besoin, pour que ses arrêts soient exécutés, de l'appui de la force, dont le dépô réside exclusivement dans les mains du Maire d'Etat ; cette division des pouvoirs, division réelle et non factice, est ce qui rétablit l'égalité, l'équilibre entre les deux suprématies : l'une, celle du juge d'Etat, toute morale ; l'autre, celle du Maire d'Etat, toute matérielle.

Il se peut que du premier coup je n'aie pas atteint le but, mais du moins, j'en ai la conviction, j'ai marqué le chemin.

Ce que la méditation a commencé, la discussion l'achèvera.

II.

RÉFORME PÉNALE.

L'INSCRIPTION DE VIE, OU POLICE D'ASSURANCE GÉNÉRALE ET SPÉCIALE, qui est à l'impôt, converti en assurance, ce que l'essieu est à la roue, ce que le gond est à la porte, est l'axe sur lequel tourne la société.

L'INSCRIPTION DE VIE, l'inscription individuelle et universelle, n'a pas seulement pour objet la perception de l'impôt forcé transformé en prime volontaire ; l'INSCRIPTION DE VIE a encore un autre effet, c'est de donner le moyen d'abolir toutes les peines afflictives :

Peine de mort,
Travaux forcés à perpétuité,
Déportation,
Travaux forcés à temps,
Détention,
Réclusion.

La pénalité est d'origine servile. A Rome, le citoyen

libre qui avait encouru la sévérité de la loi était déclaré ESCLAVE DE LA PEINE, *servum pœnæ*.

Cet esclavage mérité avait pour but et pour effet de le dépouiller de son inviolabilité.

L'esclave pouvait être condamné aux pénalités les plus sévères et aux supplices les plus cruels.

Déclarer le citoyen libre *esclave de la peine*, fut le moyen de lui appliquer les peines serviles.

En France, pendant longtemps, on dégrada le noble afin de pouvoir le punir.

Plus tard, on ennoblit certaines peines, de manière à les rendre applicables au noble.

« La peine est infamante ou non infamante. Ce n'est pas le crime, pas même la condamnation : c'est le genre de peine ou le mode de son exécution qui comportent l'infamie... Le fouet donné par le bourrreau est infamant; par le geôlier, sous la custode, il ne l'est pas... En France, le fouet sous la custode est seul applicable aux nobles. »

ORTOLAN.

L'assimilation du noble au serf, dans la pénalité, s'opère ainsi progressivement.

Le noble et le serf reproduisent les mêmes phénomènes dont le citoyen romain et l'esclave ont donné le spectacle.

« *Sera puni selon la qualité des personnes...* cette formule est de style dans les lois criminelles de tous les États européens. Selon que le coupable est de vile ou de noble condition, la condamnation varie. »

ORTOLAN.

Après la révolution de 1789, l'une des premières réformes entreprises fut celle de la législation pénale.

« Chaque révolution politique amène ordinairement sa législation pénale » **ORTOLAN.**

Montesquieu a dit :

« Il serait aisé de prouver que dans tous ou presque dans tous les États de l'Europe, les peines ont diminué ou augmenté à mesure qu'on s'est plus rapproché ou plus éloigné de la liberté. »

En effet, lorsque l'on remonte assez haut dans l'antiquité, nulle trace de pénalité autre que la *satisfaction volontaire* n'y apparaît.

« L'âge primitif est un âge de simplicité et d'igno-

rance sous le rapport de la civilisation matérielle ; mais
c'est en même temps un âge d'innocence et de connaissance des vérités religieuses transmises par la tradition

» Le droit de punir n'est pas encore une institution sociale, c'est une vengeance particulière. »

ALBERT DU BOYS. *Histoire du droit criminel.*

A la vengeance se substitue la *composition (doma-
ges-intérêts)*. Le coupable veut racheter son crime :
l'offensé y consent. La coutume intervient, sanctionne
et fait de l'usage une règle obligatoire : telle est la justice criminelle des temps primitifs.

« A cette époque, sur toutes les parties de l'Europe où
s'étend cette barbarie, on trouve pour point de départ de
la pénalité la vengeance privée... Plus tard, le caractère
cupide du barbare fait naître une habitude nouvelle, celle
du rachat de la vengeance... La coutume la change en
règle... C'est là ce qu'on nomme **COMPOSITION.** »

ORTOLAN. *Introduction historique au droit pénal.*

« Des hommes d'une science et d'un esprit rares ont été
très frappés non-seulement du respect pour la personne
et la liberté de l'homme qui paraît dans ce genre de peine
(*la composition*), mais de plusieurs autres caractères qu'ils
ont cru y reconnaître... Quel est, dès qu'on considère les
choses sous un point de vue élevé et moral, quel est le
vice radical des législations pénales modernes ? Elles
frappent, elles punissent sans s'inquiéter de savoir si le
coupable accède ou non à la volonté de la loi ; elles agissent uniquement par voie de contrainte... La composition
suppose, entraîne l'aveu du fait par l'offenseur ; elle est
de sa part *un acte de liberté*, il peut s'y refuser... En sorte
que la composition a comme peine des caractères beaucoup plus moraux que les châtiments de législations
plus savantes.

» La loi salique semble porter à la personne et à la liberté
des hommes un singulier respect... *L'unique peine écrite, à
vrai dire, dans la loi salique, est la* **COMPOSITION,** wehrgeld
wedrigeld (argent de défense, garantie)... La composition
est le premier pas de la législation criminelle hors du régime de la vengeance personnelle : le droit caché sous
cette peine, le droit qui subsiste au fond de la loi salique
et de toutes les lois barbares, c'est le droit de chaque
homme de se faire justice soi-même, de se venger par
la force, c'est la guerre entre l'offenseur et l'offensé. La
composition est une tentative pour substituer un régime
légal à la guerre. C'est la faculté donnée à l'offenseur de
se mettre, en payant une certaine somme, à l'abri de la
vengeance de l'offensé. Elle impose à l'offensé l'obligation de renoncer à l'emploi de la force...

» L'offensé a eu longtemps le droit de choisir entre la composition et la guerre, de repousser le wehrgeld et de recourir à la vengeance... La composition ne fut d'abord qu'un essai assez peu efficace pour mettre fin à la lutte désordonnée des forces individuelles... Au début, il n'existe entre les hommes que des inégalités peu variées et peu puissantes... Il n'y a point non plus ou presque point de puissance publique. Les hommes ne sont donc fortement gouvernés, ni par d'autres hommes, ni par la société ; leur liberté est réelle ; chacun fait à peu près ce qu'il veut, selon sa force, à ses risques et périls... L'inégalité se prononce entre les hommes... Une force collective s'élève... Naissent, d'un côté, l'aristocratie ; de l'autre, le gouvernement, c'est-à-dire deux modes de répression des volontés individuelles, deux moyens de soumettre beaucoup d'hommes à une autre volonté que la leur.

» A leur tour, les remèdes deviennent des maux : l'aristocratie opprime, la puissance publique opprime, l'oppression amène un désordre différent du premier, mais profond et intolérable. Cependant, au sein de la vie sociale, par le seul effet de sa durée, par le concours d'une multitude d'influences, les individus, *seuls êtres réels*, se sont développés, éclairés, perfectionnés.

» Alors, de même qu'il y avait eu effort pour la création de la défense publique et au profit de l'inégalité entre les hommes, de même un effort commence vers un but contraire, vers la réduction de l'aristocratie et du gouvernement, c'est-à-dire que la société tend vers un état qui, extérieurement du moins, et à n'en juger que sous ce rapport, ressemble à ce qu'elle était dans son premier, à un libre développement des volontés individuelles, à cette situation où chaque homme fait ce qu'il veut, à ses risques et périls.

» La composition pécuniaire suppose, entraîne l'aveu du tort par l'offenseur ; elle est de sa part un acte de liberté ; il peut s'y refuser et courir les chances de la vengeance de l'offensé ; quand il s'y soumet, il se reconnaît coupable et offre la réparation du crime. De son côté, l'offensé, en acceptant la composition, se réconcilie avec l'offenseur : il promet solennellement l'oubli, l'abandon de la vengeance en sorte que la composition a, comme peine, des caractères beaucoup plus moraux que les châtiments de législations plus savantes.

» Si la liberté a péri à l'entrée de la carrière sociale, c'est que l'homme n'a pas été capable d'y avancer en la gardant ; qu'il la reprenne et l'exerce de plus en plus, c'est le but, c'est la perfection de la société. »

GUIZOT. Histoire de la Civilisation
en France, T. 1er, p. 340.

Alors apparaît dans le *droit d'asile* comme une imitation du *droit d'exil* en usage à Athènes, à Sparte et à Rome :

« Au moyen-âge, le coupable n'a qu'à passer le bras dans l'anneau des portes de l'église. En plusieurs pays, son plus sûr asile est le manteau d'une femme. Qu'elle prenne sous sa manche la tête du fugitif, personne n'osera l'assaillir, même avec des rosées, etc.

» Généralement les lois antiques donnent du temps au coupable pour vouloir guérir : s'il ne se sent pas mûr pour l'expiation, il peut fuir au prochain asile, aux autels, à son propre foyer, qui est aussi un autel ; personne ne l'en arrache. La loi juive reconnaît *des villes d'asile.* »

MICHELET.

La rigueur de la pénalité croît avec l'esprit de domination :

» Le roi prétend au droit de juger comme à un accessoire nécessaire de son pouvoir. Dans le cas où il serait resté, comme Melchisédech, comme Numa, pontife de son peuple, il pourrait réussir au moyen de la religion. Mais s'il s'est élevé un sacerdoce... à côté de son trône, toute prétention de sa part à la judicature, surtout en matière criminelle, serait impuissante à se faire admettre. La famille voudrait conserver le droit de vengeance particulière comme un inaliénable héritage, comme une tradition... Partout et toujours l'abolition de la vengeance privée ne pourra être due qu'à l'autorité de l'inspiration prophétique ou sacerdotale.

» La pénalité est atroce « dans l'âge théocratique, » parce qu'elle doit avoir les caractères de l'infini, comme la Divinité qu'elle a la prétention de vouloir venger. Il en est ainsi dans toute fausse religion, et la même observation s'applique aux peuples qui professent la véritable, si le pouvoir civil, sans consulter les ministres du culte, crée et fait exécuter lui-même les lois pénales en matière de crimes religieux. Ce genre d'erreur tient à la confusion des deux pouvoirs, que le catholicisme tend plus que toute autre religion à distinguer et à séparer.

» Dans l'âge héroïque, la pénalité est encore dure et inflexible, surtout à l'égard des serfs et des plébéiens. »

DU BOYS.

« Les pénalités du dix-huitième siècle sont horribles, et les peines sont des instruments de vengeance et de terreur. Elles sont exagérées et cruelles. La mort est prodiguée. La privation de la vie n'est pas le plus haut supplice ; on a inventé la mort exaspérée : le feu, l'écartèlement, la roue, la strangulation, le knout, le glaive, l'enterrement tout vif, le sac... »

ORTOLAN.

Ces rigueurs donnent lieu aux observations qu'on va lire :

« Je vais ouvr'r à vos yeux les annales du monde. Si ces sanglantes législations dont je vais parcourir les tableaux n'ont pas épouvanté les crimes; si, *au contraire, ils semblent renaître avec plus de rage* sous la verge de fer qui les frappe : si, d'un autre côté, les pages de l'histoire sont moins souillées de forfaits lorsque les législations douces et modérées ont réglé les empires, la question, alors, sera décidée. De ce tableau comparatif et analytique résultera cette conclusion épouvantable, que, pendant des siècles entiers, le sang des hommes a coulé sur la terre comme l'eau des fleuves, sans qu'il soit résulté autre chose de ces assassinats juridiques, qu'un malheur de plus ajouté à la liste effroyable des malheurs et des fléaux dont l'homme est en tout temps, en tout lieu, le victime sans cesse renaissante.

» Est-ce dans ces siècles horribles, est-ce sous la domination barbare de Tibère, de Caligula, etc., qu'en voyant plus de supplices, on vit moins de crimes?

» Venez, ô malheureux partisans de la sévérité, fouillez, si vous en avez le courage, ces annales épouvantables que je ne lis qu'en frissonnant! Dites-nous si alors la vertu était plus en honneur, les mœurs plus douces, les dieux plus vénérés, les biens et la vie des hommes plus respectés que sous le régime humain et doux des Titus, des Trajan ?»   **CHAUSSARD.**

« On peut encore observer que les lois atroces ne sont ou n'étaient qu'un reste hideux, conservé par la routine, de l'ancienne jurisprudence contre les esclaves, et cela malgré la liberté dont l'Europe se vante, malgré l'abolition de l'esclavage. Ainsi, le résultat de l'abolition de l'esclavage ne fut pas d'abolir les lois bien dures que l'on avait portées contre les esclaves, mais de les étendre aux hommes libres, pour lesquels ou plutôt contre lesquels on ne les eût jamais faites. »   **LAUZE DE PÉRET.**

« On exécute un criminel. Son supplice devient un spectacle pour la plupart de ceux qui y assistent; un petit nombre l'envisage avec une pitié mêlée d'indignation. Que résulte-t-il de ces deux sentiments? Rien moins que la terreur salutaire que la loi prétend inspirer... Il arrive au spectacle d'un supplice la même chose qu'au spectacle d'un drame; et comme l'avare retourne à son coffre, l'homme violent et injuste retourne à ses injustices.

» Semblable aux fluides, qui, par leur nature, se mettent toujours au niveau de ce qui les entoure, l'âme s'endurcit par le spectacle renouvelé de la cruauté. Les supplices, devenus fréquents, effrayent moins, parce qu'on s'habitue à leur horreur, et les passions, toujours actives, sont, au bout de cent ans, moins retenues par les roues et les gibets qu'elles ne l'étaient auparavant par la prison. Supposons deux nations où les peines soient proportionnées aux crimes; que chez l'une le plus grand supplice soit l'esclavage perpétuel, et chez l'autre la roue ; j'ose avancer que chacune de ces nations aura une égale terreur du suplice au-delà duquel elle n'en connaît point. Et s'il y avait une raison pour transporter dans la première les châtiments en usage dans la deuxième, la même raison conduirait à accroître pour celle-ci la cruauté des supplices, en passant insensiblement de la roue à des tourments plus lents et plus étudiés, et enfin aux derniers raffinements de cette science barbare.

« On ne peut nier que l'atrocité des peines *ne soit directement opposée* au bien public et au but même qu'elle se propose, celui d'empêcher les crimes... Plus le châtiment sera terrible, plus le coupable osera pour l'éviter. Il accumulera les forfaits pour se soustraire à la punition due à un seul, et la *rigueur des lois multipliera les crimes*, en punissant trop sévèrement le criminel. Les pays et les siècles où l'on mit en usage les plus barbares supplices *furent toujours déshonorés par les plus monstrueuses atrocités*... Ce n'est point par la rigueur des supplices qu'on prévient plus sûrement les crimes, mais par la *certitude de la punition*.

» Tout législateur sage doit chercher plutôt à empêcher le mal qu'à le réparer, puisqu'une bonne législation n'est que l'art de procurer aux hommes le plus grand bien-être possible et de les garantir de toutes les peines qu'on peut leur ôter, d'après le calcul des biens et des maux de cette vie.

» Mais les moyens que l'on a employés jusqu'à présent sont pour la plupart insuffisants ou contraires au but que l'on se propose.

» A quoi l'homme serait-il réduit, s'il fallait lui interdire tout ce qui peut être pour lui une occasion de mal faire? Il faudrait commencer par lui ôter l'usage de ses sens.

» Voulez-vous prévenir les crimes? Que la liberté marche accompagnée des lumières.

» Si vous prodiguez les lumières au peuple, l'ignorance et la calomnie disparaîtront devant elles. »

BECCARIA.

« L'expérience a fait remarquer que dans les pays où les peines sont douces, l'esprit du citoyen en est frappé, comme il est ailleurs par les grandes.

» La sévérité use le ressort de la pénalité..... On établit une peine cruelle qui arrête le mal sur-le-champ, mais on use le ressort du gouvernement. L'imagination se fait à cette grande peine comme elle s'était faite à la moindre, et comme on diminue la crainte pour celle-ci, l'on est bientôt forcé d'établir l'autre dans tous les cas. Les vols sur les grands chemins étaient communs dans quelques États : on voulut les arrêter : on inventa le supplice de la roue, qui les suspendit pendant quelque temps. Depuis ce temps, on a volé comme auparavant sur les grands chemins.

» Après l'expulsion des décemvirs, presque toutes les lois qui avaient fixé les peines furent ôtées. On ne les abrogea pas expressément ; mais la loi Porcia ayant défendu de mettre à mort un citoyen romain, elles n'eurent plus d'application.

» Il ne faut point mener les hommes par les voies extrêmes : on doit être ménager des moyens que la nature nous donne pour les conduire. Qu'on examine la cause de tous les relâchements, *on verra qu'elle vient de l'impunité des crimes et non pas de la modération des peines.*

» Suivons la nature, qui a donné aux hommes la honte comme leur fléau : et que la plus grande partie de la peine soit la honte de la souffrir.

» La nature est juste envers les hommes ; elle les récompense de leurs peines, elle les rend laborieux, parce qu'à de plus grands travaux, elle attache de plus grandes récompenses. Mais si un pouvoir arbitraire ôte les récompenses de la nature, on reprend du dégoût pour le travail, et l'inaction paraît le seul bien.

» La sévérité des peines est tout entière du génie des gouvernements despotiques. »

MONTESQUIEU.

« On ne peut qu'admirer les excellentes choses que dit Montesquieu sur l'inefficacité des punitions barbares ou seulement trop sévères, sur le triste effet qu'elles ont de multiplier les crimes, au lieu de les diminuer, parce qu'elles rendent les mœurs atroces et les sentiments féroces. » **DESTUTT DE TRACY.**

« *Là où les supplices les plus cruels ont existé, les crimes les plus atroces se sont manifestés.* Car, ainsi que le remarque Bentham, les malfaiteurs s'endurcissent à la pensée du sort qui les menace, et leurs actes les plus effroyables de barbarie ne sont alors que des représailles. »

FAUSTIN HÉLIE. *Théorie du Code pénal*, p. 104.

« Par toute l'Europe, chez toutes les nations, on trouve trois grandes phases de la pénalité. Dans la première, la peine n'existe pas : il n'y a que la vengeance privée et le rachat à prix d'argent. Dans la seconde, la peine apparaît tout d'un coup avec des raffinements de cruauté inouïs. Dans la troisième, elle va s'adoucissant. »

ORTOLAN.

Par *prisons pour peines*, la loi désigne :

Les *bagnes*, pour les condamnés aux travaux forcés ;

Les *forteresses*, pour les condamnés à la détention ;

Les *maisons de force*, pour les condamnés à la réclusion ;

Les *maisons de correction*, pour les condamnés à l'emprisonnement.

Il existe, en France, trois bagnes : Rochefort, Toulon et Brest. Au commencement de ce siècle, la population de ces trois bagnes était de 7,689 forçats. En 1830, on en comptait 8,568 ; au 24 février 1840, elle s'élevait à 7,953 ; au 1er janvier dernier, elle était réduite à 7,690, ainsi répartis : 3,873 à Toulon, 2,831 à Brest, 986 à Rochefort. Sur ce nombre, 1,965 sont condamnés aux travaux forcés à perpétuité ; 3,070, de 5 à 10 ans ; 2,239, de 11 à 20 ans ; 282, de 21 à 30 ans ; 41, de 31 à 40 ans ; 23, de 41 à 50 ans ; 9, de 51 et au-dessus.

4,750 (sur 7,696) sont condamnés pour vol, 1,027 pour meurtre, 459 pour attentat à la pudeur, 233 pour incendie, 168 pour assassinat, 162 pour coups et blessures graves, 159 pour faux : 148 comme faux monnayeurs, 24 comme banqueroutiers frauduleux, 26 comme parricides.

Les hommes de 20 à 40 ans forment plus de la moitié de cette population ; on compte 122 jeunes gens de 16 à 20 ans, et 270 vieillards sexagénaires ou septuagénaires. Les *campagnes fournissent plus de la moitié des forçats* : au 1er janvier dernier, on en comptait 4,595 nés dans les campagnes, 2,452 nés dans les villes, 643 d'origine étrangère.

3,992 ne savent ni lire ni écrire ; 2,990 ne le savent qu'imparfaitement ; 91 seulement ont reçu une instruction supérieure à l'instruction primaire.

Dans les chiffres officiels que nous venons de reproduire, ce qui nous frappe, ce qui frappera tout lecteur sérieux, c'est le rapprochement suivant : sur 7,690 condamnés aux travaux forcés, il n'y en a que 1,965 qui le soient à perpétuité ; donc, sauf défalcation de la mortalité, 5,725 cesseront, à l'expiration de leur peine, d'être des *condamnés* pour devenir des *libérés*.

Ils rentreront dans la société.

Sur 7,690 condamnés aux travaux forcés, voilà donc 5,725 professeurs émérites, docteurs ès crimes !

Nous supposons que sur ce nombre de 5,725 libérés,

il y en ait 1,000 dont le repentir ait visité la conscience, et qui aient quitté le bagne avec la ferme résolution de fuir toute tentative, toute occasion de tomber en récidive : comment distinguera-t-on ces 1,000 libérés, vraiment dignes d'intérêt et de confiance, des 4,725 autres libérés sortis du bagne plus criminels qu'ils n'y étaient entrés ?

Première question.

Si on les repousse, que deviendront-ils ?

Deuxième question.

Si, n'ayant de travail que pour un seul travailleur, vous voyez se présenter deux hommes : l'un irréprochable dans son passé, l'autre racheté par son repentir, mais repris de justice, auquel de ces deux hommes la préférence devra-t-elle être donnée ?

Troisième question.

Un rapport de M. Béranger (de la Drôme), à la chambre des pairs, constate en ces termes la progression du nombre des récidives :

« La constante progression des délits est une vérité à laquelle on ne saurait fermer les yeux.

» En moins de vingt ans, il y a eu augmentation de moitié dans les préventions déférées aux tribunaux correctionnels.

» Mais ce qui est de plus en plus affligeant, c'est l'accroissement continuel et en quelque sorte régulier des récidives ; cet accroissement se manifeste tant parmi les accusés de crimes que parmi les prévenus de délits.

» Au 1er janvier 1846, sur une population mâle de 13,583 condamnés, on comptait 4,537 récidives de la première catégorie, et 1,138 de la deuxième, c'est-à-dire que le nombre des individus itérativement condamnés sans avoir subi la peine de la récidive, qui leur était applicable, excédait d'un quart celui des récidivistes frappés de cette peine : ainsi leur nombre total dans les seules maisons centrales était de 5,675, ce qui établissait une progression de 41,78 0/0. »

La peine de l'emprisonnement est donc condamnée par l'expérience : il est prouvé qu'elle n'amende pas et qu'elle n'intimide point.

L'abus que l'on fait de l'emprisonnement, en le prodiguant ainsi qu'on le prodigue pour des contraventions insignifiantes et des délits imaginaires, n'est pas une des moindres causes qui concourent au relâchement des liens sociaux. C'est avec raison que Montesquieu a

dit : « Souvent un législateur qui veut corriger un mal
» ne songe qu'à cette correction, ses yeux sont couverts
» sur cet objet et fermés sur les inconvénients. » Cet
abus ferait regretter le temps, qui nous paraît barbare,
où la *composition* était à peu près l'unique peine écrite
dans la loi salique, ainsi que l'a imprimé M. Guizot.

Sous le régime actuel, les frais de justice s'élèvent
à plus de douze millions *. Dans la réforme pénale que
j'expose, réforme dont toutes les parties se lient, les
délits, je ne dis pas les *crimes*, au lieu de *coûter* à l'État,
lui *rapportent*, car ils se traduisent tous en amendes
et en dommages-intérêts, conformément aux anciens
usages constatés en ces termes par Montesquieu :

« La Loi des Douze Tables ne condamnait au talion que
lorsqu'on n'avait pu apaiser celui qui se plaignait. On
pouvait, après la condamnation, payer les dommages-
intérêts, et la peine corporelle se convertissait en peine
pécuniaire.

» Nos pères les Germains n'admettaient guère que les
peines pécuniaires. »

Aux premiers temps de notre histoire, sous les Mé-
rovingiens, on allait jusqu'à racheter le meurtre ; lorsqu'il s'agissait d'un *Franc* ou *barbare libre*, la somme
à payer variait de 1,800 à 100 sols ; d'un *membre* du
clergé, de 900 à 200 sols ; d'un *colon*, de 100 à 45 sols ;
d'un *serf*, de 100 à 36 sols ; d'un *esclave*, de 150 à 35
sols.

Aucun problème social n'est à la fois plus important et plus difficile à résoudre que le problème des *libérés* ** ; il mérite d'être placé au même rang que le
problème des *bâtards*, qui constituent, en France, une
nation dans la nation, car ils sont au nombre de deux
millions huit cent mille : 1 sur 13.

* Frais de justice criminelle............... 4,354,000
Détention des condamnés,............... 7,660,000
Chiourmes.................. 331,000
       Total... 12,345,000

** POPULATION DES PRISONS. *Moyenne* de 1830 à 1840 : —16,369.
                          de 1840 à 1850 : —18,641.

LIBÉRATIONS.   *Proportion* : 35 0/0.

RÉCIDIVES.   *Proportion* : 62 0/0. { hommes : 37.
                                           { femmes : 25.
                        70 0/0.   Melun.

Dans les termes où ces deux problèmes ont été posés jusqu'à ce jour, ils sont aussi insolubles l'un que l'autre.

En examinant de près et attentivement la Société ou la Loi, qui en est l'expression. on reconnaît que la Société fait ce que ferait une idiote (qu'on me passe la vulgarité de la comparaison) qui retirerait l'écume d'un pot-au-feu pour la jeter dans la cendre, et qui ramasserait ensuite l'écume dans la cendre pour rejeter cendre et écume dans la marmite.

Ce serait de la démence ! Oui sans doute. Eh bien ! n'est-ce pas ce que fait la loi pénale quand elle jette l'écume de la société dans la boue des prisons et des bagnes, pour rejeter plus tard dans la société cette écume mêlée à la boue?

Un individu a commis un des vols qui, aux termes de l'article 401 du Code pénal, sont punis d'un an d'emprisonnement au moins et de cinq ans au plus ; il est arrêté, condamné et conduit dans une des prisons centrales, appelées *maisons de correction.*

Quand il y arrive, quel est le sentiment qu'il éprouve? Est-ce de la honte ? Interrogez les hommes spéciaux, les inspecteurs généraux des prisons, ils vous répondront que le plus souvent c'est de l'humilité. S'il rougit, s'il est embarrassé, c'est d'avoir été condamné pour trop peu, c'est de n'avoir à avouer rien qui égale ou surpasse les hauts faits des vétérans de cette armée du crime dans laquelle il vient d'être incorporé en qualité de recrue. Singulière manière de punir le coupable ! manière plus singulière encore de l'amender !

L'individu qui commet un vol, le commet : d'abord avec la certitude, s'il est découvert et arrêté, qu'il sera logé, nourri et vêtu par l'État ; ensuite avec l'espérance qu'à sa sortie de prison, on ignorera qu'il y est entré : il calcule que, grâce à l'obscurité dans laquelle la société est plongée, il lui suffira de changer de résidence ou de nom.

Souvent, trop souvent ce calcul se trouve juste.

Ainsi dans la prison la honte ne l'atteint pas, et il y échappe ou espère y échapper hors de la prison.

Il n'y échapperait pas, il n'espérerait pas y échapper, si tout individu français ou étranger était muni de l'inscription de vie ou de la police d'assurance générale dont le modèle a été imprimé à la fin du volume intitulé : l'Impôt.

Cette INSCRIPTION DE VIE est rédigée de telle sorte qu'elle sert d'acte de naissance, de passe-port, de carte électorale, de livret. Aucun renseignement nécessaire n'y est omis ; elle porte avec elle-même son propre contrôle, car elle est visée chaque mois par le percepteur, et une place est réservée au juge de paix pour y consigner la déclaration que le porteur de ladite INSCRIPTION DE VIE n'a encouru aucune condamnation judiciaire, toutes les fois que celui-ci le requiert de l'attester.

Moyennant cette INSCRIPTION DE VIE où tout est transcrit :

Bagnes et prisons deviennent inutiles ;

Le rôle des juges en matière criminelle ou correctionnelle change presque entièrement.

A l'exception des réparations pécuniaires qu'ils continueraient de prononcer, on pourrait dire : ils ne *condamnent* plus, ils *constatent*.

Constater qu'un individu a commis un vol, un faux, un rapt, etc., ce serait lui infliger un supplice égal à celui qui consistait, avant l'ordonnance de 1670, à écrire sur le front du coupable la peine qu'il avait encourue ; car à toute porte inconnue à laquelle il frapperait pour demander un asile, et quelque acte civil ou politique qu'il voulût accomplir, il lui serait demandé d'exhiber son INSCRIPTION DE VIE.

Si, à défaut de sa famille maternelle, il n'avait pas sa Commune natale, la Commune-mère, qui consentît à le prendre sous sa *haute surveillance*, ou, à défaut de sa Commune natale et de sa corporation, un ami solvable qui offrît une caution suffisante, que pourrait-il devenir, et quelle dernière ressource lui resterait-il ?

—Une seule : celle d'obtenir de l'État, presque comme une faveur, qu'il le prît à bord d'un de ses vaisseaux, et qu'il le transportât à l'une des extrémités du monde, dans quelque colonie peuplée de ses pareils. Car aussitôt qu'un seul État aurait consacré par l'usage l'utilité de l'INSCRIPTION DE VIE, ce perfectionnement du passe-port, qui en aurait tous les avantages sans en avoir les inconvénients, cette contre-marque d'entrée et de sortie dans l'amphithéâtre social, il n'y aurait pas de pays civilisé qui ne s'empressât de l'adopter.

Par le fait, tout malfaiteur serait alors condamné,

comme Caïn et comme le Juif-Errant , au supplice de marcher toujours jusqu'à ce qu'il eût trouvé une terre où la civilisation n'eût pas encore pénétré.

Ce serait, dit-on le rétablissement de la *marque !*

Je ne le nie pas; mais ce serait la marque transformée ; ce serait le titre de l'homme vérifié et constaté, comme, dans les hôtels de monnaie, on constate le titre des métaux. Des hommes dont l'INSCRIPTION DE VIE serait immaculée, on pourrait justement dire qu'ils vaudraient leur pesant d'or; tandis que les autres seraient estimés ne valoir moralement que leur pesant d'argent ou de cuivre.

La crainte de la plus légère *constatation* deviendrait une pensée fixe, car l'avoir encourue serait le plus insupportable supplice.

Le ressort de la honte, ce ressort auquel les prisons pour peines ont fait perdre sa puissance d'intimidation salutaire, la retrouverait, telle que Montesquieu l'a décrite en ces termes admirables :

« Suivons la nature, qui a donné aux hommes la **HONTE** comme leur **FLÉAU**, et *que la plus grande partie de la peine soit l'infamie de le souffrir.*

» Que s'il se trouve un pays où la honte ne soit pas une suite du supplice, cela vient de la tyrannie qui a infligé les mêmes peines aux scélérats et aux gens de bien.

» Et si vous en voyez d'autres où les hommes ne sont retenus que par les supplices cruels, comptez encore que cela vient, en grande partie, de la violence du gouvernement qui a employé ces supplices pour des fautes légères.»

Cette pensée de Montesquieu était aussi celle de Mirabeau; on la retrouve consignée dans ce passage du discours qu'il prononça le 28 octobre 1789 :

« Pendant que vous vous occupez des conditions à exiger pour être électeur et éligible, je vous propose de consacrer une idée qui m'a paru très simple, très noble, ce serait d'attribuer aux assemblées du peuple la fonction d'inscrire solennellement les hommes qui auront atteint l'âge de vingt et un ans sur le tableau des citoyens, c'est ce que j'appelle *l'inscription civique* *. Il suffit aujourd'hui à mon but de vous montrer qu'il est important d'apprendre à la jeunesse les rapports qui l'unissent à la patrie, de se saisir de bonne heure des mouvements du cœur humain pour les diriger au bien général, et d'attacher aux pre-

---

* Cette idée de Mirabeau était empruntée à un livre récent de l'abbé Siéyès.

mières affections de l'homme les anneaux de cette chaîne qui doit lier toute son existence à l'obéissance des lois et et aux devoirs du citoyen..... Si vous consacrez le projet que je vous propose, vous pourrez vous en servir dans le *Code pénal*, en déterminant qu'une des peines les plus graves pour les fautes de la jeunesse sera la suspension de son droit à l'inscription civique et l'humiliation d'un retard pour deux, trois ou même pour cinq années. Une peine de cette nature est heureusement assortie aux erreurs de cet âge, plutôt frivole que corrompu, qu'il ne faut ni flétrir, comme on l'a fait trop longtemps, par des punitions arbitraires, ni laisser sans frein, comme il arrive aussi quand les lois sont trop rigoureuses. Qu'on imagine combien, dans l'âge de l'émulation, la terreur d'une exclusion publique agirait avec énergie, et comme elle ferait de l'éducation le premier intérêt des familles. Si la punition qui résulterait de ce retard paraissait un jour trop sévère, ce serait une grande preuve de la bonté de notre constitution politique. Vous auriez rendu l'état de citoyen si honorable qu'il serait devenu la première des ambitions. »

Enfermer un malfaiteur avec des malfaiteurs plus pervertis que lui, ce n'est pas le punir, c'est encore moins le corriger; c'est faire descendre dans son cœur le ressentimentet, ce n'est pas faire monter à son front la honte!

S'il est un moyen de le punir et peut-être de l'amender, c'est de l'exclure de sa corporation, c'est de le renvoyer sous la *haute surveillance* de sa famille, ou de l'interner dans sa Commune natale, à moins qu'il ne préfère s'expatrier, ce qu'il demanderait presque toujours.

Objection :
— Comment! lorsqu'un individu perverti aurait tué, volé ou violé, vous vous borneriez d'abord à constater sur son INSCRIPTION DE VIE qu'il a tué, volé ou violé, et puis vous le renverriez sous la haute surveillance de sa famille ou de sa commune, qui vous en répondraient; et ce ne serait que dans les cas suivants : refus motivé de sa famille ou de sa commune de le recevoir, rupture de ban, récidive, que la transportation serait de droit moins encore comme peine prononcée contre un coupable que comme mesure de police prise contre un être malfaisant? Non; ce n'est pas sérieusement que vous pouvez émettre une telle idée ! Que deviendrait la sécurité de la société?

Réponse :

— La société est-elle plus en sécurité quand elle libère, à l'expiration de leur peine, le repris de justice, le réclusionnaire, le forçat après cinq ans d'existence commune avec les criminels les plus exercés et les plus incorrigibles ! L'écume de la société, après qu'elle a été mêlée à la boue des prisons et des bagnes, est-elle donc moins impure ?

Mais quand j'insiste sur la nécessité, du moins, de supprimer la boue si l'on ne peut supprimer l'écume, est-ce que je m'égare à la recherche du bizarre et ne sachant rien du passé ?

Montesquieu est là pour affirmer le contraire :

« ***Presque toutes les lois de Sylla ne portaient que sur l'INTERDICTION DE L'EAU** et du FEU.* César y ajouta la confiscation des biens, parce que les riches gardant dans l'exil leur patrimoine, ils étaient plus hardis à commettre des crimes. » *(Esprit des Lois*, l. VI, ch. **XIII**.)

« Les législateurs de Rome firent deux choses : ils permirent aux accusés de s'exiler avant le jugement, et ils voulurent que les biens du condamné fussent consacrés pour que le peuple n'en eût pas la confiscation. » *(Esprit des Lois*, l. VI, ch. **V**.)

« Nos pères, les Germains, n'admettaient guère que des peines pécuniaires. Ces hommes guerriers et libres estimaient que leur sang ne devait être versé que les armes à la main. » *(Esprit des Lois*, l. VI, ch. **XVIII**.)

En réalité et en résumé, qu'est-ce que je propose ? — Je propose d'arriver, par le perfectionnement de l'administration, au même but qu'avaient atteint les lois de Sylla. En effet, l'INSCRIPTION DE VIE ou *Police d'assurance générale* équivaudrait à l'interdiction de l'eau et du feu, puisque celui qui aurait une INSCRIPTION DE VIE qu'il n'oserait pas montrer ne saurait où reposer sa tête. Peu d'années suffiraient alors pour écumer la société, pour l'épurer entièrement. Et comme je ne propose pas de supprimer les réparations pécuniaires, telles qu'amendes et dommages-intérêts, on ne saurait invoquer contre moi le précédent de César.

Je propose, sous un autre nom, le rétablissement de *l'exil volontaire*, tel qu'il exista à Sparte et à Athènes :

« La législature crétoise autorise l'exil volontaire des citoyens qui craignent la poursuite des tribunaux. A

Sparte, le coupable s'exile pour se soustraire à la punition encourue. »

PASTORET. Histoire de la Législation.

« La législation athénienne, telle qu'elle vient d'être réformée par Solon, respirait l'humanité et la protection accordée au malheur, même mérité. Les citoyens accusés d'assassinat pouvaient toujours dérober leur vie aux rigueurs de la loi. Comme un temps assez long s'écoulait entre la citation et le jugement, il leur était loisible de s'enfuir s'ils craignaient une condamnation. *Cette faculté leur était donnée même pendant le jugement.* Mais la loi voulait qu'ils se condamnassent à l'exil, espéce de mort civile dans les républiques antiques.

» Il n'est pas sans exemple qu'un accusé de crime capital, plutôt que de perdre en même temps que le beau ciel d'Italie, son droit de liberté et de cité, c'est-à-dire cet ensemble de priviléges et d'habitudes qui composaient la vie morale, préférait à l'exil qui l'eût dérobé au glaive de la justice, la périlleuse chance de la sentence de ses juges.

» Si cette sentence était une condamnation à mort, il la subissait *comme esclave de sa peine, servum pœnæ.* Cette fiction singulière avait été inaugurée par les préteurs et les jurisconsultes pour détruire le caractère d'inviolabilité attaché à la personne du citoyen romain. »

DU BOYS.

Je propose le rétablissement indirect de la peine de *l'interdiction de l'eau et du feu,* telle que l'avait instituée la République romaine.

« C'était l'exil prononcé sous une forme indirecte, laquelle témoignait encore du *respect pour l'inviolabilité du citoyen.* On ne le faisait pas appréhender au corps pour le conduire au lieu destiné; mais on lui interdisait l'eau et le feu, c'est-à-dire les choses nécessaires à la vie dans l'Italie entière. De là, pour le condamné, la nécessité de l'exil. — On reconnaît encore là la tendance qu'avait le droit romain aux fictions légales, pour ne pas blesser ouvertement d'anciens principes dont l'application aurait cessé d'être en harmonie avec les mœurs nouvelles. C'était une manière de concilier le respect du passé et les besoins de l'avenir. »

DU BOYS.

Dans le monde catholique, les peines de *l'exil volontaire* et de *l'interdiction de l'eau et du feu* changent de nom sans changer de nature ; elles prennent le nom *d'excommunication.*

Elles sont l'application de ce précepte de saint Paul :

« N'ayez aucun commerce avec vos frères tombés. »

« La société chrétienne, livrée à elle-même (sous les empereurs romains), fut obligée de se constituer intérieurement avec force... En conséquence, pour éviter de paraître comme citoyens, comme plaignants, comme plaideurs devant ces tribunaux, toujours disposés à les envoyer au supplice comme chrétiens, les disciples des apôtres se créèrent pour leurs affaires civiles une juridiction domestique et établirent entre eux, pour la répression des délits, une sorte de code pénal auquel ils furent tenus de se soumettre, non par la force, mais au nom de la foi qu'ils professaient.

» *Cette juridiction n'a rien de coercitif;* seulement celui qui répudie la juridiction de l'Eglise sait qu'il répudie par là l'Eglise elle-même, et s'abonne à en être éternellement séparé.

» L'excommunication était la peine proprement dite; la pénitence était l'expiation ou la réparation. »

DU BOYS.

Résoudre ainsi le problème des *libérés,* par la suppression des bagnes et des prisons autres que les maisons de dépôt d'arrêt et de justice, est-ce demander la liberté du crime ?

Montesquieu répond :

« Il y a deux genres de corruption : l'une, lorsque le peuple n'observe pas les lois ; *l'autre, lorsqu'il est corrompu par les lois,* mal incurable, parce qu'il est dans le remède même. »

Si les bagnes sont aux lycées ce que les lycées sont aux écoles, si le mal s'y enseigne par préceptes et par exemples, si les coupables s'y endurcissent et s'y instruisent, si les villes défendues aux forçats sont celles où ils abondent le plus volontiers, de ces aveux quelles conséquences doit-on tirer?

N'en doit-on pas tirer cette conséquence :

Qu'il faut fermer les prisons et supprimer les bagnes, puisque les bagnes et les prisons sont des lieux de corruption où la perversité s'aggrave ?

Plus de prisons !

Plus de bagnes !

Où se met la gangrène, coupez le membre !

Ce que je voudrais détruire, c'est précisément cette corruption du peuple par les lois signalée par Montesquieu ;

Ce que j'ai cherché, c'est à rendre le crime impossible en dissipant toutes les ténèbres qui l'encouragent et le facilitent.

J'ai cherché plus encore, j'ai cherché à en étouffer, à en prévenir la pensée par la création d'une société de verre où tout soit transparent, où rien ne puisse rester caché, où la publicité soit ce qu'est le soleil quand il brille.

Il y avait à Rome, dans la loi Valérienne, une peine qui consistait à être RÉPUTÉ MÉCHANT *; un jour, j'en ai la conviction, sous le régime du suffrage universel et de la conscience publique fonctionnant librement comme jury spontané, cette peine sera la seule qui survivra; il n'y en aura jamais eu ni de plus cruelle ni de plus efficace.

C'est par la *Maternité*, telle qu'elle va être exposée dans le livre suivant, c'est par la *Maternité*, la *Commune* et la *Corporation*, qu'on dénouera le nœud social, qu'on éteindra la misère et le paupérisme, qu'on fermera les prisons, qu'on multipliera les écoles, les établissements de crédit et les institutions de prévoyance, qu'on améliorera le sort et l'esprit du peuple, qu'on l'épurera, qu'on en réduira ce qu'on appelle si dédaigneusement « *la lie* » à la proportion la plus faible possible.

Maternité, *Commune*, *Corporation* : voilà les trois degrés qu'il suffit d'organiser pour guérir la misère invétérée, pour réformer le Code pénal, pour résoudre l'insoluble problème pénitentiaire et donner, enfin, à la civilisation le plus puissant essor.

Le désordre ne monte pas, il descend.

Aussitôt qu'on aura fait cesser la confusion qui est en haut, l'ordre ne tardera pas à régner en bas.

La peine de mort est-elle nécessaire pour que les hommes réunis en société jouissent d'une sécurité mutuelle ?

Je n'hésite pas à répondre : Non.

Mais ce n'est pas seulement la peine de mort qui doit disparaître, c'est tout l'ensemble des mesures de répression.

Mesures qui aggravent le mal au lieu de le diminuer !

Constater le crime *commis* doit être désormais son

---

* Nihil ultrà quam improbi famam adjecit.

TITE LIVE.

14.

seul châtiment, châtiment plus terrible que celui qui consiste à le *punir* ; mais, de la rigueur de ce châtiment, le coupable ne pourra s'en prendre qu'à lui-même : s'il le trouve trop dur et trop long, ce sera son affaire de chercher comment, ayant commis la faute, il pourra l'expier, la réparer, l'effacer, se la faire pardonner.

En donnant pour unique châtiment au *crime commis* le *crime constaté*, que fait la société ?

Elle oblige ainsi le coupable à fuir, au bout du monde, le lieu de sa faute ; elle l'oblige, non par un texte de loi, mais par l'impossibilité absolue de s'envelopper dans l'ombre.

Si la publicité, telle qu'elle peut être constituée, faisait luire la lumière dans cette nuit qu'on appelle *la Société*, l'on n'aurait plus besoin ni d'échafauds, ni de bagnes, ni de maisons de force et de correction, ni de Code pénal, ni de jury.

Alors le devoir de la justice serait extrèmement simple, car il se bornerait à constater que tel individu a commis tel jour, en tel lieu, tel meurtre, tel vol, tel faux ou tel autre acte condamné par la conscience publique.

La peine de mort et toutes les peines afflictives pourront donc être abolies dès que la société sera administrée comme elle peut et comme elle doit l'être.

C'est dans l'indélébilité du crime constaté que doit être la punition du crime commis.

C'est l'unique supplice qui fut infligé par Dieu au meurtrier d'Abel.

Dieu ne condamna pas Caïn à mourir, il le condamna à vivre.

Il ne voulut pas qu'il fût tué.

« 12. Vous serez *fugitif et vagabond sur la terre.*

» 13. Caïn répondit au Seigneur : Mon iniquité est trop grande pour en obtenir le pardon.

» 14. Vous me chassez aujourd'hui de dessus la terre et j'irai me cacher devant votre face. Je serai fugitif et vagabond sur la terre. *Quiconque donc me trouvera, me tuera.*

» 15. Le Seigneur lui répondit : Non, cela ne sera pas ; mais quiconque tuera Caïn, sera puni très sévèrement. *Et le Seigneur mit un signe sur Caïn, afin que ceux qui le trouveraient ne le tuassent point.*

» 16. Caïn, s'étant retiré de devant la face du Seigneur,
fut *vagabond sur la terre.* »

GENÈSE, chapitre IV.

Amendes et dommages-intérêts ;
Haute surveillance de la Famille ;
Internat dans la Commune ;
Transportation hors de la Patrie ;
Voilà en quatre lignes tout le nouveau code pénal !

Voilà comment, au moyen de l'INSCRIPTION DE VIE, c'est-à-dire d'une simple feuille de papier, on pourrait arriver, par le perfectionnement de l administration publique, à la plus importante des réformes pénales, à l'abolition de toutes les peines afflictives.

DÉCRET DE L'AVENIR.

ORGANISATION JUDICIAIRE.

—

TITRE PREMIER.

DE LA JUSTICE.

La Justice est rendue au nom d'elle-même et dan
les termes suivants :

Au nom de la Justice.

La Justice est gratuite.

Elle est suprême.

L'élection des juges par les justiciables constitue l'in
dépendance des premiers et la garantie des seconds.

Le pouvoir judiciaire, indépendant du pouvoir admi
nistratif, est élu comme ce dernier par l'universalit
de tous les porteurs d'une *Inscription de vie*. ou *Polic
d'assurance générale* visée pour élection par le Juge d
paix et par le Percepteur.

Toute publicité des débats judiciaires par la voie de l
presse est interdite comme prématurée avant qu'aien
été épuisés tous les degrés de juridiction ou que soien
expirés tous les délais d'appel.

TITRE II.

DU MODE D'ÉLECTION.

Un premier timbre sec apposé sur la *Police d'assurance générale*, au moment du vote, constate que le
droit du porteur s'est exercé pour l'élection annuelle
du Juge d'État ; un deuxième timbre, également appos
au moment du vote, constate que le droit du porteur

s'est exercé pour l'élection annuelle du Juge de paix.

Chaque bulletin ne doit porter qu'un seul nom.

Si le bulletin porte plusieurs noms, le premier nom inscrit est seul lu par le Président et compté par les scrutateurs.

Le vote a lieu aux Sections. Il y a autant de Sections par Justice de paix que l'exige l'agglomération ou la dissémination de la population. Le scrutin est ouvert un seul jour, de six heures du matin à quatre heures du soir. Il est dépouillé le soir même, et le bureau ne se sépare qu'après que le résultat a été proclamé.

Le tableau de recensement des votes est immédiatement transmis de chaque Justice de paix par les présidents du bureau à la questure de la Cour nationale de justice.

Les questeurs en opèrent publiquement le dépouillement et en font connaître jour par jour le mouvement.

L'exercice du droit absolu de choisir en toute liberté le Juge d'État est la garantie qui constitue l'entière indépendance de la Justice, par la séparation absolue du pouvoir judiciaire et du pouvoir administratif.

TITRE III.

DES ÉLECTIONS JUDICIAIRES.

Les élections judiciaires, en France et en Algérie pour la nomination du Juge de paix de la Commune, ont lieu le premier dimanche d'avril de chaque année.

Le candidat, licencié ou docteur en droit, domicilié dans le ressort d'appel, dont le nom a réuni le plus grand nombre de voix, est proclamé Juge de paix.

Il est élu pour un an.

Il est indéfiniment rééligible.

Les deux candidats, licenciés ou docteurs en droit, domiciliés dans le ressort d'appel, qui ont ensuite réuni dans l'ordre de dépouillement des votes le plus grand nombre de voix, sont proclamés suppléants du juge de paix.

Ils sont élus pour un an.

Ils sont indéfiniment rééligibles.

Les élections judiciaires, en France, pour la nomination du juge d'État, des juges de cassation, des juges d'appel et des juges d'appel suppléants ont lieu le premier dimanche de mai de chaque année. Elles ont lieu, en Algérie. deux dimanches avant le premier dimanche de mai.

Le candidat, licencié ou docteur en droit, dont le nom a réuni le plus grand nombre de voix est proclamé Juge d'Etat.

Il est élu pour un an.

Il est indéfiniment rééligible.

Les candidats, licenciés ou docteurs en droit, qui ont ensuite réuni dans l'ordre de dépouillement des votes le plus grand nombre de voix sont proclamés, selon l'ordre de recensement des votes, premièrement juges de cassation, deuxièmement juges d'appel et troisièmement juges d'appel suppléants. pour les cas de maladie, de mort ou d'empêchement.

Ces membres sont également élus pour un an.

Ils sont indéfiniment rééligibles.

TITRE IV.

DES JUGES DE PAIX, D'APPEL. DE CASSATION ET D'ÉTAT.

Il y a un Juge de paix et de première instance, deux suppléants et un greffier par Commune et autant de Juges de paix et de première instance, assistés de deux suppléants et d'un greffier que la Commune compte de fois 10,000 habitants inscrits au registre matricule.

Le juge de paix reçoit une allocation annuelle de 1,500 francs qui s'augmente de 300 francs par chaque 1,000 justiciables immatriculés dans la Commune en sus du nombre minimum fixé à 5,000 habitants.

Le suppléant a droit à la moitié de l'allocation du juge de paix empêché.

Il y a un juge d'appel et un greffier par Département et autant de juges d'appel assistés d'un greffier que ce département compte de fois 100,000 habitants immatriculés.

Le juge d'appel reçoit une allocation annuelle de 15,000 francs.

Le juge d'appel suppléant a droit à la moitié de l'allocation du juge d'appel empêché.

Il y a un juge de cassation et un greffier par Etat, et autant de juges de cassation assistés d'un greffier que l'Etat compte de fois un million d'habitants immatriculés.

Le juge de cassation, n'ayant pas les mêmes frais de déplacement que le juge d'appel, reçoit la même allocation de 15,000 francs par an.

Il y a un juge d'Etat et un questeur au chef-lieu d'Etat.

Le juge d'Etat reçoit une allocation annuelle de 60,000 francs.

Le nombre des justiciables s'élevant en France à 36 millions, il y en a en conséquence :

   1 juge d'Etat.
 35 juges de cassation.
360 juges d'appel.
 36 juges d'appel suppléants.
____
432

TITRE V.

DES JUGES DE PAIX ET DE PREMIÈRE INSTANCE.

Le juge de paix et de première instance connaît des contraventions, des délits, des contestations civiles et commerciales et des débats entre ouvriers et patrons.

En matière de crimes, les fonctions qu'il remplit sont celles de juge d'instruction.

TITRE VI.

DES JUGES D'APPEL.

Le juge d'appel connaît des crimes dont l'instruction a été faite par les juges de paix et de première instance de son ressort et des jugements de ceux-ci dont il a été interjeté appel.

Le juge d'appel ne siége pas dans le ressort où il est né, marié ou domicilié.

Il ne siége deux années de suite dans le même ressort, que si le roulement tel qu'il résulte du tableau de recensement annuel des votes, ne permet pas qu'il en soit autrement.

TITRE VII.

DES JUGES DE CASSATION.

Le juge de cassation connaît des pourvois formés devant la cour nationale de justice.

Le juge de cassation siége au chef-lieu de l'Etat.

TITRE VIII.

DE LA COUR NATIONALE DE JUSTICE.

La cour nationale de justice comprend :

Le juge d'Etat,

Les juges de cassation,

Les juges d'appel,

Les juges d'appel suppléants.

Il y a autant de membres de la Cour nationale de justice que l'Etat compte de fois 100,000 d'habitants immatriculés *.

Les juges de cassation, réunis en cour nationale de justice présidée par le juge d'Etat, connaissent des forfaitures qui leur sont juridiquement dénoncées et sur lesquelles ils ont ordonné une instruction à la majorité des voix ; ils cassent, à la même majorité des voix, les règlements d'administration publique, émanant soit du Maire d'Etat, soit de Maires de Commune, qui leur sont juridiquement déférés, s'il y a empiètement soit de la souveraineté nationale sur la souveraineté communale, soit de la souveraineté communale sur la souveraineté individuelle ou nationale.

* La population de la France étant de 35 millions d'habitants, la Cour nationale de justice se composerait, en conséquence, de 432 membres ;

Savoir :

1 Juge d'Etat.

35 Juges de cassation.

360 Juges d'appel.

36 Juges d'appel suppléants pour les cas de maladies, de
—— morts, d'empêchements.

432 membres.

TITRE IX.

DU JUGE D'ÉTAT.

Le juge d'Etat préside la cour nationale de justice ;
Il prend et porte le nom de Grand-juge.

Il désigne les chefs-lieux de département où devront
se rendre et siéger les juges d'appel et, en cas de refus
ou d'empêchement, il les remplace.

Il administre la justice et prend, à cet effet, tous les
règlements d'administration judiciaire qui ont pour
objet de rendre la justice criminelle plus sûre dans ses
recherches et la justice civile plus prompte dans ses
arrêts.

Ces règlements d'administration judiciaire prennent
le titre de CODE DE PROCÉDURE.

Il publie le premier mars de chaque année le compte
annuel de la justice criminelle et civile.

En cas de mort ou de maladie du juge d'Etat, il est
remplacé ou suppléé selon l'ordre d'inscription des noms
portés au tableau du dépouillement général des votes.
Le mouvement hiérarchique qui en est la conséquence
a lieu en vertu du même principe.

TITRE X.

DES GREFFIERS ET DU QUESTEUR.

Les greffiers de juges de paix reçoivent un traitement de 1,000 fr., qui s'augmente de 200 fr. par chaque
mille justiciables en sus du nombre de 5,000, minimum
fixé par justice de paix.

Les greffiers de juges d'appel et de cassation reçoivent un traitement fixe de 2,000 fr.

Le questeur du juge d'Etat reçoit un traitement fixe
de 20,000 fr.

Le questeur, remplissant les fonctions de *secrétaire
général de l'administration de la Justice*, a sous sa direction le personnel et le matériel des bureaux de la
questure.

TITRE XI.

DE LA QUESTURE.

La questure recense les votes annuels qui ont lieu
pour les élections judiciaires.

Elle centralise la correspondance des juges de paix, des juges d'appel et des greffiers.

Elle expédie les affaires relatives à l'administration de la justice.

Elle classe les documents qui lui sont adressés.

Elle a le dépôt des archives judiciaires.

DISPOSITIONS TRANSITOIRES.

L'institution du ministère public est supprimée.

L'institution du jury, n'ayant plus d'objet par suite de l'élection des juges, cesse d'exister.

DÉCRET DE L'AVENIR.

TITRE PREMIER.

DES CONTRAVENTIONS, DES DÉLITS, DES CRIMES, DES FORFAITURES.

ARTICLE PREMIER.

Toute infraction à un règlement d'administration publique, émanant soit du Maire d'Etat, soit du Maire de la Commune, constitue une *Contravention*.

Toute atteinte à une propriété publique ou privée, tout dommage matériel volontairement causé, toute action frauduleuse, constituent un *Délit*.

Tout attentat à la vie, à la pudeur, à la liberté de l'homme, de la femme, de l'enfant, tout abandon de l'enfant par la mère, toute voie de fait entraînant une incapacité de travail de plus de vingt jours, constituent un *Crime*.

Toute violation des libertés publiques, toute usurpation de pouvoirs, toute tentative d'arbitraire, toute concussion des deniers de l'État, toute prévarication, tout délit, tout crime commis par un fonctionnaire dans l'exercice de ses fonctions, quels qu'en soient le titre et le rang, constituent une *Forfaiture*.

ARTICLE 2.

Toute tentative de forfaiture, de crime ou de délit qui aura été manifestée par un commencement d'exécution, si elle n'a été suspendue ou si elle n'a manqué son effet que par des circonstances indépendantes de

la volonté de son auteur, est considérée comme la *forfaiture*, comme le *crime* ou comme le *délit* même.

TITRE II.

DE LA COMPLICITÉ.

ARTICLE 3.

Seront considérés et punis comme complices d'une
action qualifiée forfaiture, crime, délit ou contravention, ceux qui par dons, promesses, menaces, abus
d'autorité ou de pouvoir, machinations ou artifices coupables, auront provoqué à cette action ; donné des
instructions ou fourni les moyens, armes, instruments
pour le commettre ; aidé ou assisté l'auteur ou les auteurs de l'action, dans les faits qui l'auront préparée ou
facilitée, ou dans ceux qui l'auront consommée.

TITRE III.

DE LA RÉTROACTIVITÉ.

ARTICLE 4.

Nulle contravention, nul délit, nul crime, nulle forfaiture, ne peuvent être punis de peines qui n'existaient
pas avant qu'ils fussent commis.

TITRE IV.

DES PEINES EN MATIÈRE CRIMINELLE ET DE
LEURS EFFETS.

ARTICLE 5.

L'inviolabilité de la vie humaine est reconnue et proclamée.

Désormais le meurtrier qui aura tué ou tenté de
tuer sera condamné au supplice de vivre, voué à l'exécration universelle.

En conséquence la peine de mort est abolie.

Sont pareillement abolies les peines afflictives ci-
après :

Les travaux forcés à perpétuité,

La déportation,
Les travaux forcés à temps,
La détention,
La réclusion.
Sont abolies les peines infamantes ci-après :
Le bannissement,
L'emprisonnement.

ARTICLE 6.

Sont déclarées infamantes les peines prononcées en matière criminelle :

L'internat dans la Commune-mère,
La dégradation civique,
La transportation.

ARTICLE 7.

Par suite de l'abolition des peines afflictives, les maisons de justice, de correction et de détention et les bagnes sont supprimés.

ARTICLE 8.

Si le coupable ne s'est condamné lui-même à la peine volontaire de l'expatriation à perpétuité, la peine de la transportation consistera à être transféré et à demeurer à perpétuité dans un des lieux désignés par un règlement d'administration publique hors du territoire continental de l'État.

Cette peine ne sera jamais prononcée que dans les cas suivants :

Refus motivé de la Commune-mère d'interner le condamné ;

Refus motivé de la famille maternelle d'en accepter la haute surveillance et d'en être la caution publique ;

Absence d'un ami offrant et donnant la caution pécuniaire que le juge aura déterminée ;

Récidive des faits qualifiés crimes ou délits et emportant condamnation à une peine infamante.

ARTICLE 9.

La condamnation volontaire à la peine d'expatriation et la condamnation juridique à la peine de la transportation emportent la dégradation civique.

ARTICLE 10.

La dégradation civique consiste : 1° dans la destitution et l'exclusion des condamnés, de toutes fonctions, emplois ou offices publics ; 2° dans la privation du droit de vote, d'élection, d'éligibilité, et en général de tous les droits civiques et politiques, et du droit de porter aucune décoration ; 3° dans l'incapacité d'être juré-expert, d'être employé comme témoin dans des actes, et de déposer en justice autrement que pour y donner de simples renseignements ; 4° dans l'incapacité de faire partie d'aucun conseil de famille, et d'être tuteur, curateur, subrogé tuteur ou conseil judiciaire ; 5° dans la privation du droit de port d'armes, du droit de faire partie de la garde nationale, de servir dans les armées françaises, de tenir école, ou d'enseigner et d'être employé dans aucun établissement d'instruction, à titre de professeur, maître ou surveillant.

ARTICLE 11.

La peine de l'internat dans la Commune-mère à temps ou à perpétuité consiste à ne pouvoir, pendant le temps fixé par la condamnation, résider ailleurs que dans ladite Commune, sous peine de condamnation volontaire à l'expatriation ou de condamnation juridique à la transportation à perpétuité pour rupture d'internat.

TITRE V.

DES PEINES EN MATIÈRE CORRECTIONNELLE ET DE LEURS EFFETS.

ARTICLE 12.

Les peines en matière correctionnelle sont :

L'interdiction à temps de certains droits civils et de famille ;

L'amende et les dommages-intérêts, séparément ou cumulativement ;

Le renvoi sous la haute surveillance de la famille, et, à défaut de famille, de la Commune-mère ;

L'amende pourra être égale au montant annuel de l'assurance générale sans qu'elle puisse, en aucun cas, descendre au-dessous du dixième.

ARTICLE 13.

Le juge, soit en instance, soit en appel, jugeant correctionnellement, pourra, dans certains cas, interdire, en tout ou en partie, l'exercice des droits civils et politiques suivants : 1º de vote et d'élection ; 2º d'éligibilité ; 3º d'être appelé ou nommé à des fonctions publiques, ou aux emplois de l'administration, ou d'exercer ces fonctions ou emplois ; 4º du port d'armes ; 5º de vote et de suffrage dans les délibérations de famille ; 6º d'être tuteur, curateur ; 7º d'être expert ou employé comme témoin dans les actes ; 8º de témoignage en justice, autrement que pour y faire de simples déclarations.

ARTICLE 14.

Dans les condamnations pour crimes ou délits où il y a lieu au payement d'une amende, la mère, la grand'mère, l'aïeule, et tout autre ascendant dans la ligne maternelle, ou, à leur défaut, la Commune-lieu de la naissance de celui qui a été condamné à l'amende, en sont pécuniairement et civilement responsables, s'ils n'en ont été expressément dispensés par l'arrêt de condamnation (1).

ARTICLE 15.

La famille ou la Commune-mère, sous la haute surveillance de laquelle aura été placé un condamné, sera tenue, en cas d'évasion, sous peine d'amende, d'en informer immédiatement l'officier de paix. L'amende variera de cent francs à dix mille francs.

ARTICLE 16.

Tout condamné à la haute surveillance de sa famille, et, à défaut de famille, de sa Commune, et qui s'y sera soustrait, sera condamné à la peine de l'internat à temps ou à perpétuité.

TITRE VI.

DES PEINES EN MATIÈRE DE CONTRAVENTION ET DE LEURS EFFETS.

ARTICLE 17.

Les peines en matière de contravention sont :
L'amende,
La saisie et la destruction de l'objet déclaré nuisible ou dangereux.

L'amende varie du dixième au centième du montant annuel de l'assurance générale.

TITRE VII.

DE LA CONSTATATION DES FAITS QUALIFIÉS CRIMES OU DÉLITS.

ARTICLE 18.

Toute constatation judiciaire d'un fait qualifié crime ou délit sera consignée sur l'INSCRIPTION DE VIE du condamné.

A cet effet, notification de la condamnation aura lieu dans les trois jours au Juge de paix de la Commune-lieu de la naissance du condamné. Pareille notification devra être également faite dans les trois jours, par ledit juge de paix, au percepteur de la Commune-lieu de la naissance du condamné.

La radiation judiciaire au registre matricule de la Commune de toute constatation judiciairement prononcée équivaudra à la réhabilitation du condamné à la haute surveillance de sa famille ou à l'internat dans la Commune-mère.

TITRE VIII.

DISPOSITIONS TRANSITOIRES.

ARTICLE 19.

Toutes les peines afflictives et infamantes, ou seulement infamantes, prononcées en matière criminelle et correctionnelle antérieurement à la promulgation de la présente loi, sont commuées en celle de l'internat dans la Commune-mère, sous les réserves exprimées dans les articles 8 et 11.

Sont exceptés des dispositions de la présente réforme, les délits et crimes commis par des militaires et soumis à la juridiction militaire.

TITRE IX.

DISPOSITIONS SPÉCIALES.

ARTICLE 20.

Sont effacés du Code pénal tous les prétendus crimes et délits commis par voie de la presse ou de la parole.

ARTICLE 21.

Toute Commune a sa maison d'arrêt.

ARTICLE 22.

Toute arrestation est expressément préventive. La mise en liberté provisoire sous caution ordonnée par le juge compétent est de droit, hors les cas où il s'agit soit d'une accusation emportant une peine infamante, soit d'un cas de récidive.

NOTES DU LIVRE SIXIÈME.

(1) Ce principe de solidarité se remarque dans plusieurs endroits de notre législation.

L'article 1384 du Code civil porte :

« On est responsable non-seulement du dommage que l'on cause par son propre fait, mais encore de celui qui est causé par le fait des personnes dont on doit répondre, ou des choses que l'on a sous sa garde.

» Le père, et la mère après le décès du mari, sont responsables du dommage causé par leurs enfants mineurs habitant avec eux.

» Les maîtres et les commettants, du dommage causé par leurs domestiques et préposés, dans les fonctions auxquelles ils les ont employés.

» Les instituteurs et les artisans, du dommage causé par leurs élèves et apprentis, pendant le temps qu'ils sont sous leur surveillance

» La responsabilité ci-dessus a lieu, à moins que les père et mère, instituteurs ou artisans, ne prouvent qu'ils n'ont pu empêcher le fait qui donne lieu à cette responsabilité. »

L'article 73 du Code pénal est ainsi conçu :

« Les aubergistes et hôteliers, convaincus d'avoir logé pendant plus de vingt-quatre heures quelqu'un qui, pendant son séjour, aurait commis un crime ou un délit, seront civilement responsables des restitutions, des indemnités et des frais adjugés à ceux à qui ce crime ou délit aurait causé quelque dommage, faute par eux d'avoir inscrit sur leur registre le nom, la profession et le domicile du coupable. »

La loi du 10 vendémiaire an IV établit ainsi la solidarité des communes :

ARTICLE 1er.

« Tous citoyens habitant la même commune seront garants civilement des attentats commis sur le territoire de la commune, soit envers les personnes, soit contre les propriétés

ARTICLE 4.

» En cas d'attroupements séditieux, les habitants de la commune, qui prétendraient n'avoir pris aucune part aux délits, et contre lesquels il ne s'élèverait aucune preuve de complicité ou participation aux attroupements, pourront exercer leur recours contre les auteurs et complices des délits.

ARTICLE 5.

» Dans le cas où les rassemblements auraient été formés d'individus étrangers à la commune sur le territoire de laquelle les délits ont été commis, et où la commune aurait pris toutes les mesures qui étaient en son pouvoir, à l'effet de prévenir et d'en faire connaître les auteurs, elle demeurera déchargée de toute responsabilité. »

Faisant l'application de la loi ci-dessus, le tribunal de Toulon a rendu, en 1852, les habitants de la commune de Cuers civilement responsables des attentats commis à force ouverte le 5 décembre 1851, et a condamné la commune de Cuers à payer, à sept de ses habitants, la somme de 16,445 fr.; plus, tous les frais et dépens du procès.

—

ABUS DE L'EMPRISONNEMENT.

Les chiffres suivants prouvent quel abus on fait de l'emprisonnement, sans calculer les conséquences de cette peine sur le moral et la mortalité de ceux qu'elle a frappés :

On a arrêté à Paris, pendant l'année 1852, 21,316 personnes dont 19,695 en flagrant délit.

Sur ce nombre de 21,316, il y a eu 6,228 garçons mineurs et 581 filles mineures.

Ainsi, les enfants sont au nombre de près de 7 mille sur 21 mille, et forment, par conséquent, le tiers des personnes arrêtées à Paris dans le cours de chaque année.

Mais ce sont pour de légères fautes que ces enfants sont arrêtés chaque jour. Il est constaté par la statistique que, parmi les 21,316 individus arrêtés, il y avait 6,414 vagabonds, 2,698 mendiants, 1,396 individus sans asile, c'est-à-dire que l'on a arrêté, en 1852, 10,508 citoyens qui n'ont commis ni crime ni délit.

Sur 21,316 personnes arrêtées dans le cours de l'année 1852, le gouvernement convient que 10,508 n'avaient commis ni crime ni délit. Voilà donc, d'un seul mot, le nombre des prévenus réduit à moitié, c'est-à-dire au chiffre de 10,808, et parmi ceux-là il y a encore un grand nombre d'innocents.

La statistique criminelle dit donc avec raison que le chiffre des arrestations perd beaucoup de sa gravité quand on étudie la cause de chacune d'elles. Elle dit : « Le plus grand nombre n'a pas l'importance que l'on pourrait croire. *Ce sont, le plus ordinairement, de simples actes de résistance aux agents qui font exécuter les lois.* »

AGGRAVATION, PAR CIRCULAIRE, DU RÉGIME DES PRISONS.

« Dans le régime créé par la circulaire du 10 mai 1839, toutes les conditions de la peine ont été transformées pour les détenus de nos vingt-deux maisons centrales de France.

» La contrainte du silence, pendant le travail en commun, est le vrai supplice renouvelé de Tantale : les tâches forcées, la nourriture amoindrie dans ses qualités restaurantes, l'absence de vin, de bière ou de tabac, dont l'habitude plus ou moins enracinée rend la privation atroce et lentement mortelle : la diminution de la quotité dispo nible du salaire telle que chaque détenu ne peut ajouter plus de quinze centimes par jour à sa nourriture réglementaire, et qu'il n'en a souvent que cinq pour acheter le même aliment en double de la prescription quotidienne : Tel est l'abrégé de ce régime par circulaire, qui a doublé la mortalité des prisonniers. »

Dr BOURDET.

ASSURANCE MUTUELLE DE PROBITÉ EN RUSSIE.

« Les *artellschiks* russes forment une compagnie d'assurance mutuelle de probité. Ils répondent les uns pour les autres et restituent, à frais communs, les valeurs que l'un d'eux pourrait soustraire. »

GOLOVINE. *Économie politique*, p. 309.

EFFETS DE LA PUBLICITÉ.

« L'inspection, en Angleterre, s'abstient de toute action sur la discipline sur la direction de l'école, et pourtant son influence y est *considérable*; plus considérable sur les destinées générales de l'enseignement qu'en France même, où cependant elle a directement la main sur les personnes. J'expliquerai ce phénomène par un mot : *Les jugements portés en Angleterre sont* PUBLICS. L'inspection se borne à constater, à comparer, à discuter des résultats, cela est vrai ; mais pour témoin et pour juge de ses appréciations, elle a la puissance la plus redoutée : *l'opinion.* »

EUGÈNE RENDU. *De l'instruction primaire à Londres.*

LIVRE SEPTIÈME.

Pour une république bien constituée, les premières lois devraient
être celles qui règlent les mariages.

PLATON. *Des Lois*, IV.

Qu'il n'y ait point de prostitution entre les filles d'Israël.

Deutéronome, XXIII, 17.

Nous ne sommes pas les enfants de la servante, mais de la femme
libre.

SAINT PAUL. *Épitre aux Gal.*, ch. IV, V. 31.

Chez les Germains, ce n'est pas la femme, c'est le mari qui apporte la dot.

TACITE. *De morib. Germ.*, c. XVIII.

La mère ne peut avoir de bâtard.

Droit romain.

On n'est point l'enfant illégitime de sa mère.

Miroir de Saxe.

Une mère est plus que mille pères, car elle porte et nourrit l'enfant dans son sein ; voilà pourquoi la mère est très vénérable.

Digest of hindu law.

La servitude des femmes est très conforme au genre de gouvernement despotique qui arrive à abuser de tout. Aussi a-t-on vu dans
tous les temps, en Asie, marcher d'un pas égal la servitude domestique et le gouvernement despotique.

MONTESQUIEU. *Esprit des lois.*

Quelle sotte chose que l'opinion publique ! un homme de trente
ans séduit une jeune personne de quinze ans : c'est elle qui est déshonorée.

CHAMFORT.

Une femme est déshonorée parce qu'elle a constaté sa faute par
l'éclat de sa douleur et de sa honte, tandis qu'une autre se met à
couvert de tout reproche par l'excès de son impudence ; et celle-ci
n'est pas même l'objet d'un mépris secret.

DUCLOS. *Considérations sur les Mœurs*, ch. V.

Toute femme que la mère n'a point élevée n'aimera point à élever
ses enfants.

J.-J. ROUSSEAU.

L'avenir d'un enfant est toujours l'ouvrage de sa mère.

L'empereur NAPOLÉON.

Créer des mères est toute l'éducation des femmes.

Mme CAMPAN.

Parmi les maux que notre organisation porte dans son sein, l'augmentation incessante du nombre des enfants nés hors mariage occupe une place importante.

L.-J. KŒNIGSWARTER. *Enfants nés hors mariage.*

LE DOUAIRE UNIVERSEL[*].

I.

La liberté dans le mariage, par l'égalité des enfants devant la mère.

En France, sur 12.971 enfants qui naissent passant pour *légitimes*, 1 est réputé *illégitime*. Plus du treizième. Sur 925.423 naissances déclarées *selon la loi*, le nombre annuel des naissances déclarées *hors la loi* est de 70,043, soit, sur 35,401,701 Français, dernier chiffre du recensement offici el de la population, 2.800,000 bâtards.

A Paris, sur 2,84 enfants qui naissent passant pour *légitimes*, 1 est réputé *illégitime*. Plus du tiers.

A Munich, sur 1,21 enfants qui naissent passant pour *légitimes*, 1 est réputé *illégitime*. Près de la moitié.

En Belgique, dans les *communes rurales*, sur 15,40 enfants qui naissent passant pour *légitimes*, 1 est réputé *illégitime*; et, *dans les villes*, sur 5,60 enfants qui naissent passant pour *légitimes*, 1 est réputé *illégitime*. Plus du sixième.

A Bruxelles, sur 2,50 qui naissent passant pour *légitimes*, 1 est réputé *illégitime*. Plus du tiers.

Partout le nombre des enfants passant pour *légitimes* tend à décroître, tandis que le nombre des enfants réputés *illégitimes* tend à s'accroître; partout, en Angle-

<hr>

* Publié séparément sous ce titre : **LA LIBERTÉ DANS LE MARIAGE PAR L'ÉGALITÉ DES ENFANTS DEVANT LA MÈRE**, ce livre, avec toutes les hypothèses qu'il passe en revue et toutes les notes à l'appui, forme un volume de 128 pages.

terre, en Allemagne, en Autriche, à Naples, en Portugal, à Rome ; déjà le nombre de ces derniers égale, en Europe, le nombre des naissances annuelles ; or, comme cette progression est continue, on peut, dès à présent, prévoir l'époque où ce qui passe maintenant pour la règle deviendra l'exception, et réciproquement.

La statistique confond, sous le nom d'*illégitimes*, les enfants que la loi distingue par ces mots : *naturels, adultérins, incestueux.*

En France, l'enfant naturel n'est point héritier ; la loi ne lui accorde de droit sur les biens de son père ou de sa mère que lorsqu'il a été légalement reconnu. Même dans ce cas, le droit de l'enfant naturel n'est que du tiers de la portion héréditaire qu'il aurait eue s'il avait été légitime.

L'enfant naturel reconnu ne peut réclamer les droits d'enfant légitime.

Toute reconnaissance de la part du père ou de la mère, de même que toute réclamation de la part de l'enfant, peut être contestée par tous ceux qui y ont intérêt.

La recherche de la paternité est interdite. La recherche de la maternité est admise. Mais l'enfant qui réclame sa mère est tenu de prouver qu'il est identiquement le même que l'enfant dont elle est accouchée. Il n'est reçu à faire cette preuve par témoins que lorsqu'il y a déjà un commencement de preuve par écrit.

L'enfant né d'un commerce incestueux ou adultérin n'est jamais admis à la recherche soit de la paternité, soit de la maternité. Il ne peut hériter. La loi ne lui accorde que des aliments.

Lorsque le père ou la mère de l'enfant adultérin ou incestueux lui ont fait apprendre un art mécanique, ou lorsque l'un d'eux lui a assuré des aliments de son vivant, l'enfant ne peut élever aucune réclamation contre leur succession.

Le crime de suppression d'état, crime qui consiste à mettre l'enfant dans l'impossibilité de prouver de quels parents il est né, est puni de la réclusion.

Le condamné à la réclusion est renfermé dans une maison de force ; la durée de cette peine est de cinq années au moins.

Deux millions huit cent mille Français réputés enfants illégitimes, qualifiés de bâtards et mis ainsi hors le droit commun, forment incontestablement une nation dans la nation.

Partout cette proportion tend à s'accroître par deux causes : par l'immense développement de l'industrie manufacturière et par l'immense accroissement des villes.

En 1817, en France, sur 881,570 naissances passant pour *légitimes*, on comptait 62,553 naissances réputées *illégitimes* ; en 1848, sur 880,957 naissances passant pour *légitimes*, on comptait 67,791 naissances réputées *illégitimes*. Augmentation du nombre des naissances réputées *illégitimes*, 5,238.

En 1848, en Belgique, on comptait 1 naissance réputée *illégitime* sur 7 naissances passant pour *légitimes*, dans les villes, et sur 18,09 dans les campagnes ; en 1850, on comptait 1 naissance réputée *illégitime* sur 5,60 naissances passant pour *légitimes*, dans les villes, et sur 15,40 dans les campagnes.

Lorsque les lois admettaient et consacraient l'inégalité des citoyens devant elles, la condition faite aux bâtards pouvait, sinon se justifier, du moins s'expliquer.

S'expliquer n'est plus possible.

Comment expliquer que ce soit l'enfant qui porte là peine de la « *faute* » qu'il n'a pas commise, de la « *faute* » qui a été commise avant même qu'il fût né, qu'il fût engendré, qu'il fût conçu ?

Comment expliquer que ce soit l'enfant privé de l'héritage des biens de son père et de sa mère qui hérite des conséquences de leur conduite condamnée par la loi religieuse et civile ?

Comment expliquer l'inégalité entre enfants de la même mère, lorsque la religion chrétienne, qui, si elle est la vraie, doit être la loi universelle, la règle éternelle, déclare que tous les hommes sont frères, égaux en Dieu et devant Dieu * ?

Cette inégalité entre enfants de la même mère ne saurait s'expliquer ; aussi, quelles qu'en doivent être les conséquences sociales, ne pourra-t-on infirmer par

* « En Jésus-Christ il n'y a plus de distinction entre le maître et l'esclave, entre l'homme et la femme.

» Il n'y a plus maintenant ni de juif, ni de gentil, ni d'esclave, ni de libre, ni d'homme, ni de femme, mais vous n'êtes tous qu'un en Jésus-Christ. »

Saint Paul, *aux Gal.*, c. iii. 18 ; saint Matthieu, c. v. 19.

aucune objection sérieuse la justesse de l'axiome nouveau que je viens proclamer.

Une seule ligne, celle qui suit, résume toute la Révolution de 1789 :

LES FRANÇAIS SONT ÉGAUX DEVANT LA LOI.

Cette seule ligne a suffi pour qu'une immense **révolution** s'accomplît.

Toute une révolution, non moins profonde et non moins féconde, est également contenue en germe dans cette autre ligne, exactement composée du même nombre de mots :

LES FRANÇAIS SONT ÉGAUX DEVANT LA MÈRE.

Ce principe érigé en loi, toute distinction disparaît entre les enfants qui passaient pour *légitimes* et ceux qui passaient pour *illégitimes.*

Tous également portent le nom de leur mère.

Tous également héritent de ses biens.

Tous ont les mêmes droits aux mêmes soins, à la même sollicitude.

Deux millions huit cent mille Français relégués hors du droit commun y rentrent, sinon dans le présent, du moins dans l'avenir,

Le principe de l'égalité civile, vérité relative, fait un nouveau pas vers la vérité absolue.

Il n'y a plus deux nations dans une nation ; une petite contenue dans une grande ; celle-là mise par celle-ci hors le droit commun et le droit naturel. L'homogénéité nationale, qui n'existait pas, est établie sur ce point.

La femme, dont le rôle dans la société avait été dénaturé, recouvre celui qui lui appartient.

L'ordre social, au lieu d'avoir la probabilité pour fondement, a pour fondement la certitude.

J'entends qu'on se récrie et qu'on me dit : « Donner la maternité pour base à l'ordre social qui avait pour base la paternité, c'est l'ordre social renversé. »

Je réponds : « C'est l'ordre factice renversé, mais c'est l'ordre naturel rétabli. »

On reprend et l'on ajoute : « Si telle était, en effet, la véritable base de l'ordre social, il n'eût pas attendu cinq mille ans pour se placer en équilibre sur elle, autrement que sous la forme d'exceptions locales. »

Je réplique et j'ajoute à mon tour : « Est-ce que, jus-

qu'en 1632, l'on n'a pas nié que la terre tournât? Et,
pourtant, est-ce qu'elle ne tourne pas ? »

L'un des plus illustres savants, Laplace, a consigné
dans son immortel ouvrage, le *Système du monde*,
cette observation d'une incontestable vérité : « Les idées
» les plus simples sont presque toujours celles qui s'of-
» frent les dernières à l'esprit humain. »

S'il en est ainsi, et l'histoire des siècles atteste qu'il
en est ainsi, tout étonnement doit cesser.

Lorsque la force est le seul droit qui règne, lorsque
la gloire acquise par la guerre est la seule qui paraisse
enviable et qui soit enviée, lorsque l'homme est libre
et que la femme est captive, lorsque enfin l'homme est
tout et que la femme n'est rien, il découle naturellement de soi-même que l'ordre social ait pour base la
paternité, et que ce soit le nom du père qui se transmette à l'enfant.

Mais, lorsque le droit sera la seule force qui régnera.
lorsque la paix aura définitivement remplacé la guerre,
lorsque enfin la femme aura pleinement conquis l'égalité, comme elle a déjà conquis la liberté, il découlera
pareillement de soi-même que l'ordre social ait pour
base la maternité, et que ce soit le nom de la mère
qui se transmette à l'enfant.

Sans contredit, ce sera là, je n'en disconviens pas,
un grand changement opéré dans les mœurs et les
usages, dans les idées et les conventions.

Mais si, parce qu'un changement est important,
quoique nécessaire, on hésite à l'opérer en remontant
des effets aux causes, comment s'y prendra-t-on pour
arrêter le débordement de la misère, pour tarir la
source de la prostitution, pour sauver de l'abandon et
de la réprobation tant d'enfants recueillis par le tour
des hospices sous le nom d'enfants trouvés, ou déposés
comme une lie au fond de la société, sous le nom d'enfants illégitimes ; pour arracher, enfin, l'espèce humaine
à son déclin physique et à son abâtardissement social?

Ne voit-on pas que, de toutes parts, le vieux monde
s'écroule et que le nouveau monde s'élève? L'un entre
au tombeau, l'autre sort du berceau.

Tout ce qui fut erreur tend à se rectifier ; tout ce qui
fut doute tend à se convertir en certitude. C'est la loi
même de la science ; c'est ce qui lui sert de preuve :
c'est son *criterium*.

Or, je le demande, de quel côté se rencontre la certitude ? Est-ce du côté de la maternité, ou du côté de la paternité ?

Aux temps où la femme, qu'elle fût légitime ou qu'elle ne le fût pas, vivait enfermée ; aux temps où l'homme, dont elle était la *chose* , avait sur elle droit de possession absolue, droit de vie et de mort ; dans les pays où ce droit subsiste encore ; aux temps et dans les pays où le droit d'aînesse existait et existe encore, on comprend et on explique facilement que la paternité, offrant peu de doutes, ait été le sceau qui ait servi à marquer et à distinguer les enfants.

Encore une fois, il n'en saurait être autrement quand l'homme est tout et quand la femme n'est rien.

Alors cela est parfaitement logique et rationnel ; mais cela cesse d'être rationnel et logique dès que la femme est proclamée l'égale de l'homme, dès qu'elle jouit de la même liberté que lui, et que la paix, se substituant à la guerre, est devenue l'état normal de la société.

Les enfants sont égaux devant la mère : oui ou non, ce principe, qui a pour conséquence la liberté dans le mariage, est-il incontestablement juste ?

Oui ou non, est-il moins incontestablement juste que ce principe qui a prévalu et qui ne trouve plus parmi nous de contradicteurs : Les Français sont égaux devant la loi ?

Ou le principe que j'ai énoncé est vrai ou il est faux, ou il est contestable ou il ne l'est pas.

S'il est contestable, qu'on le conteste !

S'il est faux, qu'on le démontre !

S'il est vrai, qu'on le reconnaisse !

Mais, s'il est vrai, de quel droit l'empêcherait-on de porter toutes ses justes conséquences, quelles qu'elles puissent être ? Les écarts seuls en devraient être prévenus ou réprimés.

La première de ces conséquences, j'ai hâte d'en convenir, est de rayer la célébration du mariage du nombre des actes dans lesquels l'État s'est arrogé le droit d'intervenir, contrairement à cette opinion de Montesquieu :

« C'est à la loi de la religion à décider si le lien sera indissoluble ou non : car, si les lois de la religion avaient établi le lien indissoluble et que les lois civiles eussent

réglé qu'il peut se rompre, ce seraient deux choses con-
tradictoires.   (*Esprit des Lois*, l. XXVI, c. XIII.)

La célébration du mariage n'aurait jamais dû cesser
d'être un acte purement et exclusivement religieux.

Le mariage est un acte de la foi, non de la loi. C'est
à la foi à le régir ; ce n'est pas à la loi à le régler.

Dès que la loi intervient, elle intervient sans droit,
sans nécessité, sans utilité.

Pour un abus qu'elle a la prétention d'écarter, elle en
fait naître d'innombrables qui sont pires, et dont, ensuite, la société souffre gravement sans se rendre
compte de la cause qui les a produits.

Sous le régime de la paternité :

L'épouse comblée des biens de la fortune fléchit sous
le poids d'une oisiveté qui le plus souvent enfièvre et
égare son imagination. Elle ne sait que faire pour employer son temps. La femme ne fait rien parce que
l'homme fait tout.

L'épouse qui n'a pas apporté de dot et qui n'a pas
reçu de douaire fléchit sous le poids d'un travail contre
nature, qui l'oblige, par économie, de se séparer de son
enfant peu de jours après lui avoir donné la naissance,
de le mettre en nourrice loin d'elle, moyennant cinq
ou six francs par mois * ; d'aller travailler d'un côté
lorsque son mari va travailler de l'autre, et de ne se re-
joindre que le soir, en rentrant chacun de l'atelier qui
les a tenus éloignés de leur ménage toute la journée.
Si c'est là ce qu'on appelle la famille et la vie de famille, cela vaut-il, en conscience, tout le bruit qu'on en
fait ?

La femme, le fils et la fille font concurrence au mari
et au père, et par cette concurrence abaissent le taux
du salaire et appauvrissent le ménage lorsqu'ils s'ima-
ginent lui venir en aide.

Sous le régime de la maternité, au contraire :

Plus la femme est riche, moins elle est désœuvrée ;
car non-seulement elle a ses enfants à nourrir, à élever,
à instruire, à surveiller ; mais encore elle a à administrer sa fortune, qui sera la leur. Conserver cette fortune, l'accroître encore ; voilà de quoi occuper ses loi-
sirs, calmer son imagination et la refréner. C'est à tort

---

* Le prix des mois de nourrice en *moyenne* pour la *première* année est de 7 fr. et de 5 fr. après le sevrage.

qu'on suppose que les femmes sont peu **aptes à la ges-**
tion des affaires : elles y excellent pour si peu qu'elles
s'y appliquent ou qu'elles y aient été exercées.

Plus le ménage est pauvre, plus le mari y représente
le travail et le salaire, plus la femme y représente la
prévoyance et l'épargne. Chacun des deux exerce ainsi
sa fonction naturelle. Le mari gagne doublement à ce
que la femme ne travaille pas. Elle ne fait pas baisser
le salaire et elle économise. Les enfants, ne travaillant
pas avant l'âge où leurs forces ont acquis le degré de
développement nécessaire à leur plénitude, ont le temps
de s'instruire. Ainsi, par la maternité, ce puissant instinct, ce noble sentiment *, se régénérera l'humanité.

La maternité est un moule déformé auquel il faut
rendre sa forme si l'on veut arrêter le déclin visible des
générations asservies par l'industrie.

La nourrice mercenaire, cette violation funeste d'une
loi naturelle, cette cause profonde, très profonde de
perturbation sociale, et l'instituteur primaire, désormais
inutiles, disparaissent heureusement ; car tous deux
sont remplacés par la mère. Alors se resserre naturellement le lien filial détendu par la nourrice et par l'instituteur.

Dans l'ordre naturel, la mère qui met au monde un
enfant doit l'allaiter **.

Qu'arrive-t-il lorsque, sous un prétexte ou par un motif quelconque, la mère viole cette loi de la nature et
met son enfant en nourrice ? Il arrive que la mère

---

* Voir : Revue britannique, 1847 : *Instincts de la Maternité.*

** Toutes les Germaines nourrissaient elles-mêmes leurs
enfants.

Raphaël eut pour nourrice sa mère Élisabeth Ciarla.

« Après que le petit enfant est né, une vraie mère le doict
nourrir et alaicter de ses mamelles, qui est la l elle fon-
taine que dame Nature, sage et provide, a préparée à cet
effet. Et quel passe-temps plus grand pourrait avoir une
femme en ce monde que celui qu'elle en ha en alaictant
ses enfants, desquels le petit patois et gergon gratieux,
la difficulté de la prolation de leurs mots, le rys souef et
amoureux, la joyeuseté qu'ils donnent à la maison, passe
tous les badins du monde. »

PATRICLE DE SENÉS, évêque de Caiete. Le *Livre de
la police humaine*, page 75.

change ainsi les rapports régulièrement établis entre les deux sexes, lesquels peuvent alors se rapprocher prématurément * ; atteinte portée aux lois naturelles de la population.

Il arrive que la malheureuse femme, qui gagne dans une fabrique ou un atelier de quinze à trente francs par mois, pour conserver son pain fait passer son lait et met, loin d'elle, son enfant en nourrice moyennant cinq ou sept francs par mois, afin de réaliser un profit de dix à vingt-quatre francs ; atteinte portée aux lois naturelles de la concurrence.

Il arrive que le lien maternel et filial se relâche considérablement des deux parts et n'existe plus qu'en apparence.

Il arrive que, le véritable *obstacle préventif* étant affaibli, des économistes s'appelant Malthus sont obligés d'en chercher et d'en imaginer un factice, impuissant et funeste **.

Il arrive que la moitié des enfants s'accroît et que leur constitution physique s'étiole.

On me dit :

Ne soyez pas absolu ;

Toutes les femmes ne peuvent pas allaiter leurs enfants.

Je réponds :

D'abord, vous qui l'affirmez, en êtes-vous bien sûrs ?

Ensuite, les mères qui disent qu'elles ne le peuvent pas ont-elles essayé ?

Enfin les causes pour lesquelles elles ne le peuvent pas ou pour lesquelles elles disent qu'elles ne le peuvent pas, ont-elles été attentivement recherchées et examinées ?

Si, en réalité, elles ne le peuvent pas, si effectivement elles n'ont point de lait, il y a de nombreux exem-

---

* *Solution du problème de la population et des subsistances*, par Charles LOUDON.

** « En Bavière, on a cherché à mettre un obstacle à des mariages inconsidérés, en les défendant à ceux qui ne remplissent pas certaines conditions. Mais en voulant remédier à un mal, n'a-t-on pas produit un mal plus grand encore ? N'a-t-on pas jeté la perturbation dans les familles ? On trouve, en effet, que *le nombre des enfants illégitimes y est presque égal à celui des enfants légitimes.* »
QUETELET, *du Système social*, p. 69.

ples d'enfants élevés au biberon, et nourris de lait de chèvre ou de lait de vache coupé d'eau *. Du moins, si elles n'allaitent pas leur enfant, elles l'élèveront, ou il s'élèvera sous leurs yeux.

Si, pour accoucher, une femme pouvait se faire suppléer par une autre, combien de femmes grosses prétendraient qu'il leur est impossible par elles-mêmes de mettre leur enfant au jour!

Elles le diraient.

Les maris le répéteraient.

Le monde le croirait.

Ainsi naissent et s'enracinent certains préjugés devenus presque indestructibles.

Mais les reines elles-mêmes sont contraintes d'accoucher elles-mêmes.

Il n'y a point d'exception à cette règle; pourquoi donc y en aurait-il à cette règle : Les enfants seront allaités par la mère?

Une seule exception, une seule! et la règle est détruite; la reine pour une cause, et l'ouvrière pour une autre cause, abandonnent à des nourrices leurs enfants, et trahissent les saints devoirs de la maternité.

Je suis et je veux donc demeurer absolu.

Sous aucun prétexte et pour aucun motif, plus de nourrices.

Dût-on laisser expirer de faim l'enfant que sa mère aurait déclaré ne pouvoir nourrir, ou l'enfant dont la naissance aurait coûté la vie à sa mère, que ce serait encore de l'humanité bien entendue ; car ce qu'il y a de plus meurtrier, c'est l'usage, de plus en plus général, des nourrices; mais un enfant n'expirera pas de faim lorsqu'il aura à choisir entre le lait de la chèvre et le lait de la vache **.

---

* *Essai sur les moyens d'améliorer le sort des enfants trouvés*, par M. Maquet ; voir dans cet ouvrage le moyen de nourrir les enfants privés de leur mère.

** Les visiteurs ont remarqué que presque tous les enfants nourris par leur mère se portent très bien... La mortalité, qui était, année moyenne, à l'hospice des Enfants-Trouvés, de plus de 1 sur 3, n'avait été, pour les enfants conservés par leurs mères, que de 1 sur 14. »
     VALDRUCHE, *Rapport au Conseil général des hospices.*

«...Ces enfants ont trouvé auprès de leurs mères des

Au rebours de l'antiquité, qui plaçait souvent la mère sous la tutelle de son fils, le fils, élevé dans le respect de sa mère, étend à sa sœur et à toutes les femmes ce respect purificateur qui, en même temps qu'il ennoblit la femme, ennoblit l'homme, et en même temps qu'il les fait égaux l'un de l'autre, les fait plus purs tous les deux.

Sans l'heureuse influence de la mère exercée sur le fils, jamais la femme ne se fût affranchie, même incomplètement, de la tyrannie de l'homme. Le passé enseigne donc à la femme le chemin qu'elle doit continuer de suivre pour atteindre le but dont elle n'est plus éloignée que d'un dernier pas.

Mère, qu'elle se consacre à l'éducation de ses enfants, qu'elle en cultive le cœur et l'esprit ; qu'elle apprenne tout ce qu'il sera nécessaire qu'ils sachent et qu'elle sache tout ce qu'il sera nécessaire qu'ils apprennent.

L'homme naît de la femme.

Donc ce qui profitera à la femme sera profitable à l'homme.

Combattre et vaincre pour elle, c'est combattre et vaincre pour lui. J.-J. Rousseau avait raison quand il disait : « Les hommes seront toujours ce qu'il plaira
» aux femmes : si vous vous voulez qu'ils deviennent
» grands et vertueux, apprenez aux femmes ce que
» c'est que grandeur et vertu... La première éducation
» est celle qui importe le plus, et cette première édu-
» cation appartient incontestablement aux femmes ;
» si l'auteur de la nature eût voulu qu'elle appar-
» tînt aux hommes, il leur eût donné du lait pour
» nourrir les enfants. Parlez donc toujours aux femmes,
» de préférence dans vos traités d'éducation ; car, outre
» qu'elles sont à portée d'y veiller de plus près que les
» hommes et qu'elles y influent toujours davantage,
» le succès les intéresse aussi beaucoup plus, puisque
» la plupart des veuves se trouvent presqu'à la merci
» de leurs enfants et qu'alors ils leur font vivement sen-
» tir, en bien ou mal, l'effet de la manière dont ils
» sont élevés. Les lois, toujours si occupées des biens
» et jamais des personnes, parce qu'elles ont pour ob-

chances de vie supérieures de **MOITIÉ** à celles que l'hospice leur eût laissées. »

    REMACLE, *inspecteur général des établissements de bienfaisance.*

» jet la paix et non la vertu, ne donnent pas assez d'au-
» torité aux mères. »

Voltaire également avait raison quand il disait : « La
» société dépend des femmes. Tous les peuples qui ont
» le malheur de les enfermer sont misérables. »

En effet, par le degré de liberté dont jouissent les
femmes, se mesure exactement, dans chaque pays,
dans chaque siècle, le degré de civilisation que les
hommes ont atteint.

Sans l'égalité des enfants devant la mère, l'égalité
des citoyens devant la loi n'est qu'une imposture, car
évidemment et incontestablement, cette égalité n'existe
pas pour 2,800,000 enfants qui, arbitrairement qualifiés d'illégitimes, sont mis hors du droit commun en
violation de la loi naturelle.

Assez longtemps on a répété : Les hommes **font les
lois, les femmes font les mœurs.**

Quelles lois, ô Justice ! ont-ils faites ?

Je dis :

Eh bien ! faisons des mœurs et ne faisons plus de
lois.

Le moyen, c'est d'universaliser l'institution du douaire, c'est de fortifier la femme contre l'homme ; c'est de
chercher, pour parler la langue de Malthus, l'*obstacle
préventif*, où il est, dans la femme, au lieu de demander
vainement à l'homme ce qui n'est pas en lui : la *contrainte morale* ; c'est de rendre au mariage sa liberté
par l'égalité des enfants devant la mère; c'est de faire
de la maternité la vertu de la femme, son honneur et
son bonheur, son émulation et sa récompense.

Par la maternité la femme se relève et s'élève. Elle
n'est plus irresponsable et désœuvrée. Elle tient dans ses
mains, elle le sait, l'œuvre de l'avenir, et elle en répond.
La trame qu'elle ourdit est celle de l'humanité. La
fonction qu'elle accomplit est la plus haute, la plus
noble, la plus difficile de toutes les fonctions. En est-
il, en effet, de plus difficile, de plus noble et de plus
haute que celle de concevoir un enfant, de le
porter neuf mois dans ses entrailles, de lui donner la vie

---

* « Il est dans la fatalité des choses que les hommes
cherchent à séduire le plus de femmes possible ; je me
base sur ce que la misère détruira, soyez-en sûrs, le surplus de la population. » **DESTUTT DE TRACY.**

au risque de perdre la sienne, de l'allaiter pendant
plus d'une année, de l'élever, de l'instruire, de discerner ses qualités, de reconnaître ses défauts, de former
son caractère, son cœur et son esprit ? Pour changer
les destinées d'un peup'e, il suffit souvent d'un progrès
entrepris et accompli par un homme. Toute mère, dans
son légitime orgueil, peut espérer de donner le jour
à un tel homme. Toute mère peut espérer d'être illus-
trée par son fils. Les trois meilleurs rois de France ont
été élevés par des femmes, par leurs mères : saint Louis,
par Blanche de Castille; Louis XII, par Marie de Clèves;
Henri IV, par Jeanne d'Albret. Marc Aurèle a été élevé
par sa mère, Domitia Calvilla. Cornélie est restée célèbre par cette inscription gravée au pied de la statue qui
lui fut élevée de son vivant, *Cornelia mater Gracchorum*.
Leibnitz ayant perdu son père à l'âge de six ans, ce fut
sa mère, raconte Fontenelle, qui prit soin de son éducation. Est-ce que toute mère chrétienne et croyante n'a
pas, devant elle, un puissant exemple qui doit l'encourager : l'exemple de Marie, la mère de Jésus ? Contre
un pareil exemple, donnant si pleinement raison à ce
principe nouveau que je viens opposer au principe ancien, que pourra opposer la contradiction ? que pourra-
t-elle m'objecter ? La fille d'une mère pauvre ou ruinée,
ne possédant pour toute fortune que l'attrait dont la nature l'a dotée, n'est pas seulement exposée à la séduction,
elle est encore exposée à l'abus que beaucoup d'hommes
ne craignent pas de faire du pouvoir matériel ou de l'ascendant moral que leur donne l'avantage de certaines
positions. Pour se soustraire aux obsessions dont
elle est l'objet, obsessions empruntant toutes les formes,
celle de la prière et celle de la menace alternativement,
fera-t-elle entendre la voix de la vertu ? Une pauvre
fille qui parle de sa vertu et qui n'a que ce rempart
pour se défendre contre une convoitise déterminée est
une fille perdue. Toute résistance de sa part ne fait que
rendre le désir plus vif et l'attaque plus hardie. La
vertu n'est un rempart invincible que contre l'amour
sincèrement éprouvé et profondément ressenti. La timidité de l'un fait la force de l'autre.

Pauvre fille obscure, qui répètes, sans les bien comprendre, les mots d'honneur et de vertu qu'on t'a appris,
ne vois-tu pas que tu te livres lorsque tu crois ainsi
t'abriter derrière eux ? Ta vertu ! En quoi donc seras-

tu plus honorée si tu la gardes, moins honorée si tu la
perds? Est-ce que le monde qui dispense l'estime te
connaît, te regarde et tient compte des assauts que tu
repousses, des luttes que tu soutiens, et finalement de
ta victoire ou de ta défaite? Est-ce que la misère d'une
femme n'est pas jugée plus sévèrement que sa faiblesse?
Est-ce qu'il ne vaut pas mieux être recherchée que
repoussée? Tu crains la médisance? Ignores-tu donc
que la calomnie existe? On ne dira pas que, placée
entre deux sacrifices, tu as préféré faire celui de ton
travail et de ton pain; on dira le contraire, on dira que
c'est parce que tu t'es mal conduite que tu as été ren-
voyée de la maison, du magasin, de l'atelier ou de la
fabrique. L'hypocrisie a des alliés et des cautions que
la vertu n'a pas. Il est communément admis, comme
présomption, que c'est l'hypocrisie qui dit la vérité et
que c'est la vertu qui ment. Pauvre fille assiégée à qui
ce langage est tenu crûment, réponds-y si tu peux.

Crois-moi; si tu es sincère et si tu veux être invincible, cesse de te servir de mots de convention qui,
tombant de tes lèvres, sonnent faux; ne prononce plus
le mot de vertu; c'est un mot trop dangereux à employer. Prononce tout de suite et sans hésiter le mot de
maternité. Derrière ce mot fermement articulé, tu seras
inviolable. Déclare que tu ne pardonnerais pas et que
la société elle-même ne te pardonnerait pas, si tu met-
tais au monde un enfant dont le sort et l'éducation
n'auraient pas été préalablement assurés! Renferme-
toi dans ce dilemme inexpugnable et n'en sors pas:
dis à ton séducteur ou à ton oppresseur, peu importe,
dis-lui: — « Ou vous m'aimez ou vous ne m'aimez pas,
ou vous êtes un honnête homme ou vous êtes un mal-
honnête homme; si vous m'aimez, ainsi que vous le
répétez, si vous êtes un honnête homme, ainsi que vous
le prétendez, prouvez-le en me garantissant les moyens
d'élever l'enfant qui portera mon nom et qui aura le
droit de me demander compte de l'existence que vous
lui aurez donnée, mais qu'il aura reçue de moi; lorsqu'il aura besoin de pain ou d'appui, ce n'est pas à
vous qu'il s'adressera, ce sera à moi; vous, peut-être,
ne vous verra-t-il jamais; moi, il me verra toutes les
fois qu'il ouvrira les yeux. Vous hésitez, vous refusez,
donc il n'est pas vrai que vous m'aimiez, donc il est
douteux que vous soyez un honnête homme! Mais

j'aperçois que vous pensez et j'entends que vous dites :
« Ce langage est celui de la fille qui se vend et ne se
» donne pas. » Non, monsieur, ce langage est celui de la
mère qui considérerait non plus justement comme une
faiblesse, mais en réalité comme un crime de donner
la naissance à un enfant dont elle serait obligée de
cacher l'existence, et qu'elle serait contrainte d'aller
furtivement déposer au tour d'un hospice. Si j'ai un
enfant, je veux le porter, l'allaiter et l'élever sans mystère ; je veux lui apprendre à aimer et à respecter sa
mère, qui, avant de penser à elle, aura pensé à lui. De
quoi aura-t-il à se plaindre ? Son éducation aura été
assurée. Qu'aura à redire la société ? Elle aura été ainsi
délivrée de la charge et du soin de pourvoir à l'existence de milliers d'enfants trouvés et abandonnés. Habi-
tué que vous aviez été à faire retomber, sans scrupule,
sur la femme subornée ou violentée, tout le risque et
toute la responsabilité de ce qu'il vous convenait d'appeler l'excès de sa faiblesse et qu'il eût été plus juste
d'appeler l'abus de votre force, ce langage si vrai, si
simple, si positif, exempt de grandes phrases et de faux
sentiments, glace vos transports et dissipe l'ivresse de
vos sens ; vous reconnaissez que vous n'y sauriez rien
répondre... »

L'honnête homme, qui s'était oublié, se sent troublé
dans sa conscience ; en lui parlant ainsi, la pauvre fille
l'a réduit au silence. Le mot de vertu l'eût perdue ! Le
cri de la maternité l'a sauvée !

Est-ce vrai ?

Mères, apprenez donc à vos filles à se défendre et à
se protéger par d'autres raisons que les raisons banales
et impuissantes que vous les avez accoutumées à répéter machinalement, sans tenir compte des différences
de conditions qui résultent de la société telle qu'elle est
constituée ! Mères, dites donc de bonne heure à vos
filles ce que c'est que la maternité : enseignez-leur que
c'est, à la fois, pour la femme, le plus grand des périls
et le plus impérieux des devoirs ! Qu'elles sachent que
c'est au prix de sa vie, souvent, que la mère met au
monde un enfant, et qu'en tout cas elle répond de lui,
soit qu'elle meure ou qu'elle survive ! C'est principalement l'inexpérience qui recrute la prostitution, laquelle, ensuite, s'entretient par l'opprobre qui s'attache
à ce qu'il est convenu d'appeler la *première faute*.

Donc faites d'abord cesser l'inexpérience : après viendra le jour où il n'y aura plus d'opprobre et de sévérité que pour la mère qui, sous quelque prétexte que
ce soit, aurait manqué aux devoirs de la maternité.
Finissons-en avec les grands mots et les phrases
creuses. Toute prime doit se proportionner au risque
qu'elle se propose pour but et qu'elle doit avoir pour
effet d'anéantir. Que l'homme soit responsable de l'enfant devant la femme, et que la mère soit responsable
de l'enfant devant la société, et l'on ne tardera pas à
voir se fermer, en même temps que les tours d'enfants
trouvés, le gouffre de la prostitution. C'est par la maternité, réhabilitée en certains cas, et toujours honorée, qu'il se comblera. Combien de malheureuses filles
qui, d'échelon en échelon, sont descendues au dernier
degré de l'ignominie, et qui fussent restées de dignes et d'excellentes mères si elles avaient pu, sans
fausse honte, avouer l'existence de leur enfant et l'é-
lever publiquement au lieu de l'abandonner clandesti-
nement ! Le plus souvent, l'enfant et la mère se proté-
geront réciproquement : la mère, en mettant son enfant à l'abri de la misère ; l'enfant, en tenant sa mère
en garde contre la séduction.

O maternité ! lorsque tu seras ce que tu dois être, la
vertu de la femme et son point d'honneur, la société,
comme la terre, tournera d'elle-même.

La prostitution n'existera plus, car ce sera un effet
qui n'aura plus de cause.

Il y aura des unions contractées devant le notaire et
sanctifiées par le prêtre, et des unions contractées devant le notaire seulement.

La société pourra avoir deux poids pour peser ces
deux sortes d'unions, honorer plus les unes, honorer
moins les autres, mais de celles-ci comme de celles-là
les enfants naîtront égaux devant leur mère, dont ils
porteront le nom.

Qu'on y réfléchisse bien, et l'on reconnaîtra :
Que le régime nouveau, qui consiste à proclamer
l'égalité des enfants devant la mère et à introduire
ainsi la liberté dans le mariage, loin d'en relâcher les
liens, les resserrera plutôt, parce que le père, pouvant
être privé de ses enfants, s'il les aime, s'appliquera à
rendre à leur mère la vie aussi douce, aussi agréable,

aussi commode que cela sera en son pouvoir ; parce que l'épouse, n'ayant plus contre le mari qui inclinerait à se séparer d'elle de recours que devant sa conscience et devant l'opinion publique, tiendra deux fois, et comme femme et comme mère, à ne pas mettre les torts de son côté ;

Que ce régime ne porte aucune atteinte funeste aux mœurs privées et à la moralité publique ;

Que, s'il peut être préjudiciable à des enfants en très petit nombre, il sera certainement profitable au nombre le plus grand ;

Que s'il change les conditions d'héritage et de transmission de la propriété, c'est pour faire passer avant elles les véritables lois de la population humaine, manifestement violées par l'état social tel qu'il existe et tel qu'il a pour effet de contraindre de malheureuses femmes, pour gagner péniblement quelques décimes par jour, à déserter le foyer maternel et à aller s'enrégimenter dans des manufactures, des fabriques et des ateliers où elles dépendent de maîtres et de contre-maîtres, contre lesquels elles n'ont d'abri que dans la laideur ;

Que s'il change les conditions du mariage, c'est pour les améliorer ;

Que s'il fait du douaire la règle et de la dot l'exception, il faudra s'en applaudir : trop souvent l'acte de mariage n'avait d'autre objet que de marier deux piles d'écus ou deux lambeaux de terre ; moins rarement on mariera pour eux-mêmes un homme avec une femme ; l'argent comptera moins, la beauté comptera plus ;

Qu'en mettant la beauté des femmes à un plus haut prix, il tarit la source de la prostitution, et, ainsi, ne lui laisse plus, pour s'alimenter, que les rebuts de la nature, le résidu physique avec le résidu moral ;

Qu'en développant le sentiment de la maternité, qu'en en faisant la vertu, le point d'honneur, la force de la femme dans sa faiblesse, il porte à la prostitution, qui aurait échappé au premier coup, le coup suprême ;

Que l'homme, qu'on s'accorde si souvent d'ailleurs à représenter comme étant trop avide de bien-être matériel, ne fera pas moins d'efforts pour s'enrichir, parce que ses efforts se proposeront pour but la possession d'une femme qu'il aspirera à pouvoir choisir, au lieu de se proposer pour but la transmission du même domaine de père en fils ;

Que le sentiment filial du fils à l'égard du père n'en sera que plus vif et plus pur lorsque le fils n'aura rien à prétendre du père, mais qu il en pourra tout recevoir. De nos jours, et sous le régime de la paternité, combien ne voit-on pas de fils laisser percer, dans leur langage plus ou moins dissimulé, l'impatience avec laquelle ils attendent, pour hériter, le jour de la mort de leur père ! Rarement, très rarement, on voit le fils, la fille, excités par la même convoitise, désirer la mort de leur mère. Pourquoi cette différence qui ne sera pas niée ? C'est à la nature à en donner l'explication. Demandez-la-lui.

II.

Objections.

Je cherche des objections sérieuses ; je cherche des objections fondées.

J'en cherche et je n'en trouve pas.

Je n'en trouve que de spécieuses ; les voici :

Ire objection :

Ce que vous proposez, c'est le retour à cet âge de transition où l'homme n'enlevait plus la femme, mais où il l'achetait :

Réponse :

Lorsque l'homme achetait la femme, qui recevait le prix ? Était-ce elle ? Non, c'étaient ses parents. Était-elle libre de refuser ou d'accepter ? Non, elle n'était pas même consultée. Qu'a donc de commun ce qui a existé chez tous les peuples avec l'institution, telle que je la suppose, du DOUAIRE UNIVERSEL ET INALIÉNABLE ? La dot a été longtemps, et en divers pays, le prix de la femme payée à ses parents ; le douaire n'est pas seulement le prix de la femme payé à elle-même, c'est plus et mieux que cela, c'est son indépendance constituée et l'avenir de ses enfants assuré, soit en cas de mort, soit en cas de séparation. Toute femme qui se livre à un homme court risque de concevoir un enfant ; que doit-elle faire ? Assurer d'avance à cet enfant des moyens certains d'existence. Le douaire est la prime qui correspond à la probabilité et au risque de maternité. Le douaire n'est, en réalité, et ne doit être qu'une des nombreuses formes de l'assurance universelle.

IIe objection ;

Si ce n'est plus la femme qu'on vend, c'est la femme qui se vend.

Réponse :

Non ; ce n'est pas la femme qui se vend, c'est la femme qui prévoit qu'elle peut, qu'elle doit être mère, et qui stipule, non pour elle, mais pour ses enfants. Que fait donc de moins et de différent, je vous le demande, la jeune fille conduite à la mairie et à l'église, qui n'apporte pas de dot et reçoit un douaire ? En tout cas, la femme qui se vend et qui abandonne son enfant est-elle donc plus pure à vos yeux que la femme qui se vend afin de le pouvoir élever ?

Est-ce que Montesquieu ne se sert pas de l'expression de *gains* nuptiaux* ?

IIIe objection :

Demander ainsi à l'ouvrier, avant de se marier, qu'il possède déjà une épargne, si faible qu'on la suppose, c'est ne pas tenir compte de l'insuffisance des salaires ; ce serait donc reculer de plusieurs années, pour un grand nombre d'ouvriers, l'époque à laquelle ils ont l'habitude de se marier. Ainsi empêchés de se marier dans toute la vigueur de l'âge, et entraînés par elle, beaucoup d'excès ne seraient-ils pas à redouter ?

---

* MONTESQUIEU. *Esprit des Lois*, liv. VII, chap. XV.

Réponse :

Si les salaires tels qu'ils sont fixés sont insuffisants, eh bien ! par la loi même du travail, lequel doit être rétribué selon sa valeur, ils s'élèveront et devront s'élever au taux nécessaire pour se proportionner aux risques prévus et aux besoins légitimes du travailleur. Il n'y a pas une considération sociale au nom de laquelle j'admette que, pour ne pas diminuer le profit de tels hommes, d'autres hommes seront éternellement condamnés à l'insuffisance du salaire, et que, pour mettre telles femmes à l'abri du viol, d'autres femmes seront nécessairement vouées à la prostitution. Non ; malgré l'autorité de saint Augustin *, je n'admets pas cela, et la société, elle-même, n'a pas d'intérêt à l'admettre. La justice est l'aplomb des sociétés. Si l'on ne veut pas qu'elles s'écroulent, qu'on les construise donc comme l'on construit les maisons, non en violant les lois de la statique, mais en les observant. Le travail peut et doit donner au travailleur, à la fois contenu et stimulé, les moyens d'épargner la somme nécessaire à la constitution préalable du douaire universalisé et inaliénable. Ce sera, du même coup, l'affranchissement du travailleur, qui acquerra ainsi l'habitude de l'ordre, en même temps que l'affranchissement de la femme, qui acquerra ainsi la garantie de son indépendance. Je dis l'affranchissement de la femme, car la pauvre femme ne sera plus exposée, ainsi qu'elle l'est trop souvent, à être malmenée par le mari qui se dérange, qui la délaisse et qui la bat lorsqu'elle se hasarde à prendre la défense de ses enfants affamés et à lui remontrer qu'il fait un mauvais usage de l'argent qu'il gagne, argent qui serait nécessaire à l'entretien du ménage. Demeurée esclave, serait-elle moins libre et plus maltraitée ? Si le père est attaché à ses enfants, la femme, sous le régime de la maternité, aura sur le mari un moyen

* Retranchez les femmes publiques du sein de la société, la débauche la troublera par des désordres de tout genre. Les prostituées sont dans une cité ce qu'est un cloaque dans un palais. Supprimez ce cloaque, et le palais devient un lieu malpropre. »

SAINT AUGUSTIN.

d'action puissant qui lui manque présentement sous le régime de la paternité. A ce double titre de mari et de père, elle le contiendra, par la menace et la crainte de se séparer de lui en emmenant avec elle les enfants de leur union. Ce sera son droit ; car c'est à elle qu'ils appartiendront uniquement, en cas de séparation. Un contre-poids, rendant la faiblesse l'égale de la force, sera ainsi donné à la femme, qui n'avait pas d'arme, à la pauvre femme impuissante, non-seulement à se défendre, mais encore à défendre ses enfants. Le mari, ajoute-on, laissera partir sa femme et ses enfants, dont il se peut qu'il ne soit pas fâché d'être débarrassé. Cette objection, qui paraît victorieuse, serait, en effet, fondée si le régime actuel subsistait ; mais, sous le régime nouveau, elle est sans fondement et sans valeur. On oublie deux choses essentielles : que la femme qui se sépare de son mari conserve son douaire qui est inaliénable, et qu'avant de la remplacer, il faudra qu'il ait épargné l'argent nécessaire pour constituer un douaire nouveau, douaire qui sera d'autant plus impérieusement exigé de lui que, par sa conduite antérieure, il présentera moins de garanties et inspirera plus de confiance.

IVe objection :

Que deviendrait l'amour si le risque était ainsi toujours prévu, et la prime relative au risque préalablement exigée ?

Réponse :

M'opposer inconsidérément cette objection, c'est condamner souverainement l'institution du mariage telle qu'elle existe ; car, si je ne me trompe, la rédaction du contrat notarié et de l'acte civil précède la consommation de l'acte conjugal. Avant l'amour romanesque et sans l'exclure, je fais passer l'amour maternel. Peut-on hésiter, lorsqu'on met dans une balance d'un côté le délire d'un instant, et de l'autre côté l'existence tout entière d'un enfant voué à l'abandon, à la misère, à la maladie, à l'isolement, à l'inégalité civile et au préjugé social ?

Ve Objection :

Quel sera le rôle des pères ?

Réponse :

Ce qu'il est et ce que la loi a trouvé juste de le faire relativement aux 2,800,0C0 enfants à qui elle interdit la recherche de la paternité. Si ce rôle est tout simple et parfaitement équitable dans ce cas, en quoi donc, étendu à d'autres cas, serait-il moins équitable et moins simple ? Est-ce que l'enfant, avant de naître, est consulté et fait ses conditions, pour qu'il soit arbitrairement créé deux catégories d'enfants : les *enfants de la loi* et les *enfants de la nature* ? En quoi et à quel titre les enfants de la nature ont-ils moins de droits que les enfants de la loi à la sollicitude sociale et à l'héritage paternel ?

VIe objection :

Le mari, n'étant plus retenu par le lien paternel, quittera plus facilement le foyer domestique.

Réponse :

Pour aller où ? Si partout il trouve le douaire entré dans les mœurs comme une barrière plantée dans le sol. Si partout il trouve la défaillance de la femme protégée par la responsabilité de la maternité. Si partout il trouve la jeune fille et la jeune femme n'ayant qu'une pensée : donner le jour à un enfant qui les respecte, qui les honore et qui peut-être les illustre. Alors il n'y aura plus de mères qui rougiront de leur enfant et le cacheront, toutes le montreront et s'en pareront. Le contraire de ce que vous prétendez est précisément ce qui arrivera. La mère ayant la libre disposition et la propriété exclusive de ses enfants jusqu'à l'époque de leur majorité légale, le père sera étroitement retenu au foyer domestique par la crainte que ses enfants ne lui soient enlevés. Il y a de mauvais maris qui sont bons pères, qui maltraitent leur femme et adorent leurs enfants. Cette crainte fera de ces bons pères de bons maris, aussi empressés d'aller au-devant des désirs de leurs femmes qu'ils étaient empressés d'aller au-devant des désirs de leurs enfants. La liberté légale dans le mariage, c'est l'amour durable dans le ménage ; l'indissolubilité légale dans le mariage, c'est l'amour habituel hors du ménage.

VII° objection :

Que deviendra la fortune des hommes après la mort? Comment se transmettra-t-elle ?

Réponse :

Après la mort, la fortune de l'homme retournera à ses ascendants de la ligne maternelle, si avant sa mort il ne l'a pas donnée à la mère de ses enfants, ou partagée entre ses enfants eux-mêmes. A défaut d'ascendants de la ligne maternelle, le décédé aura la situation qui lui est faite présentement par la loi, lorsqu'il meurt sans postérité et *ab intestat*. Il n'y aura de frappée par ce régime nouveau que l'avarice paternelle. Lorsque l'avarice paternelle serait plus rare et la piété filiale plus commune, où donc serait le mal? A quel âge d'ordinaire le fils hérite-t-il de son père ? A l'époque où lui-même est déjà parvenu aux deux ou aux trois cinquièmes de sa vie probable, où il a traversé les plus mauvais temps, où il a pu acquérir par ses propres efforts des moyens d'existence, c'est-à-dire à l'époque où il aurait le moins besoin d'hériter. A tous égards, et quels que soient les points de vue auxquels on se place, ne vaudrait-il pas mieux incontestablement pour les enfants que le père les dotât, et qu'ils n'en héritassent pas. Hériter à la mort de sa mère parce que maternité et certitude sont deux termes équipollents, et recevoir du vivant de son père, parce que paternité et doute sont deux termes inséparables : telle est la loi vraie de la nature. La paternité n'est et ne saurait jamais être qu'un acte de confiance, conséquemment un acte émanant de la libre volonté.

VIII° objection :

Ce serait restreindre l'hérédité, ce serait en retrancher la plus importante des deux moitiés.

Réponse :

Ce serait rendre à l'hérédité son cours naturel. Ce serait restituer au fleuve les eaux détournées par le canal. Ce serait utiliser une immense force mal employée : l'aptitude des femmes à l'administration des choses.

Assez longtemps l'homme a été la personnification de la Guerre, de l'Esclavage, de la Conquête ; c'est au tour de la femme d'être la personnification de la Paix, de la Liberté, de la Civilisation.

Dans ce régime nouveau, chacun des deux a sa part : à l'homme, le travail et le génie d'entreprise ; à la femme, l'épargne et l'esprit de prévoyance.

L'homme spécule, la femme administre.

L'homme acquiert, la femme conserve.

L'homme apporte, la femme transmet.

La dot demeure l'attribut du père, l'héritage devient le privilége de la mère.

Chacun des deux exerce ainsi la fonction qui lui est naturelle, et conformément à l'essence des choses.

L'homme personnifie le travail, la femme personnifie l'épargne.

IXe objection :

Que deviendront les fils qui n'hériteront plus de leur père ?

Réponse :

Que deviennent les fils auxquels la loi ne reconnaît pas le droit de succéder dans la ligne paternelle ? N'y a-t-il donc pas assez longtemps que les lois sont exclusivement faites dans l'intérêt d'un petit nombre de privilégiés, comme s'ils constituaient effectivement toute la société, alors qu'ils n'y sont qu'à l'état d'exception ? Que deviennent les enfants réputés illégitimes ? Pourquoi ne pas s'en préoccuper à l'égal des enfants réputés légitimes ? N'est-ce pas assez que ceux-ci aient déjà eu sur ceux-là pendant des siècles l'immense avantage de la tendresse, de la sollicitude et de la vanité paternelle ? Est-ce que sur 925,000 enfants qui naissent annuellement en France, il y en a 70,000, soit 1 sur 13, qui naissent avec un patrimoine ? Est-ce que sur 35,400,000 Français, il y en a 2,800,000 qui ont en perspective un héritage ? Est-ce que l'héritage est la règle, la probabilité, la loi commune ? Protéger ceux qui peuvent se passer de protection et délaisser ceux qui en auraient impérieusement besoin, est-ce donc là le but que doit se proposer la loi ? Une loi qui se propose un tel but est-elle une loi et en mérite-t-elle le nom ?

Xe objection :

Que deviendra la propriété patrimoniale ?

Réponse :

Elle subira, dans sa transmission par voie de succession, les changements et les modifications qui seront les conséquences du nouvel ordre de choses. Que ces changements soient plus ou moins profonds, le sol en discontinuera-t-il d'être possédé et cultivé ? Non. Eh bien ! n'est-ce pas là ce qui est essentiel ? Qu'importe à la société que le sol soit aux mains de tels possesseurs ou de tels autres ? Ce qui importe à la société, c'est que tous ses membres acquièrent la plénitude de leur développement physique et intellectuel. A cette condition, la société sera certaine que la terre à son tour atteindra à son plus haut degré de culture et de fécondité. La terre n'est qu'un instrument de travail. L'instrument de travail doit-il passer avant ou après l'éducation du travailleur ?

XIe objection :

Comment se constituera le douaire, pour reposer sur des fondements solides ?

Réponse :

D'abord il reposera sur les bases dont il est déjà en possession, et si ces bases sont trop étroites, il les élargira. Le progrès naît de l'expérience, comme le fils naît de sa mère. Le douaire universel et inaliénable, par ce fait même que l'universalité sera sa tendance et son but, saura se prêter à toutes les exigences légitimes et revêtir toutes les formes nécessaires, jusqu'à ce qu'il ait trouvé la plus simple et la moins précaire. L'homme qui sème un gland sait que de ce gland il sortira un chêne ; mais il ne sait pas combien de racines, de branches, de feuilles et de fruits aura ce chêne. Le premier qui entrevit la force de la vapeur eût-il pu dire à combien d'applications innombrables elle donnerait lieu, et quelles révolutions sociales elle accomplirait ? A un principe nouveau, il ne faut demander qu'une chose : est-il juste ? Le surplus appartient au domaine de l'expérience et du progrès.

XIIᵉ objection :

Pourquoi une réforme si radicale, si absolue! Pourquoi ne pas se borner à proposer le rétablissement du divorce et le droit de recherche de la paternité? Au plus, pourquoi ne pas s'arrêter à la conjonction du nom du père avec celui de la mère? Demander trop, c'est s'exposer à n'obtenir rien.

Réponse :

Il y a longtemps que j'ai appris à quoi m'en tenir sur les réformes partielles ; elles sont pour le moins aussi difficiles à obtenir que les réformes intégrales, et le plus souvent les demander ne sert qu'à se faire taxer d'inconséquence et battre à plate couture. Qu'on ne me parle donc plus de réformes partielles et de palliatifs. L'erreur est relative et la vérité est absolue. Quiconque cherche et poursuit la vérité doit donc être absolu.

Le rétablissement du divorce et le droit de recherche de la paternité sont des complications, et ne sont pas des solutions.

La loi civile n'a pas le droit de proclamer légitime ce que la foi religieuse proclame criminel. Dans ce cas, la loi détruit la foi.

Si le divorce est un acte coupable et condamnable devant Dieu et aux yeux du Pape, comment peut-il être un acte innocent et légitime devant la loi et aux yeux du magistrat?

Le divorce est une exception ; il n'est pas une règle, c'est pourquoi je l'écarte ; il tient plus de compte de la transmission des *biens* que du bonheur des personnes, des héritiers que des conjoints ; il implique une société fondée par l'indissolubilité du mariage ; or, établir cette indissolubilité pour la détruire. c'est faire œuvre d'imprévoyance et d'inconséquence. Le divorce ne dénoue pas, il brise ; il ne simplifie pas, il complique. Si les deux conjoints divorcés n'ont qu'un enfant, comment le partageront-ils? S'ils ont trois enfants, qui aura le troisième?

Le droit de recherche de la paternité, qu'il soit exercé par la mère exclusivement ou par la mère et les enfants inclusivement, est un droit dont l'exercice n'aboutit et ne saurait aboutir jamais qu'au scandale et qu'au doute. Il est aussi destructeur du prestige de l'autorité paternelle qu'incompatible avec la réalité de la piété filiale. La paternité qui est imposée n'est plus la paternité, et le fils qui s'adresse aux tribunaux pour réclamer d'eux un père vise sa fortune et non sa tendresse.

Où le droit de recherche de la paternité existe, le nombre des enfants réputés illégitimes, loin d'être plus faible, est plus considérable.

L'expérience est donc d'accord avec moi pour le condamner et le repousser.

Si elle était permise par la loi ou consacrée par l'usage, la conjonction du nom du père avec celui de la mère aurait pour effet de perpétuer, par une autre voie, ce qui existe et ce qu'on ne saurait trop anéantir, l'inégalité des enfants arbitrairement partagés en deux catégories : les *enfants selon la loi* et les *enfants selon la nature*.

Ceux qui porteraient deux noms, le nom de leur père conjointement avec le nom de leur mère, seraient réputés légitimes.

Ceux qui porteraient uniquement le nom de leur mère seraient réputés illégitimes.

Ce serait vouloir détruire ce qu'on aurait entrepris de fonder.

Toute règle qui n'est pas absolue n'est pas une règle.

Toute règle qui admet une exception, une seule, si petite qu'elle soit, est une amphore fêlée au fond, qui, parce qu'elle est plus lente à se vider par le fond qu'à s'emplir par le haut, ne s'en vide pas moins.

Aucune exception, sous aucune forme, sous aucun prétexte, sous aucun motif, ne doit fausser la règle ainsi posée :

LES ENFANTS SONT ÉGAUX DEVANT LA MÈRE.

Faussée et détruite serait cette règle, si toutes les mères, remplissant pieusement les devoirs de la maternité, n'étaient pas égales entre elles.

Devant la société, ce nom signifiant conscience publique, il ne doit plus y avoir que deux classes de femmes : les bonnes mères et les mauvaises mères.

XIIe Objection :

« La raison, l'honnêteté, la pudeur, parlent en faveur
» du mariage; la France n'a jamais été sourde à leur
» voix. Elle l'a bien montré dans ces derniers temps,
» lorsque certaines sectes novatrices qui font entrer l'a-
» bolition, ou, si l'on veut la transformation du ma-
» riage dans leurs plans de régénération, ont osé tou-
» cher à ce point délicat..... Le bon sens public s'est
» tenu en garde, les bonnes mœurs se sont révoltées;
» le ridicule et le mépris ont fait le reste. » (TROPLONG

Réponse :

Quelle que soit l'autorité qu'empruntent les paroles
qui précèdent au caractère de l'auteur du *Contrat de
mariage*, premier président de la cour suprême de
France, cette autorité ne peut rien contre les faits; elle
expire devant les chiffres. Il existe, en France, on ne
saurait le répéter trop souvent, 2,800,000 enfants nés
hors mariage, sans y comprendre les enfants, en nombre peut-être égal, 1 sur 13, attribués, pendant le mariage, à des maris qui en sont réputés légalement les
pères, lorsque réellement ils ne le sont pas, sans tenir
compte des enfants morts-nés, 1 sur 10, soit sur 925,423
naissances, 31,398 morts annuelles ayant pour causes
principales des grossesses cachées et des couches clan-
destines.

Que pèsent des paroles vides et légères dans la balance, où du côté opposé sont jetés des chiffres si précis et si accablants?

Ces chiffres d'une exactitude incontestable et incontestée attestent et démontrent l'impérieuse nécessité
de sonder la profondeur de la plaie purulente où menace de se mettre la gangrène.

Bander une plaie est moins pénible que la sonder;
contester le mal est plus facile que le guérir. Je le sais.

Partout le nombre des enfants nés hors mariage tend
à s'accroître, et déjà, dans les plus grandes villes, il est
sur le point de marcher de pair avec les enfants nés
pendant le mariage. Publiciste, jurisconsulte, magistrat, auteur du livre intitulé : le *Contrat de mariage*,
que proposez-vous de faire pour préserver de cet enva-
hissement les États d'où l'esclavage et le servage ont
disparu, mais où l'inégalité civile subsiste sous une
autre forme ou sous d'autres noms?

Est-ce que l'égalité civile, dont ces Etats se vantent d'être en pleine possession, existe entre l'enfant né pendant le mariage et l'enfant né hors le mariage?

Est-ce que l'égalité civile existe entre deux frères issus de la même mère, l'un dont la naissance a été impudemment et frauduleusement imputée au mari, l'autre dont la naissance lui a été timidement et scrupuleusement dissimulée; le premier, fils de la fraude, passant pour légitime, le second, fils du scrupule, étant qualifié d'adultérin; celui-là admis à succéder, et celui-ci exclu de l'héritage?

Est-ce que l'égalité civile existe entre deux frères, tous deux fils du même père, mais l'un mis au monde par l'épouse, et l'autre mis au monde par la maîtresse?

Est-ce que cette flagrante inégalité civile peut long-temps subsister où l'inégalité politique a triomphé?

L'esclave a acquis la liberté: est-ce que le bâtard ne finira pas par conquérir l'égalité?

Est-ce que l'enfant innocent a moins de droits que le père coupable à la justice de la société?

Est-ce que le mari doit être compté pour tout et l'enfant pour rien?

Est-ce que l'enfant de la nature est d'essence inférieure à l'enfant de la loi?

On peut ajourner ces questions; on ne peut pas les supprimer.

Tôt ou tard, elles se poseront.

Vaut-il mieux que ce soit tardivement? Se hâter de les résoudre, au lieu de les laisser s'aggraver, n'est-il pas plus sage?

Lorsque existait le droit d'aînesse. le sort des bâtards différait de si peu du sort des cadets, qu'il ne valait pas la peine de s'en occuper; mais depuis que la loi est intervenue dans les successions pour proclamer l'égalité des partages, un droit nouveau s'est ouvert. C'est ce droit qu'invoquent hautement par ma voix tous les bâtards de France, et que ne saurait longtemps méconnaître le magistrat aussi haut placé que le premier président de la cour de Cassation, qui a condamné en ces termes *tous les artifices employés pour fausser la nature :* « On n'a qu'à lire la *Politique* d'Aristote, et l'on » verra le tableau... des dérèglements et des mauvaises » influences des femmes. C'est le mécompte le plus » triste infligé par l'invincible nécessité aux *artifi-*

» *ces employés pour fausser la nature.* » (TROPLONG.
Du Droit naturel à Sparte.)

Il faut choisir entre ces deux régimes :

Entre le régime de la paternité présumée, qui est le régime de la loi, et le régime de la maternité portant avec elle-même sa preuve, qui est le régime de la nature ; celui-ci conforme à la vérité incontestable, celui-là condamné par la statistique incontestée.

Le régime de la paternité, c'est l'inégalité des enfants devant la mère et devant la loi ; c'est la femme possédée et ne se possédant pas ; c'est la femme souvent vouée contre nature à la stérilité par l'impuissance, l'absence, l'indifférence, la conduite de l'homme ; ce n'est plus l'esclavage légal de la femme, mais c'en est encore le servage conjugal.

Le régime de la maternité, c'est l'égalité des enfants devant la mère et devant la loi ; c'est la fin du vieux monde et la naissance du monde nouveau ; c'est l'homme ne valant plus par ses ancêtres, mais valant exclusivement par ses œuvres ; c'est la titulation héréditaire faisant place à l'illustration personnelle, le privilége de la naissance à l'épreuve de l'élection, le travail au désœuvrement ; c'est enfin la paix, l'échange, la démocratie succédant à la guerre, à la conquête, à l'aristocratie.

DÉCRET DE L'AVENIR.

Considérant que si l'Etat, être collectif, n'a le droit de régir que ce qui est essentiellement *indivisible*, conséquemment *indivis* et exclusivement *public* ;

Considérant que la femme s'appartenant et relevant de sa raison a les mêmes droits que l'homme à la liberté et à l'égalité ;

Considérant que, comme convention, le mariage est un acte purement individuel, et, comme célébration, un acte purement religieux ;

Considérant, d'une part, que la recherche de la paternité est expressément interdite, et d'autre part, que la maternité offre seule la certitude nécessaire pour régler le droit de succession ;

Considérant que la mère est responsable du sort des enfants auxquels elle a donné la naissance ;

Considérant, enfin, que les enfants sont égaux devant la mère ;

Il est décrété ce qui suit :

ARTICLE 1er.

La femme majeure dispose librement de ce qui lui appartient.

Après le décès de la mère, si elle est morte *ab intestat*, ses biens sont partagés par égales portions entre les enfants nés d'elle, portant son nom et le transmettant de fille en fille.

ARTICLE 2.

L'Etat ne garantit le droit de succéder qu'aux enfants, descendants et ascendants de la ligne maternelle.

Le défunt qui meurt sans ascendants de la ligne maternelle a pour héritiers la Commune, lieu de sa naissance, dite *Commune-mère*, et l'Etat, partageant par égale moitié.

La défunte qui meurt sans enfants, ni descendants,

ni ascendants de la ligne maternelle, a également pour héritiers la Commune lieu de sa naissance, et l'Etat, partageant par égale moitié.

ARTICLE 3.

A l'égard de l'enfant né à l'étranger de mère française, la Commune où est née la mère sera considérée comme la Commune mère de l'enfant.

ARTICLE 4.

La mère qui n'a pas de moyens de subsistance suffisants pour élever son enfant peut s'adresser à la Commune, pour obtenir d'elle soit un prêt, soit un don, sur le fonds provenant de successions conféré à la Commune.

L'arrêté par lequel le Maire de la Commune accueille ou repousse la demande est motivé.

ARTICLE 5.

En cas d'abandon d'un enfant par sa mère, la Commune sur le territoire de laquelle cet enfant a été abandonné ou trouvé recherche la mère et, à défaut de la mère, les parents de la ligne maternelle ; si cette recherche est demeurée infructueuse, la Commune adopte l'enfant et le fait élever.

Un compte de dépense est ouvert par la Commune-mère à l'enfant adopté. Ce compte lui est remis à l'époque de sa majorité, afin qu'il puisse se libérer.

Le même compte de dépense est ouvert aux orphelins, élevés aux frais de la Commune-mère, à défaut de parents dans la ligne maternelle.

DISPOSITION TRANSITOIRE.

Une somme de dix millions sera employée chaque année, pendant cinq ans, à constituer et à stimuler sous toutes les formes, — écoles fixes, institutrices et instituteurs ambulants, cours publics et primes annuelles. — l'enseignement des mères et des filles.

Toute femme âgée de 16 à 30 ans qui, ne sachant ni lire ni écrire, ni compter, aura, à dater du jour de la promulgation du présent décret, appris, dans le cours d'une année, ce qui fera la matière de l'examen exigé, recevra à la fois un diplôme constatant cet examen et la prime de 500 francs.

NOTES DU LIVRE SEPTIÈME.

NOMS TRANSMIS AUX ENFANTS PAR LA MÈRE ET DROITS DE LA LIGNE MATERNELLE.

CRÈTE. — Les Crétois nommèrent leur pays natal *matrie*, d'un mot qui signifie mère. (**PLATON**, *de Rep.* l. IX; **BARTHÉLEMY**, *Voyage d'Anacharsis*, ch. LXXVIII.)

ÉGYPTE. — Pomponius Méla affirme, d'après Hérodote, que les enfants, en Egypte, *étaient élevés et dirigés par la mère et en* **PRENAIENT LE NOM.**

LYCIE. — « Les Lyciens font plus d'honneur aux femmes qu'aux hommes; ils tirent leurs noms de la famille de la mère, et laissent le patrimoine aux filles, non aux fils. » (**NICOL. DAMASC.**, *de Mor. Gent.*, p. 448.)

ROME. — Dans le cas d'une paternité incertaine, le nom de la mère formait celui de l'enfant : c'est ce que fait présumer l'exemple de Nymphidius Sabinus, que le hasard tira d'une bassesse profonde pour l'élever aux premiers degrés de l'empire. Il avait pris le nom de sa mère, la courtisane Nymphidia.

FRANCE ANCIENNE. — « Dans certaines provinces, le *ventre anoblissait*, c'est-à-dire que la noblesse était transmise par la mère. » (**CHATEAUBRIAND**, *Analyse raisonnée de l'Histoire de France.*)

« Au défaut de *parents maternels*, les parents paternels sont appelés... » (**CHATEAUBRIAND**, *Etudes historiques.*)

« Jean de Montagu estoit né de la ville de Paris, estoit fils de Mme Girard de Montagu, et *estoit gentilhomme de par sa mère.* » (**MONSTRELET**, t. I, ch. LVII.)

« Anciennement, en France, le ventre affranchissait. » (**LAURIÈRE**, *Notes sur Loisel*, liv. I, titre I, règle 22.)

« La loi salique voulait qu'**APRÈS** la *sœur du père*, le plus proche parent par mâles eût la succession. » (**MONTESQUIEU.**)

Agnès de Sully, devenue l'unique héritière de sa famille, épouse Guillaume de Champagne, à condition qu'il prendra le nom et les armoiries de Sully.

Marguerite de Rohan impose, en se mariant, la même obligation à Henri de Chabot.

Guillaume de Précigny substitue à son nom celui de Saint-Maur Montauzier, qui est celui de sa femme.

La maison de Bourbon offre l'exemple le plus remarquable de ces transmissions. Robert, sixième fils de saint Louis, épousa Béatrix de Bourgogne, qui lui apporta en dot la baronnie de Bourbon, dont elle était héritière et dont elle portait le titre et le nom. Or, Robert, en se mariant, prit ce titre et ce nom du chef de sa femme. Cette troisième maison de Bourbon donna naissance à la branche des Bourbons-Montpensier, qui produisit celle des Bourbons la Marche, origine des celle des Bourbons-Vendôme, d'où sortit Henri IV.

PRUSSE. — « Les enfants issus du mariage de la main gauche ne portent point le nom du père et n'entrent pas dans sa famille. C'est de leur mère qu'ils tiennent leur nom, et dans la famille de laquelle ils entrent. — Le père exerce sur eux la puissance paternelle. — Les père et mère doivent subvenir à leur entretien et à leur éducation d'une manière conforme à l'état de la mère. — Le père est le tuteur de son enfant pendant sa minorité ; il administre ses biens ; mais il n'en a pas l'usufruit légal. — Les enfants du mariage de la main gauche ne sont pas héritiers de leur père, ils n'ont droit à aucune légitime, mais seulement à une somme pour leur entretien et leur éducation. Le père, cependant, peut disposer à leur égard comme envers un étranger. — Si le père ne laisse pas de descendants légitimes, les enfants de la main gauche héritent du tiers de sa fortune s'ils sont trois au moins, et de la moitié s'ils sont plus nombreux. Dans le cas où il n'y a aucuns parents, ils héritent de la totalité. — Mais ils sont héritiers légitimes de leur mère et de sa famille. — La mère et ses parents sont héritiers de l'enfant de la main gauche, mais non le père ni ses parents. — En cas de dissolution judiciaire du mariage, la mère coupable doit assurer une légitime à ses enfants ; et si c'est par la faute du père, il sera tenu de pourvoir aux frais de leur établissement. » (*Code prussien*, titre II, part. II, sect. VIII, *des Enfants issus d'un mariage de la main gauche.*)

SUÈDE. — « L'enfant suit toujours la condition de sa mère ; si la mère est libre, il le sera également, quoique son père soit esclave ; si sa mère est esclave, il le sera de même, quoique son père soit libre et même noble. » (*In leg. Scaniæ*, apud Andream Suenonis, lib. VI, cap. v.)

SUISSE. — « En Suisse et en quelques autres pays, le mari ajoute le nom de sa femme au sien, composant ainsi un nom double pour rendre sensible leur vie à deux. » (DANIEL STERN, *Essai sur la liberté.*)

Dans le canton d'Appenzel, la loi de 1818, qui règle l'état

civil des enfants naturels, a ordonné qu'ils prissent dans tous les cas *le nom et la bourgeoisie de la mère.*

RUSSIE. — « En Russie, le frère puîné du monarque défunt lui succédait préférablement à ses enfants. » (**CHATEAUBRIAND**, *les Natchez.*)

CHINE. — « Il fut réglé dans quelques dynasties de la Chine que les frères de l'empereur lui succédaient, et que ses enfants ne lui succédaient pas. » (**MONTESQUIEU**, *Esprit des lois*, liv. XXVI, ch. v.)

» Il est reçu presque partout que la femme passe dans la famille du mari ; le contraire est, *sans aucun inconvénient*, établi à Formose, où le mari va former celle de la femme. » (Ibid., liv. XXIII, ch. I.)

« Les enfants, dans l'île de Formose, dans la partie orientale, habitée par les indigènes, indép.endants des Chinois, *restent avec leurs mères* ; **ILS EN PORTENT LE NOM.** Le femmes ont leur domicile particulier qui constitue celui de la famille ; les hommes y viennent, mais n'y demeurent pas, car ils ont aussi leur domicile. » (**RECHTEREN**, *Collection des voyages de la Compagnie hollandaise des Indes orientales*, t. V, p. 159. — **LA MARTINIÈRE**, t. I.)

HINDOUSTAN ANGLAIS. — « Sur la côte du Malabar, les Européens, lors de leur invasion, remarquèrent que les femmes ne se connaissaient que du côté de leur mère ; que celle-ci faisait leur *état civil* ; que les enfants, comme à Formose et dans l'ancienne Égypte, **PORTAIENT SON NOM** ; *qu'ils étaient aptes à hériter d'elle, de ses frères et autres parents, mais inhabiles à hériter de son mari, bien qu'il fût constaté qu'il était leur père.* » (**ROBERT**, *Géographie universelle*, t. III, p. 253. — *Collection des voyages de la Compagnie hollandaise*, t. VI, p. 424.)

Dans l'ancien royaume de Calicut et dans le Malabar, ce n'est pas le fils du roi qui lui succède, mais le fils de sa sœur.

Le même mode d'hérédité a lieu parmi les nations qui habitent les bords du Sénégal.

JAPON. — « Au Japon, il n'y a que les enfants de la femme donnée par l'empereur qui succèdent. » (**MONTESQUIEU**, *Esprit des lois*, liv. XXIII, ch. v)

ETHIOPIE. — « Parmi plusieurs nations d'Ethiopie, à la mort du roi, le fils de sa sœur monte sur le trône. » (**CHARLEVOIX**.)

AMÉRIQUE. — « Chez les sauvages de l'Amérique méridionale, l'enfant appartient à la mère, attendu l'incertitude de la paternité. » (**CARVER**, *Voyages*.)

Chez les Natchez, le chef surnommé le Soleil n'était jamais le fils de l'ancien chef, mais l'enfant de la sœur du Soleil.

La même chose a lieu encore chez les Iroquois, les Hurons et les Indiens du Mississipi.

Les Indiens considèrent que les enfants de la sœur d'un chef peuvent être regardés avec plus de certitude comme étant du sang de ce chef que ses propres enfants.

Les Indiens prétendent que la femme est, bien plus que l'homme, la source de la famille ; aussi donnent-ils toujours à leurs enfants le nom de leurs aïeules maternelles.

Il y a des nations chez lesquelles la raison d'Etat ou quelque maxime de religion ont demandé qu'une certaine famille fût toujours régnante. Telle est, aux Indes, la jalousie de caste et la crainte de n'en point descendre. On y a pensé que, pour avoir toujours des princes du sang royal, il fallait prendre les enfants de la sœur aînée du roi. (Voy. les *Anciennes et nouvelles relations de l'Amérique du Nord et des Indes orientales.*)

« Parmi les Hurons, à la mort du prince, ce n'est pas son propre fils, mais le fils de sa sœur ou le plus proche parent dans la ligne maternelle qui lui succède. » (**CHARLEVOIX.**)

Autrefois, à Haïti, la dignité de prince était héréditaire ; mais lorsque le cacique mourait sans enfants, la souveraineté était dévolue aux enfants de ses sœurs à l'exclusion de ses frères.

TURQUIE. — Les musulmans ne portent que des noms de baptême : Abd'Allah *donné par Dieu*, Ibrahim (*Abraham*), Hassan, etc. On y joint souvent, pour plus de clarté, le nom du père de l'individu, quelque épithète caractéristique de sa personne, *kutchuk*, le petit, *kara*, le noir ; ou la désignation de sa profession. Quelques familles seulement ont reçu en Turquie des noms héréditaires en récompense nationale, par exemple, les Kuproli, dont la race a fourni trois ministres éminents à l'empire.

DOUAIRE.

GRÈCE. *Athènes.* — « Il était d'usage, dans les mariages, que les époux se fissent des présents anténuptiaux. Ces présents avaient plus ou moins d'importance. L'*upobolon*, ou donation avant le mariage, que le mari faisait à la femme, est resté célèbre et remonte aux plus hautes antiquités grecques. Ordinairement, outre l'anneau nuptial que le fiancé donnait à la fiancée comme une arrhe ou un gage de mariage, on offrait à la fiancée des bijoux, des habits, des parures et autres objets... Ce n'est pas tout : le lendemain des noces, le beau-père faisait un cadeau en grande pompe à l'épouse, afin de célébrer son premier séjour dans la maison conjugale ; lui, le mari, lui faisait aussi *ob præmium defloratæ virginitatis*, un don qui, par une de ces similitudes qui naissent de la nature même plutôt que de l'imitation, rappelle exactement le *morgengabe*, ou don du matin, des nations germaniques. Enfin, le troisième jour des noces, lorsque la femme sortait de la maison et se montrait en public, le mari lui faisait un nouveau présent. » (**TROPLONG**, *du Contrat de mariage*, préface.)

GERMANIE. — « Ce n'est pas dans le droit romain qu'on doit chercher l'origine du douaire ; il n'y a rien dans ce droit qui y ait rapport : nous la trouvons plutôt dans les mœurs des anciens peuples de Germanie qui se sont établis dans nos provinces. Tacite, de *Moribus Germanorum*, rapporte que chez ces peuples les femmes n'apportaient pas de dot aux maris, mais en recevaient : *Dotem non uxor marito, sed maritus uxori affert*. Cette dot, que la femme, au rapport de Tacite, recevait du mari, était vraisemblablement la même chose que ce qu'est notre douaire, c'est-à-dire quelque portion que l'homme, en se mariant, assignait dans ses biens à la femme qu'il épousait, pour par la femme en jouir après la mort de son mari, en usufruit pour sa subsistance. Les femmes, chez la plupart de ces peuples, comme chez les Saliens, étant incapables de succéder aux héritages de leurs parents, il était nécessaire que leurs maris pourvussent de leurs biens, après leur mort, à la subsistance de leurs veuves. » (**POTHIER**, *Traité du Douaire*, part. I, ch. I.)

« Outre la dot qu'il avait constituée à sa femme, le mari lui faisait, le matin qui suivait la première nuit du mariage, un don appelé *morgengabe*..., proportionné à la fortune de l'époux... Dans le traité de 587, le roi Chilpéric donne des cités entières à Galswinthe à titre de *morgengabe*... L'usage s'introduisit de stipuler ce don par les conditions du mariage... Ce fut probablement l'origine du douaire dont il est question dans toutes les coutumes rédigées sous la troisième race. » (*Loi salique*, édition de Pardessus.)

SAXONS. — « Le consentement obtenu, les parties passaient un contrat dans lequel on stipulait le douaire que le futur apportait à sa femme. » (**L. GALIBERT** et **C. PELLÉ**, *Histoire d'Angleterre*, t. I, p. 167.)

« Edmond régna sur les Anglo-Saxons de 940 à 946. Ses lois témoignent du progrès de la civilisation à cette époque.

» Le futur est obligé, à l'époque de ses fiançailles, de fixer ce qu'il donnera à sa femme, lorsqu'elle se sera prêtée à ses désirs, le *don du matin* ; et ce qu'il lui destine, si elle venait à lui survivre, le *douaire*. Ainsi, au lieu du prix d'acquisition qu'on donnait aux parents de la mariée, c'est la dot qui revient à la femme elle-même. » (**KOENIGS-WARTER**, *Études historiques sur le développement de la société humaine.*)

FRANCE ET ANGLETERRE (moyen-âge). — « Le douaire coutumier était la jouissance de la moitié des biens que possédait le mari au jour du mariage, si l'on en croit Beaumanoir ; cette quotité de moitié se retrouve dans les Assises, ainsi que dans beaucoup de coutumes de France et d'Angleterre ; la coutume de Paris l'avait adoptée ; néanmoins le douaire coutumier était le plus ordinairement du tiers, les deux tiers étant réservés à l'aîné des enfants, par suite de cette idée qui faisait considérer l'indivisibilité des deux tiers du fief comme nécessaire pour assurer le service féodal... La grande charte établit le douaire coutumier au tiers, comme faisait la coutume de Normandie..... et ce n'est pas seulement sur le tiers des héritages possédés au jour du mariage qu'elle établit le douaire, mais sur le tiers des héritages que le mari a possédés durant sa vie. Pareille variation se fit en France vers le quatorzième siècle. » **LABOULAYE**, *Recherches sur la condition des femmes*, liv. IX, sect. I, tit. II, chap. I.)

ORIENT. — « On sait que c'est l'homme qui dote sa femme en Orient. Il est bon de remarquer que la dot ou le douaire d'une femme est entièrement à sa disposition, et à l'abri de la surveillance et des prétentions de son mari ou de ses créanciers. (**HÉDAYA**, II.) Elle est tellement indépendante sous ce rapport, que souvent, les mères ayant donné leur douaire à leurs fils, ceux-ci ont obligé le père à les payer. » (**SOKOLNICKI**, *Mahomet, législateur des femmes*, 2e édit., p. 35.)

Druses. — C'est le mari qui donne une dot à la femme ; elle a droit à une seconde dot en cas de veuvage ou de répudiation.

Arabes de l'Afrique occidentale. — Généralement, ils constituent à leurs femmes un *douaire*, soit en le livrant au comptant, soit en se constituant simplement débiteurs. Cet usage est même sans exception au Trazza, et *c'est à lui qu'est due la durée de leurs mariages ; car s'il prend fantaisie au mari de quitter sa femme, il perd le douaire donné ou le paye s'il n'était que promis...*

« A Noun, l'usage de constituer un douaire n'existe néanmoins que chez les riches. Il varie selon l'importance de la fortune du mari et la beauté de l'épouse ; il est payé au comptant, ou partie au comptant et partie à terme. » (**LÉOPOLD PANET**, *Relation d'un Voyage du Sénégal à Soueira* (Mogador).

Iles Mariannes. — *Tous les meubles de la maison appartiennent aux femmes*, et le mari n'en peut disposer qu'avec l'autorisation de son épouse. S'il est querelleur, opiniâtre, ou dérangé dans sa conduite, elle est autorisée à le punir ou à l'abandonner.

—

« Le *prix d'achat*, le *don du matin* et le *douaire* représentent trois époques successives de l'émancipation de la femme.

» Dans la première, si le prix donné n'est plus la composition du rapt, ou la valeur de la fille même, il est au moins payé pour la garde, pour le pouvoir que le mari acquiert sur son épouse. Si la femme n'est plus esclave, elle est au moins encore l'inférieure de l'homme.

» Dans la deuxième phase, le don du matin révèle déjà des sentiments plus dignes et plus tendres ; le mari cherche à indemniser l'épouse de la perte de sa virginité. C'est l'expression du bonheur, de la passion satisfaite.

» Enfin, le douaire vient révéler le véritable amour conjugal, qui, étendant sa sollicitude au-delà de la tombe, donne à la veuve, à la mère de famille, une position digne et indépendante.....

» L'achat des femmes fut la première formule du mariage humain. Il remplaça l'état sauvage où l'homme ravissait l'objet de ses désirs.

» Ce que l'homme paya d'abord aux parents, était le prix d'une chose, car la femme commença par être considérée comme objet de volupté, avant de s'élever, par une émancipation lente et graduelle, à être la compagne et l'égale de l'homme ; ou bien c'était la composition du rapt, si le consentement des parents n'avait pas d'abord été obtenu. Devenu ensuite le prix du consentement, les parents sont obligés de le partager avec la fiancée même, là où son propre consentement commence à être nécessaire. L'amour fait naître le *morgengabe*, le don du matin; la reconnaissance et la prévoyance de l'époux et du père de famille, le douaire. Le christianisme, ayant donné au mariage la nature de sacrement, fit complètement disparaître l'ancienne forme de contrat; l'idée de l'achat disparut, mais le *douaire*, que les Capitulaires, les conciles et toutes les lois des nations modernes ont considéré comme un des points les plus essentiels du régime des biens entre époux, est né de l'ancien prix de l'achat et du don du matin. » **Koenigswarter**, *Études historiques sur le développement de la société humaine.*)

—

Tel que je le conçois, le douaire universel différerait peu de ce qui existe sous les noms suivants : *douaire,*

don du matin ; ce que les Saxons appelèrent *morgengabe ;*
les Germains, *dos ;* les Anglo-Saxons, *fœdering-feoh ;* les
Burgondes, *witternon ;* les Visigoths, *dos* ou *arræ ;* les peuples celtiques, *amrabyr, cowillh* et *egweddi ;* les Slaves,
przynrianck ; les Hongrois, *daronrniza ;* les Lit..uaniens,
podarunck za wience (donation pour la couronne virgi-
nale).

PARAPHERNAUX.

GRÈCE. — «... Le père de Démosthènes, par son testament, avait laissé sa femme à un ami avec charge de
l'épouser ; et, outre la dot qu'il avait assignée à sa femme,
il lui donna en paraphernaux une maison estimée deux
mille drachmes, de l'or, des habits, des vases précieux... »
(**TROPLONG,** *du Contrat de mariage,* préface.)

ROME... « Le nom de *paraphernaux* indique l'origine de
la chose. La chose était une combinaison grecque ; les
Romains imitèrent et la chose et le mot.

» Le mari n'avait aucun droit sur les biens paraphernaux ; il ne pouvait s'immiscer dans leur administration
qu'avec le consentement de la femme. Si celle-ci s'y opposait, le mari devait s'abstenir. Seulement, du temps
des empereurs chrétiens, on voit le législateur conseiller
aux épouses de laisser gouverner les biens extra-dotaux
par leurs maris, elles qui ont eu assez de confiance en eux
pour leur confier leurs personnes... L'usage des biens
paraphernaux se répandit dans l'empire ; Ulpien nous
apprend qu'on le pratiquait dans les Gaules, et que les
biens extra-dotaux s'appelaient *peculium.* » (**TROPLONG,** *du
Contrat de mariage,* art. 368 et suiv.)

FRANCE ANCIENNE. — « Les biens paraphernaux sont
ceux que la femme a, outre sa dot, sans congé de son
mari, *à l'égard desquels biens elle est dame de ses droits* et
en peut disposer. » (GUY-COQUILLE, *Instit. au droit français, Traité des droits des gens mariés.)*

Dans notre ancien régime, les pays de droit écrit qui
adoptèrent le régime dotal, admirent, par suite, le droit
de la femme de se constituer des paraphernaux, et ce
qu'il y a de remarquable et ce que Cujas a remarqué,
c'est que, dans l'ancienne Aquitaine, on avait conservé à
ces paraphernaux le nom de pécule.

« Art. 1574. Tous les biens de la femme qui n'ont pas
été constitués en dot sont paraphernaux.

» Art. 1576. La femme a l'administration et la jouissance
d' ses biens paraphernaux ; — mais elle ne peut les aliéner ni paraître en jugement à raison desdits biens, **sans**

l'autorisation du mari, ou, à son refus, sans la permission de la justice.

» Art. 1577. Si la femme donne sa procuration au mari pour administrer ses biens paraphernaux, avec charge de lui rendre compte des fruits, il sera tenu vis-à-vis d'elle comme tout mandataire.

» Art. 1578. Si le mari a joui des biens paraphernaux de sa femme, sans mandat, et néanmoins sans opposition de sa part, il n'est tenu, à la dissolution du mariage, ou à la première demande de la femme, qu'à la représentation des fruits existants, et il n'est point comptable de ceux qui ont été consommés jusqu'alors.

» Art. 1579. Si le mari a joui des biens paraphernaux malgré l'opposition constatée de la femme, il est comptable envers elle de tous les fruits tant existants que consommés.

» Art. 1580. Le mari qui jouit des biens paraphernaux est tenu de toutes les obligations de l'usufruitier. » (*Code civil*, liv. III, tit. v, sect. iv, *des biens paraphernaux.*)

RECHERCHE DE LA PATERNITÉ.

ROME. — « Le mystère de la paternité s'enveloppe des ténèbres de la conception. La même obscurité couvre et le moyen et le moment de cet effet admirable. La nature ne laisse voir que les lignes extrêmes qu'elle parcourt dans sa plus précoce activité, comme dans sa lenteur la plus tardive.

» Depuis Hippocrate, la science, malgré ses diffus traités ; depuis Justinien, la législation, malgré ses inépuisables commentaires, n'ont pas fait sur ce point un seul pas vers la précision.

» Il faut même le dire, les Romains, maîtres dans la science législative comme dans l'art de vaincre et de dominer, ont eux-mêmes placé devant la solution du problème un obstacle presque invincible, par une de ces contradictions littérales dont le chaos de leurs compilations offre plus d'un exemple.

» On connaît ces deux lois romaines qui, avec autant de précision l'une que l'autre, admettent pour la légitimité de l'enfant une différence notable dans l'intervalle de temps qui peut s'écouler entre le mariage, c'est-à-dire entre le moment présumé de conception, et celui de la naissance.

» La loi III, au *Digeste, De suis et legitimis hæredibus*, décide qu'un enfant peut naître six mois et deux jours après sa conception, et elle fonde cette décision sur l'autorité d'Hippocrate.

» La loi XI, au *Digeste, De statu hominum*, exige au contraire un intervalle de sept mois accomplis entre la conception et la naissance, et elle se fonde également sur l'autorité d'Hippocrate.

» ..... Mille volumes de commentaires n'ont pu accorder ces deux lois, et n'ont servi qu'à nous apprendre qu'Hippocrate ne s'était ni trompé, ni contredit. » (**DU-VEYRIER**, orateur du tribunat. *Discours prononcé au corps législatif, sur le titre* VII, *liv.* I, *du Code civil. —* Séance du 2 germinal an XI.)

« Les législateurs de Rome n'admirent d'autres exceptions à la règle, *Pater est quem nuptiæ demonstrant,* que celles qui résultaient *de l'impossibilité physique de la cohabitation des époux et de l'impuissance naturelle du mari, continuelle ou passagère.* » (**LAHARY**, *Rapport fait au tribunat, au nom de la section de législation, sur le tit.* VII, *liv.* I. *duCode civil. —* Séance du 28 ventôse an XI.)

FRANCE. — Le projet de loi présenté en l'an X, sur la question de la recherche de la paternité, contenait un article ainsi conçu :

« S'il est déclaré que l'enfant est né hors de mariage, et si la mère en désigne le père, le nom du père ne sera inséré dans l'acte de naissance qu'avec la mention formelle qu'il a été désigné par la mère. »

Cet article a été repoussé par le tribunat après une vive discussion.

« *L'existence de la mère est un fait ; l'accouchement est un fait ; la mère est certaine et connue. Sans doute la naissance suppose un père ; mais quel est-il?* Il est incertain, à moins que son mariage ne le manifeste, ou que, déchirant lui-même le voile sous lequel le mystère de la génération le tient enveloppé, il ne le montre, et ne se montre.

» Si la recherche de la paternité hors le mariage était admise, la désignation du père, faite au nom de la mère dans l'acte de naissance, en serait sans doute une base désirableet essentielle. » (**SIMÉON**, *Rapport fait au tribunat, au nom de la section de législation, sur le tit.* II *du liv.* I, *du Code civil sur les actes de l'état civil. —* Séance du 17 ventôse an XI.

« Un article règle ce qui concerne les enfants trouvés, comme dans la loi de 1792. On a seulement évité d'employer toute expression qui tendrait à occasionner des recherches sur la paternité. Constater la naissance de l'enfant, et le lieu où il est déposé, pourvoir à ses besoins, recueillir avec soin tout ce qui peut servir un jour à le faire reconnaître par ses parents, voilà les droits et les obligations de la société, voilà ce qui se pratique chez toutes les nations policées. Les recherches que l'autorité ferait de la paternité seraient funestes aux enfants; elles mettraient aux prises l'honneur avec la tendresse maternelle, la pudeur avec la nature ; elles renouvelleraient le scandale de ces crimes affreux que provoquait une législat on barbare. » (**THIBAUDEAU**, conseiller d'Etat, *Exposé des motifs du titre* ii *du livre* I, *du Code civil, sur les actes de l'état civil.* — Séance du 10 ventôse an XI).

« La loi ne reconnaît de père que dans deux cas : lorsqu'il y a mariage, *pater est quem nuptiæ demonstrant*, ou lorsque le père de l'enfant né hors de mariage vient se déclarer lui-même pour être réellement le père ; elle ne reconnaît pas la paternité non avouée, et n'en autorise pas la recherche. » (**CHABOT** (de l'Allier), orateur du tribunat, *Discours prononcé au corps législatif, sur le livre* II, *titre* i, *du Code civil.* — Séance du 29 ventôse an XI.)

« Le mariage offre, en effet, le seul moyen légal de déclarer la paternité. *Les signes extérieurs, offerts par la nature ne pourraient indiquer que la mère* ; d'où il faut tirer la conséquence, que les devoirs paternels sur lesquels repose la conservation des familles pourraient impunément être méconnus, si l'on ne voulait admettre pour le droit naturel des êtres intelligents que les lois du monde physique. Il faut aussi en conclure que la déclaration de la paternité par le mariage est au nombre des lois immuables des familles.

» Elle est exprimée par la règle suivante que nous avons empruntée des Romains : L'enfant conçu pendant le mariage a pour père le mari ; mais *cette règle n'établit qu'une présomption légale ; des faits positifs peuvent la détruire ; et l'appréciation de ces faits a toujours offert de grandes difficultés.* » (**NOUGARET DE FAYET**, *Lois des familles*, etc., 2 édit., p. 175.

« ... La nature a couvert d'un voile impénétrable la transmission de notre existence. »

» *Le mari lui-même ne sera point admis à désavouer l'enfant, en alléguant son impuissance personnelle.* »

. . . .

» Les naissances avancées ou tardives ont été la matière de procès célèbres. Il a toujours été reconnu que la physiologie n'a aucun moyen de découvrir la vérité relativement à l'enfant qui est l'objet de la contestation ; ces débats scandaleux ne portaient que sur des recherches non moins scandaleuses, d'exemples, que de part et d'autre on alléguait souvent sans preuves. Les juges ne pouvaient recevoir aucune lumière sur le fait particulier, et chaque tribunal se formait un système différent sur l'extension ou sur la limitation qu'il devait admettre dans le cours ordinaire de la nature. La jurisprudence n'avait aucune uniformité, par le motif même qu'elle ne pouvait être qu'arbitraire. » (**BIGOT-PRÉAMENEU**, conseiller d'Etat, *Exposé des motifs du titre* vii, *livre* Ier, *du Code civil, de la paternité et de la filiation.* — Séance du 20 ventôse an XI).

PAYS ÉTRANGERS. « Dans la législation allemande et suisse, le père peut exercer l'action en désaveu, s'il prouve son impuissance ou l'impossibilité de cohabitation physique avec la mère. Dans le code sarde, le mari est autorisé, quand il est légalement séparé lors de la conception, à désavouer l'enfant et à proposer tous les moyens propres à justifier qu'il n'en est pas le père, à l'exception toutefois de l'aveu isolé de la mère, afin de la préserver de sa propre faiblesse. On voit donc que presque tous les codes dérogent à l'axiome *is pater est...* et ne sont pas soumis, comme le code Napoléon, à ses prescriptions.

» Le principe de l'interdiction de la recherche de la paternité n'a été reproduit que dans les codes de la Louisiane, des Deux-Siciles et de la Hollande ; mais l'art. 342 de ce dernier code ajoute au cas d'enlèvement celui de viol, ce qui a été repoussé lors de la discussion du Code français. En Allemagne et en Suisse, la recherche de la paternité n'est pas seulement permise, elle peut être ordonnée même d'office, surtout en Suisse, où le nombre des enfants naturels est considérable et où leur éducation est à la charge des communes. » **ANTHOINE DE SAINT-JOSEPH,** *Concordance entre les codes étrangers et le Code Napoléon,* Introd.).

PHYSIOLOGIE.

« Un des phénomènes qui peuvent servir à prouver ce commerce réciproque, cette communauté de mouvements vitaux qui sont entre la mère et le fœtus, ce sont les enfants *acéphales*, c'est-à-dire ceux qui naissent sans crâne et sans cerveau. Ils meurent dès leur naissance, parce que ces parties sont essentielles et nécessaires à l'homme qui vit de sa propre vie : le fœtus vit sans elles parce qu'il doit à la mère une partie de la force qui l'anime et qui supplée aux organes qui lui manquent. »
ROUSSEL, *Système physique et moral de la femme.*

STATISTIQUE.

« Si l'on mesure par la proportion des naissances la place que tiennent ces enfants dans la société, on trouve qu'en réunissant dix pays parvenus à une haute civilisation, et peuplés de 68 millions d'habitants, il n'y a pas moins, dans ce nombre, de 5,670,000 personnes nées en dehors du mariage, ou un douzième. » (**MOREAU DE JONNÈS,** *Éléments de statistique,* p. 256).

LIVRE HUITIÈME.

S'agit-il de la Caisse des retraites, l'opération peut être réglée par des *à peu près certains, si elle embrasse la France entière*, et si, opérant sur un *grand nombre de déposants*, elle applique au calcul de leurs chances un tarif fondé sur la composition des intérêts et sur les lois de la mortalité. L'expérience, en corrigeant les bases de ce tarif, apprendra peu à peu à régler avec précision les droits des déposants et à garantir le trésor public de tout engagement téméraire.

DUMAS, ministre du commerce.

Une somme versée pour un enfant de trois ans donnera droit, à l'âge de cinquante-cinq ans, à une *pension égale* à cette somme.

En consacrant à l'acquisition d'une pension 5 centimes par jour ouvrable depuis 18 ans jusqu'à 50 ans, un travailleur se trouverait avoir économisé au profit de ses héritiers un capital de 495 francs, aurait droit à une pension viagère de 106 fr. 08 c. à partir de 56 ans, ou de 288 fr. 64 c. à partir 60 ans, à son choix.

Pour arriver, à 60 ans, à une rente de 572 fr., il faudrait avoir versé, depuis l'âge de dix-huit ans, une somme de 2 fr. 50 c. par mois, ou 30 fr. chaque année.

Un versement annuel de 10 fr., fait depuis l'âge de 20 ans, donnerait dans le cas d'abandon du capital et d'un intérêt à 4 pour cent, une pension viagère de 167 fr. 42 c.

Le même versement avec restitution du capital et l'intérêt à 5 pour cent donnerait droit à une pension viagère de 464 fr. 17 c.

BENOIST D'AZY, rapporteur.

Si on suppose un versement de 30 fr. par an pour les personnes des deux sexes de 20 à 56 ans, on aura un versement annuel de 450 millions, ce qui revient à l'obligation pour l'État d'un emprunt de 450 millions par an. A ce versement annuel, il faut ajouter les intérêts accumulés des versements antérieurs, lesquels produisent une somme énorme. Mais, l'opération pleinement réalisée, voici le capital accumulé dont l'État sera devenu dépositaire par les versements successifs, tant des personnes de 20 à 56 ans qui versent sans toucher, que de celles de 56 ans et au-delà qui, ayant versé leur capital entier, n'auront plus qu'à jouir. Il ne sera pas moins de *quinze milliards* pour les unes, de *quinze milliards* pour les autres, c'est-à-dire de *trente milliards*, somme énorme, effrayante, et dont nous voudrions bien savoir comment l'État pourrait se charger.

THIERS. Rapporteur de la comm. d'enquête.

Plus d'un père de famille, à son lit de mort, doit aux assurances sur la vie le bonheur ineffable de pouvoir fixer sans angoisses ses derniers regards sur sa femme et sur ses enfants.

Cependant, si on en excepte les assurances maritimes, on ne trouve pas dans nos codes une seule disposition sur cette matière si importante.

C'est en partie au silence de la loi qu'on doit attribuer l'indifférence du public pour une institution aussi utile, aussi morale que celle des assurances sur la vie. L'égoïsme et l'ignorance trouvent une sorte de justification dans le silence du législateur. Ils négligent ce que le législateur paraît avoir méprisé, tant est enracinée chez nous ne l'oublions pas l'habitude, bonne ou mauvaise mais constante, de tourner en toutes choses nos regards vers le pouvoir, de le prendre en toutes choses pour agent et pour guide.

ROSSI.

LE DÉCIME UNIVERSEL.

Le décime universel, c'est la question de l'extinction du paupérisme réduite à sa plus simple expression.

Éteindre partout et à jamais la misère, ce n'est qu'une question de DEUX SOUS.

En effet, pour éteindre à jamais et partout la misère, que faut-il? Prélever un centime sur chaque heure de travail, dix centimes par jour, deux francs cinquante centimes par mois, trente francs par an, et pendant trente années, neuf cents francs.

Au moyen de ces versements successifs, centralisés dans une caisse commune, et concourant à toutes les combinaisons que multiplie la mortalité, devenue une science exacte, tout travailleur peut s'assurer contre le risque de misère avec autant de certitude et plus de facilité qu'il ne s'assure présentement en France, moyennant une prime de 1.200 à 1,500 francs, contre le risque du recrutement militaire par la voie du tirage au sort.

S'il contracte, dans l'exercice de sa profession, une infirmité, ou s'il reçoit une blessure équivalant à une incapacité constatée de travail, le cas est prévu, et, dans ce cas, la pension de prévoyance n'en est pas moins légitimement acquise, quoique avant terme, à l'invalide du travail.

L'impuissance de la charité — charité privée et charité publique — est attestée par les siècles.

La charité a fait son temps.

Le temps est venu de l'assurance, assurance individuelle et universelle.

Au lieu de donner, comme on donne communément, inconsidérément, inutilement, un sou, deux sous au pauvre qui mendie, que quiconque fait travailler consente et s'habitue à allouer au travailleur un décime de plus, mais que ce décime soit centralisé, universalisé dans une caisse de retraites pour y servir à la constitution de la pension de prévoyance.

Certes, rien de plus simple, et quoique cela parût petit, rien de plus grand.

Rien de plus grand, car universaliser ainsi l'épargne individuelle, ce serait élever à sa plus haute puissance l'épargne collective.

Ce serait faire de tout travailleur un rentier.

Ce serait faire de tout propriétaire un banquier.

Ce serait créer un monde nouveau à l'inébranlable solidité duquel tous et chacun, petits et grands, concourraient également, comme toutes les pierres, grandes et petites, concourent également à la solidité de la voûte qui doit porter les plus fortes charges, subir les épreuves les plus décisives, traverser les siècles les plus longs.

Ce serait substituer la prévoyance à la compression.

Ce serait mettre la tranquillité publique sous la protection de l'intérêt commun, protection sûre et peu coûteuse, au lieu de la mettre sous la protection de la force armée, protection coûteuse et peu sûre.

Ce serait traiter l'homme en homme, et ne plus traiter l'homme libre en enfant rebelle qu'il faut constamment surveiller et incessamment châtier.

A un acte, en apparence insignifiant : à *l'acte de navigation*, l'Angleterre est redevable de la suprématie qu'elle a acquise sur toutes les mers du globe.

A une mesure, dénuée, en apparence, de toute grandeur, au *décime universel*, la démocratie peut devoir son entière libération et son règne définitif, plus sûrement et plus rapidement qu'à des révolutions périodiques.

Toute révolution qui s'accomplit, s'accomplit sur des décombres.

Avant de devenir un bienfait, elle commence par être un désastre.

Avant de sécher la plaie, elle commence par l'envenimer.

Avant de mettre fin aux excès, elle commence par les imiter et quelquefois par les dépasser.

Avant de jeter le câble dans le port, le plus souvent elle brise le navire contre l'écueil.

Sur cent révolutions que le monde porte dans ses entrailles, il y en a dix qui voient le jour ; sur dix révolutions qui voient le jour, il n'y en pas une qui naisse viable !

Toute révolution qui n'est pas une révolution d'idées, est un périlleux enfantement, qui se termine par un laborieux avortement.

L'expérience de soixante années atteste qu'il faut se défier autant des révolutions faites au nom du progrès que des guerres faites au nom de la liberté.

La liberté s'établit par la liberté.

Le progrès s'accomplit par le progrès.

L'ouragan est un mauvais moissonneur ; c'est un semeur plus mauvais encore.

Si la démocratie fait bien, si elle a foi beaucoup en elle et un peu en moi, la démocratie renoncera désormais à triompher par la violence et par la destruction ; elle procédera comme procède l'industrie : par la science appliquée et par le progrès continu.

Dans cette dernière voie, on avance lentement, mais on ne recule jamais ; dans l'autre voie, on avance rapidement, mais on recule toujours.

Si l'essentiel est d'arriver, il n'y a point à hésiter entre la voie qui mène au but et qui vous y laisse et celle qui ne vous en fait approcher que pour vous en éloigner aussitôt.

La démocratie veut-elle arriver ? Veut-elle être le travail, le progrès, la liberté ; ou veut-elle être la bataille, la victoire, la révolution ? Telle est la question que doit se poser la démocratie, instruite par l'expérience de trois révolutions qui, toutes les trois, ont avorté.

Pourquoi ont-elles avorté toutes les trois ? Parce qu'elles sont arrivées brusquement avant terme, moins comme des effets que comme des accidents, plutôt comme des explosions que comme des solutions, devançant ce qu'elles auraient dû suivre : l'instruction populaire et le bien-être universel.

Moins que jamais, le triomphe définitif de la démocratie est douteux, mais c'est à la condition d'y travailler sans relâche et de l'attendre avec patience. Les gouvernements qui retardent cet avénement agissent comme les gelées qui fécondent les récoltes en retardant les germinations hâtives.

Dans le décime universel, il faut voir un grain semé, grain dont le bien-être universel sera la tige et le suffrage universel l'épi, épi qui, sous la meule, deviendra le pain quotidien de tous les peuples, deviendra la liberté universelle, la liberté sous toutes les formes et à tous les degrés.

Le décime universel s'attaque à la misère individuelle, non dans ses effets qu'il prévient, mais dans sa cause qu'il détruit. Si le problème, tel qu'il le pose, est résolu pour un homme, il sera résolu pour un peuple ; s'il est résolu pour un peuple, il sera résolu pour l'humanité tout entière.

De ce problème, voici les termes :

Faire trois parts moyennes de la vie du travailleur ayant atteint l'âge de 60 années ;

Première part : de 1 à 15 ans : —*Éducation.*

Deuxième part : de 16 à 45 ans : — *Travail.*

Troisième part : de 46 à 60 ans : — *Repos.*

Par les trente années de travail, de 16 à 45 ans, assujetties au payement du décime de misère, rembourser à ses enfants l'avance des quinze années d'éducation qu'on a reçue de ses parents, et acquérir, pour le dernier quart de son existence, le droit au repos.

Mais comme la vie moyenne, en France, n'est que de 36 ans, le plus petit nombre seulement des travailleurs parvenant à l'âge où sonnerait l'heure du droit au repos, ce petit nombre profitant de toutes les chances résultant de la mortalité du nombre le plus grand, le travail héritant ainsi du travail, on conçoit facilement et clairement comment avec la faible retenue de UN CENTIME PAR HEURE DE TRAVAIL, de DEUX FRANCS CINQUANTE CENTIMES PAR MOIS, de TRENTE FRANCS PAR ANNÉE, l'épargne individuelle s'élèverait, par l'épargne collective, à une haute puissance et constituerait de suffisantes pensions de retraites aux invalides du travail.

La vie du travailleur étant ainsi partagée en trois âges, l'âge où il croît et s'instruit, l'âge où il travaille

et s'assure, l'âge où il jouit et se repose, il en résulterait ce qui suit :

Premièrement, l'ignorance disparaîtrait d'elle-même,
puisque l'enfant aurait, avant l'âge de quinze ans accomplis, le temps d'apprendre tout ce qu'il est nécessaire et utile qu'il sache ;

. Deuxièmement, la consommation, conséquemment
la production, conséquemment le travail, prendrait un
rapide essor et un immense développement, puisqu'elle
ne rencontrerait plus pour obstacle invincible la crainte
fondée qu'a le travailleur de tomber dans la misère,
crainte sinistre qui, dans le travailleur, étouffe le
consommateur ;

Troisièmement, la stabilité politique s'affermirait par
l'épargne collective, puisque l'ordre public y gagnerait
de nouveaux et de nombreux défenseurs. Quels soldats seraient plus intéressés à sa conservation que tous
ces vigoureux vétérans du travail, retraités de 46 à
60 ans ! Quelle excellente réserve pour y choisir des
hommes sûrs, paisibles, expérimentés, comme il en
manque et comme il en faut pour remplir certaines
fonctions, les unes gratuites, les autres insuffisamment
rétribuées, dans une multitude de communes et de petites villes !

Avec quoi les Gouvernements subviennent-ils à toutes leurs dépenses, à toutes leurs prodigalités ? Ils y
subviennent avec des centimes prélevés sur le salaire
des travailleurs, sous le nom d'impôts indirects. Ces
centimes, additionnés et totalisés, composent ces milliards avec lesquels on solde des armées de fonctionnaires inutiles, et l'on continue à payer, après trente-
cinq années de paix, des budgets de la guerre incom-
parablement plus lourds qu'aux époques où la guerre
était l'état normal des peuples entre eux et même chez
eux.

Assez longtemps le risque de guerre a prélevé son
tribut en argent et en hommes, prenant l'argent le
plus pur et les hommes les plus robustes ; assez longtemps la guerre a eu son budget ! N'est-il donc pas
temps que la paix ait le sien ? Le budget de la paix,
c'est l'épargne individuelle composant l'épargne collective, c'est l'assurance contre le risque de misère.
c'est le décime universel.

Le jour où chacun fera ce que je tente de faire ici,

le jour où chacun étudiera le BUDGET DU TRAVAILLEUR avec la conviction que ce budget n'est pas moins essentiel à étudier et à connaître que le BUDGET DE L'ÉTAT, on sera tout surpris de voir quels résultats pourraient s'obtenir, quels prodiges pourraient s'accomplir, si le salaire, étant ce qu'il devrait être, permettait au travailleur, prévoyant et sachant calculer, de contracter l'habitude d'affecter à telle dépense un centime par jour ; à telle autre dépense, un autre centime, etc., lesquels centimes seraient centralisés et formeraient, ceux-ci, tel fonds commun pour l'instruction élémentaire ou spéciale des enfants ; ceux-là, tel fonds commun pour le douaire des garçons lorsqu'ils seraient en âge de se marier ; ceux-là encore, tel fonds commun pour s'assurer tel avantage ou se donner telle jouissance, etc., etc.

Le rôle que jouent les CENTIMES ADDITIONNELS dans le BUDGET DE L'ÉTAT, on le connaît ; non moins important et plus utile serait le rôle que pourraient jouer dans le BUDGET DU TRAVAILLEUR ce que je nommerai les CENTIMES INDIVIDUELS.

Il faut se hâter de constituer la puissance du CENTIME CENTRALISÉ, puissance nouvelle, puissance incalculable ! Échelle au moyen de laquelle il n'y aurait pas de hauteurs que la civilisation ne pût atteindre, pas de profondeurs qu'elle ne pût visiter ! Le DOUAIRE UNIVERSEL et le DÉCIME UNIVERSEL sont les deux premiers échelons de cette échelle. Ces échelons, on ne saurait trop les multiplier. Plus on les multipliera, moins le bien-être universel exigera d'efforts individuels pour entrer dans le domaine des problèmes résolus et des faits accomplis.

Dans l'ordre physique, il y a de l'air pour tout ce qui respire ; dans l'ordre social, il y aura du bien-être pour tout ce qui travaille, dès que l'épargne sera devenue une habitude en devenant une science.

Lorsque l'épargne est individuelle, le plus grand nombre se décourage en mesurant la distance qu'il lui faudra franchir du point de départ au but ; un petit nombre a seul la force de persistance nécessaire ; mais lorsque l'épargne sera collective, comme pour atteindre au même but, il faudra une somme d'efforts infiniment moindre, alors les proportions seront inverses. En matière de prévoyance, ce sera le petit nombre qui fera exception, ce sera le grand nombre qui fera règle.

Présentement, on ne consomme pas afin d'épargner, et l'on n'épargne pas; alors on épargnera afin de consommer, et l'on fera, à la fois, les deux choses : on consommera individuellement et on épargnera collectivement.

Ce ne sera pas seulement à la consommation nécessaire que profitera l'épargne collective; elle profitera aussi à la moralisation publique.

Les travailleurs survivants héritant des travailleurs décédés, ce sera à qui vivra le plus longtemps ; conséquemment à qui boira le moins.

L'ivrognerie n'a pas de plus mortelle ennemie que l'épargne. C'est là un fait constaté : il n'y a plus qu'à en tirer toutes les conséquences.

Le lendemain du jour où le travailleur boit moins est la veille du jour où il se nourrit mieux.

Il importe que le travailleur se nourrisse bien, car c'est toujours aux dépens de son travail qu'il se nourrit mal.

S'il a peu de forces, il lui est impossible d'en dépenser beaucoup ; s'il en dépense beaucoup et qu'il ne les répare pas, il les a bientôt épuisées; s'il tombe malade, il ne peut plus travailler. Donc il n'y a aucun profit, au contraire, il y a perte, en fin de compte, pour la société lorsque l'offre, cette fausse loi d'une fausse économie politique, fait baisser le taux du salaire au-dessous de la valeur du travail, valeur ayant pour principal élément la valeur de l'homme.

La santé de l'homme n'est pas et ne doit pas être moins sacrée que sa vie; s'il n'est pas permis d'attenter directement à celle-ci, comment serait-il permis d'y attenter indirectement, en attentant à celle-là?

La santé est au travail ce que le capital est au revenu ; la santé du travailleur est son capital; s'il n'est pas permis de lui voler sa plus petite pièce de monnaie, comment serait-il permis de lui voler toute sa fortune?

Qui tue et vole ainsi le travailleur peut s'enrichir, mais il appauvrit la société. C'est le cas de dire qu'en empêchant le travailleur de consommer, le capitaliste tord le cou à la poule aux œufs d'or.

Mettre, par l'insuffisance du salaire, celui qui travaille dans l'impossibilité de consommer, c'est faire ce que ferait l'enfant qui empêcherait le balancier d'une pendule d'aller de droite à gauche après qu'il aurait été de gauche à droite. Le balancier s'arrêterait. Les deux temps, en sens contraires, veulent être égaux. Ainsi, le droit à la consommation veut être égal à l'effort de production ; réciproquement l'effort de production se règle de lui-même sur le droit à la consommation.

L'art de faire produire réside dans le secret de faire consommer.

Etre équitable, voilà tout le secret ! Etre éclairé, voilà tout l'art !

Quand on sait cela, quand tout le monde le saura, quand chacun en aura la conviction aussi profonde que me l'ont donnée l'étude et l'observation, toutes les questions de misère, d'épargne, de prévoyance, de bien-être, de civilisation se réduiront à la question de savoir combien le travailleur, sainement nourri, sainement logé, proprement vêtu, se portant bien et travaillant bien, pourra et devra centraliser de centimes.

Est-il une question plus simple et, là encore, n'est-ce pas une question où la politique s'efface pour laisser passer les mathématiques ?

Le décime universel, c'est l'épargne collective, sur la plus vaste échelle.

L'épargne collective, c'est l'Etat en équilibre sur lui-même et n'ayant plus besoin d'être maintenu par un échafaudage de baïonnettes, car c'est la milice de l'ordre soldée par elle-même.

DÉCRET DE L'AVENIR.

TITRE I.

PENSIONS LIBRES.

Il est créé, avec la garantie et sous la direction de l'État, une Caisse de retraites ou rentes viagères pour la vieillesse.

Le capital de ces rentes viagères sera formé par les versements successifs des déposants.

Ces versements successifs étant calculés à raison de 1 CENTIME PAR HEURE DE TRAVAIL, de 10 HEURES PAR JOUR, de 25 JOURS PAR MOIS, de 300 JOURS PAR ANNÉE, pourront avoir lieu par simples multiples de 2 francs 50 cent., par versement annuel de 30 francs.

Sauf les cas prévus d'infirmités ou d'incapacités de travail contractées dans l'exercice de la profession, le droit à la pension de retraite ne s'ouvrira qu'après le versement intégral de la somme de 900 francs, représentant 90,000 heures, ou trente années de travail.

Le versement intégral pourra être anticipé au gré des déposants, et même, s'ils le veulent, opéré en une seule fois; mais il n'aura pas pour effet d'avancer l'entrée en jouissance de la pension de retraite, fixée à quarante-cinq, cinquante, cinquante-cinq et soixante ans, au choix des déposants.

Les déposants que l'interruption de travail ou toute autre cause aurait empêchés d'effectuer leur versement, soit pendant un mois, soit pendant une année entière, pourront, le mois suivant ou l'année suivante, opérer les versements en retard, sauf à tenir compte de l'intérêt dû à la Caisse de retraites, comme si ces versements avaient eu régulièrement lieu.

La somme de 900 francs est considérée comme l'unité de capital de chaque rente viagère; toutefois, les déposants qui voudraient s'assurer pour leur vieillesse une plus forte pension de retraite, pourront cumuler sur leurs têtes, pour en jouir aux époques ci-dessus fixées de quarante-cinq, cinquante, cinquante-cinq ou soixante ans, autant d'inscriptions de rentes viagères qu'ils auront versé de fois la somme de 900 francs.

Les rentes sont incessibles et insaisissables.

Le versement est exclusivement propre à celui qui l'a fait.

Au décès du déposant, le capital fait retour à la Caisse nationale des retraites.

TITRE II.

PENSIONS PUBLIQUES.

Les dispositions qui précèdent étant applicables à tous les fonctionnaires publics, sans distinction aucune entre les salariés de l'Etat et les salariés de l'Industrie, toutes les caisses de retraites actuellement existantes à l'effet d'assurer des pensions aux fonctionnaires publics opéreront leur liquidation, mais en tenant compte des droits résultant des retenues opérées jusqu'à ce jour.

TITRE III.

PENSIONS MILITAIRES.

La Caisse générale de retraites est également chargée du service des pensions militaires.

Tout soldat qui justifiera de 90,000 heures de service sous les drapeaux, et de quarante-cinq ans d'âge au moins, aura droit à la même pension de retraite que s'il avait successivement opéré le versement intégral de la somme-unité, ci-dessus fixée à 900 francs.

TITRE IV.

LIVRETS.

Il sera remis à chaque déposant un livret sur lequel seront inscrits les versements par lui effectués et les recettes viagères correspondantes.

En tête de ce livret seront imprimés les statuts et le

règlement d'administration de la Caisse nationale des retraites.

TITRE V.

HOSPICES ET HOPITAUX.

L'Administration des hospices est supprimée.

Les biens des hospices seront successivement vendus à l'enchère par voie d'adjudication publique.

Le produit sera converti en inscriptions de pensions viagères de retraites.

Ces pensions seront divisées en deux classes :

    Première classe. . . . . . 180 francs :
    Deuxième classe . . . . . 90 »

Ces pensions ne seront délivrées ou transférées que sur une double attestation.

Attestation du médecin, certifiant que le malade ou le non-valide, âgé de..... est incapable d'aucun travail et dénué de toute ressource ;

Attestation du Maire de la Commune, certifiant, après enquête, que l'attestation du médecin est exacte et véritable.

Le médecin sera responsable de l'attestation qu'il aura donnée.

En cas de fausse attestation, il sera tenu envers l'État au remboursement de toutes les sommes qui auront été indûment touchées par le pensionnaire admis à tort comme non-valide et privé de toutes ressources.

Dans ce cas, la pension sera immédiatement retirée.

NOTES DU LIVRE HUITIÈME.

ADMINISTRATIONS HOSPITALIÈRES.

Il y a en France 1,133 administrations hospitalières établies dans 1,130 communes, savoir : 87 dans les chefs-lieux de départements, 255 dans les chefs-lieux d'arrondissement, 597 dans les chefs-lieux de canton et 193 dans les communes rurales.

Ces 1,133 administrations hospitalières dirigent 1,270 établissements : 3:9 hôpitaux, 199 hospices 734 hôpitaux-hospices, c'est-à-dire ayant le double caractère d'hôpital pour les malades et d'hospice pour recevoir les vieillards, les infirmes incurables, les orphelins et les enfants trouvés.

33 administrations hospitalières manquent des ressources suffisantes, et sont obligées de faire traiter à domicile les malades qui réclament leur assistance.

Il reste encore, en France, 1,556 cantons dépourvus de ces établissements, et il faudrait au moins soixante millions pour en créer un dans chaque canton.

La quotité des dons et legs faits officiellement aux pauvres a été, de 1800 à 1845, de 122,514,890 francs, non compris les dons manuels et les dons et legs autorisés par les préfets.

Les revenus des hôpitaux et hospices ont été, en 1847, de 54,116,660 francs 69 cent. Les propriétés foncières figurent dans cette somme pour 14,412,571 francs 49 centimes brut, que le prélèvement des frais réduit à 11,291,878 fr. 56 cent. net; les rentes sur l'Etat, pour 7,295,121 fr. 45 c., et les subventions communales, pour 8,307,625 fr. 98 cent.

Il existe une grande disproportion dans la répartition de la masse de ces revenus entre les 1,133 administrations hospitalières. Sur ce nombre, 93 seulement ont plus de 100.000 fr. de recettes ordinaires et possèdent ensemble 38 millions de revenus, tandis que 593, plus de la moitié, n'ont pas isolément 10,000 fr. de recettes annuelles, ou ensemble 2,700,000 fr.

M. Coquerel, dans son rapport sur le projet de loi sur l'assistance publique, présenté à l'Assemblée constituante, signale les faits suivants, qui viennent à l'appui de ces inégalités :

« Tel hôpital, dans une ville de 2,500 âmes, possède 92,000 fr. de revenus, et reçoit 7 malades par an; la commune voisine, portant le même nom, n'a point d'hôpital. Dans le même département, une autre ville de 1,700 âmes a un hôpital dont les revenus dépassent 60,000 francs. »

L'administration hospitalière de Paris est la plus riche de toutes ; ses revenus ordinaires s'élèvent à 12,690,223 fr. 70 c.; à Lyon, ils atteignent la somme de 2,279,930 francs 64 centimes.

La valeur vénale des propriétés appartenant aux hospices étant évaluée à 400 millions,e t les revenus à 11 millions, il en résulte que l'intérêt du capital qu'elles représentent est de 2 1/2 p. 0/0. La réduction des baux renouvelés depuis 1848, et l'impôt de mainmorte, créé par la loi du 20 février 1849, ont réduit cet intérêt à 2 p. 0/0. Les propriétés rurales gérées par les administrations elles-mêmes ne rapportent pas plus de 1 p. 0/0. La conversion du prix de tous ces immeubles en achat de rentes sur l'Etat, dont la perception ne coûte aucun frais, aurait élevé de 2 à 5 1/2 p. 0/0 le revenu du capital qu'ils représentent, c'est-à-dire de 10 millions à 27,500,000 fr. La dépense du personnel des employés, des religieuses, des servants et des médecins absorbe à elle seule près du cinquième du revenu total des administrations hospitalières, près de dix millions, c'est-à-dire une somme égale aux revenus de leurs propriétés foncières, 20 p. 0/0 de la dépense totale.

Ces 10 millions sont partagés entre 25,561 agents de toute sorte. Le personnel complet est de 31,486 individus, mais 5,927 administrateurs remplissent gratuitement leurs fonctions. Les hôpitaux et hospices de France ont, en tout, 126,000 lits, c'est donc *un employé pour quatre lits*.

Il est de petits hospices de campagne, où, pour 10, 15 ou 20 malades, la maison paye, nourrit et entretient 5, 8 ou 10 religieuses, plus 2 ou 3 servants.

Ces 126,000 lits ont été occupés en 1847 par 486,083 malades dans les hôpitaux, et par 89,144 infirmes, aliénés, etc., dans les hospices. Dans ces derniers établissements, le nombre des femmes a été supérieur à celui des hommes.

La durée moyenne du séjour des malades à l'hôpital est de 48 jours pour les hommes, de 64 jours pour les femmes, de 70 jours pour les enfants.

Le prix moyen de journée que les malades coûtent à l'hôpital est de 1 fr. 9 c.; à l'hospice, il de 97 c.; à Paris, ce prix s'élève, dans les hôpitaux, à 2 fr. 10 cent.; dans la Corrèze, dans le Finistère, il descend à 44 c.

La moyenne de la mortalité a été en 1847 :

Dans les hôpitaux ; 1 sur 15 pour les hommes, 1 sur 13 pour les femmes, 1 sur 16 pour les enfants.

24,176 enfants sont entretenus dans les hospices, auxquels chacun coûte environ 200 francs par an. Ils ne coûteraient pas 100 francs à la campagne placés chez des cultivateurs.

Dans la dépense de l'hospice, dépense appelée à disparaître dès que l'épargne collective aura universalisé l'assurance, se trouve implicitement et transitoirement comprise celle des *enfants trouvés*, qui est également appelée à disparaître entièrement par la constitution du **DOUAIRE UNIVERSEL**. En Prusse et en Angleterre, les enfants trouvés sont à la charge de la commune et de la paroisse. Voir ce qu'a écrit à ce sujet M. Kœnigswarter : *Législation des peuples anciens et modernes relative aux enfants nés hors mariage*. Pages 89 à 93.

On y lira notamment ce qui suit :

« Le code civil du canton de Vaud fait *adjuger* les enfants illégitimes au père et à la mère par la voie des tribunaux, sans que cependant l'enfant puisse réclamer les droits d'un enfant légitime. S'il est adjugé au père, il porte son nom et fait partie de la commune, et le père doit pourvoir à son entretien jusqu'à ce qu'il soit en état d'y pourvoir lui-même. Si le père est absent, la mère est chargée des mêmes obligations, et à défaut de tous les deux, *l'entretien de l'enfant tombe à la charge de la commune*, sauf son recours contre eux.

» ... Quant à l'Angleterre, la loi de 1834 n'a changé en rien le principe qui admet la recherche de la paternité, mais elle en a atténué les rigueurs en en modifiant les conséquences. Selon cette nouvelle loi, la mère est exclusivement chargée de fournir des aliments à l'enfant jusqu'à sa seizième année ; si elle est incapable d'y pourvoir, *cette obligation retombe sur la paroisse*, qui peut, en ce cas, exercer son recours contre le père putatif... La commune a un recours contre le père jusqu'à ce que les enfants aient atteint l'âge de sept ans. »

SECOURS A DOMICILE.

Ce qui convient surtout aux habitants de campagnes, ce qu'il faut leur donner comme institution générale, c'est le bureau de bienfaisance, *la distribution des secours à domicile*. Cette institution est celle qui est le plus en harmonie avec leurs mœurs, leurs habitudes, leur point d'honneur, leur esprit de famille, leur désir de vivre et de mourir au milieu de leurs enfants.

Des 2 484 chefs-lieux de canton qui ne sont ni des préfectures ni des sous-préfectures, il n'y en a qu'un tiers environ qui aient un hôpital ou hospice.

Quant aux bureaux de bienfaisance ou de *secours à domicile*, dont le nombre, pour toute la France, s'élève à environ sept mille, tous les chefs-lieux de département et d'arrondissement et presque tous les chefs-lieux de canton en possèdent en vertu de la loi du 7 frimaire an V (27 novembre 1796).

Dr LÉLUT, *De la Santé du Peuple.*

VENTE DES BIENS APPARTENANT A LA LÉGION D'HONNEUR.

27 mars 1852.

« Louis-Napoléon , président de la république française,

» Vu les articles 4, 5, 6, 7 et 8 du décret du 22 janvier 1852, portant que les biens faisant retour à l'Etat en vertu de ce décret seront vendus en partie jusqu'à concurrence d'une somme de trente-cinq millions, pour le produit en être affecté : dix millions aux sociétés de secours mutuels , dix millions à l'amélioration des logements d'ouvriers, dix millions à l'encouragement d'institutions de crédit foncier et cinq millions à la dotation d'une caisse de retraite pour les desservants les plus pauvres ;

» Vu l'art. 9 du même décret, portant que le surplus des biens sera réuni à la dotation de la Légion d'honneur ;

» Vu l'art. 12 de la loi du 7 août 1850, autorisant le ministre des finances à aliéner, jusqu'à concurrence de cinquante millions, des bois de l'Etat à prendre parmi ceux qui sont portés sur le tableau annexé à cette loi ;

» Considérant qu'entre deux ventes également autorisées, l'Etat doit commencer par celle qui comprend des biens dont la conservation est la plus onéreuse, et que dans cette catégorie se trouvent les forêts désignées au tableau annexé à la loi du 7 août 1850, à cause de leur nature, de leur étendue et de leur situation;

» *Considérant que la grande chancellerie de la Légion d'honneur n'est pas organisée de manière à pouvoir administrer les propriétés foncières;*

» Sur le rapport du ministre des finances, décrète :

» Art. 1er. Le ministre des finances est autorisé à aliéner, jusqu'à concurrence de trente-cinq millions, des bois de l'Etat à prendre parmi ceux qui sont portés dans le tableau annexé à la loi du 7 août 1850.

» Art. 2. Les trente-cinq millions provenant de cette vente seront affectés aux dotations allouées par les art. 5, 6, 7 et 8 du décret du 22 janvier 1852.

» Art. 3. Le ministre des finances est autorisé à faire inscrire au grand livre de la dette publique une rente de cinq cent mille francs quatre et demi pour cent. Cette inscription de rente sera remise à la Légion d'honneur, en remplacement des biens qui lui avaient été attribués par le décret précité.

» Art. 4. Le château de Rambouillet est affecté, en vertu de l'art. 4 du décret du 22 janvier, à l'établissement, sous la direction de la grande chancellerie de la Légion d'honneur, de la maison d'éducation destinée aux filles ou orphelines indigentes des familles dont les chefs auront obtenu la médaille militaire instituée par le même décret.

» Art. 5. Il sera procédé à la vente des propriétés désignées au tableau ci-annexé. Le surplus des biens qui ont fait retour à l'Etat, en vertu du décret du 22 janvier, seront réunis au domaine de l'Etat, sauf à être ultérieurement vendus en vertu du présent décret. »

—

ÉTABLISSEMENTS TONTINIERS.

Ces établissements sont obligés, aux termes des ordonnances qui les autorisent, à déposer tous les six mois au ministère du commerce et de l'agriculture, à la Préfecture de la Seine, à la Préfecture de police, à la Chambre du commerce et au Tribunal de commerce de Paris, un extrait de leur situation, ainsi que de celle des différentes associations qu'ils sont autorisés à former et à administrer.

Au 30 juin 1853, suivant les documents officiels déposés entre les mains de l'administration, les dix compagnies qui suivent avaient, depuis leur existence, reçu et encaissé, savoir :

	Polices	Montant des souscr.	Encaissement.	Rentes achet.
La Caisse Paternelle	68,055	99,823,202 98	46,395,579 96	2,215,084
La Nationale	20,082	49,357,318 89	34,979,800 47	1,502,508
L'Equitable	64,439	61,269,714 19	17,299,582 50	825,395
La Caisse des Ecoles	56,085	44,463,033 18	19,526,500 54	861,971
La Providence des Enfants	25,495	23,579,757 11	14,830,299 27	658.072
La Concorde	22,473	20,946,060 75	8,117,797 05	361,446
L'Economie	33,480	28,380,323 78	6,859,330 36	300,377
La Minerve	50,475	28,776,834 04	6,419,079 44	287,906
Le Conservateur	9,986	6,894,750 85	2,786,006 32	126,834
Le Phénix	2,537	4,753,213 29	1.738,295 50	78,426
Totaux	353,717	368,244,299 06	158,942,271 38	7,248,079

En joignant aux chiffres qui précèdent les opérations faites par les Compagnies en liquidation, qui sont : la Prévoyance, l'Européenne, l'Urbaine, la Providence, le Soleil, la France, la Mélusine et l'Aigle, et qui ont reçu 73,933 polices, montant à 74,297,977 fr. 13 c., sur lesquels elles ont encaissé 22,033,967 fr. 30 c., et acheté 1,029,675 fr. de rentes sur l'Etat, on trouve que l'ensemble des opérations tontinières s'élève à 427,610 polices, montant à 442,542,276 fr. 79 cent.; que l'encaissement total est de 180,976.238 fr. 77 c., avec lequel il a été acheté 8,247,754 fr. de rentes sur l'Etat.

LIVRE NEUVIÈME.

Vous tenez, dites-vous, vos richesses de vos ancêtres, mais n'est-ce pas par mille hasards que vos ancêtres les ont acquises. Vous imaginez-vous que ce soit par quelque voie naturelle que ces biens ont passé de vos ancêtres à vous ? Cela n'est pas véritable. Cet ordre n'est fondé que sur la seule volonté des législateurs qui ont pu avoir de bonnes raisons pour l'établir, mais dont aucune certainement n'est prise d'un droit naturel que vous ayez sur ces choses. S'il lui avait plu d'ordonner que ces biens, après avoir été possédés par les pères durant leur vie, retourneraient à la république après leur mort, vous n'auriez aucun sujet de vous en plaindre.

Ainsi, tout le titre par lequel vous possédez votre bien n'est pas un titre fondé par la nature, mais sur un établissement humain. Un autre tour d'imagination dans ceux qui ont fait les lois vous aurait rendu pauvre, et ce n'est que cette rencontre du hasard qui vous a fait naître avec la fantaisie des lois qui s'est trouvée favorable à votre égard, qui vous met en possession de tous ces biens.

PASCAL. Partie I, art. XII.

La loi naturelle ordonne aux pères de nourrir leurs enfants ; mais elle ne les oblige pas de les faire héritiers. Le partage des biens, les lois sur le partage, les successions après la mort de celui qui a eu ce partage, tout cela ne peut avoir été réglé que par la société, et, par conséquent, par des lois politiques ou civiles.

Il est vrai que l'ordre politique ou civil demande souvent que les enfants succèdent aux pères, *mais il ne l'exige pas toujours*.

Maxime générale : nourrir ses enfants est une obligation du droit naturel, *leur donner sa succession est une obligation du droit civil ou politique*. De là dérivent les différentes dispositions sur les bâtards dans les différents pays du monde. Elles suivent les lois civiles ou politiques du pays.

MONTESQUIEU, *Esprit des lois*, liv. XXVI, chap. VI.

Qui a fait les partages de la terre, si ce n'est la force ! Toute l'occupation de la justice est à maintenir les lois de la violence.

VAUVENARGUES.

Le propriétaire n'est que le premier des *salariés*. Ce que nous appelons vulgairement sa propriété n'est autre chose que le prix que lui paye la société pour les distributions qu'il est chargé de faire aux autres individus par ses consommations et ses dépenses. Les propriétaires sont les agents, *les économes du corps social*.

MIRABEAU.

La propriété industrielle doit se placer au-dessus de la propriété foncière : l'une est la valeur de la chose et l'autre la valeur de l'homme.

BENJAMIN CONSTANT.

L'empereur, en disant que l'industrie était une nouvelle *propriété*, exprimait d'un seul mot son importance et sa nature. L'esprit de propriété est par lui-même envahissant et exclusif. La propriété du sol avait eu ses vassaux et ses serfs. La Révolution affranchit la terre ; mais la nouvelle propriété de l'industrie s'agrandissant journellement tendait à passer par les mêmes phases que la première et à avoir comme elle ses vassaux et ses serfs.

L.-N. BONAPARTE. P. 248.

L'œuvre intellectuelle est une propriété comme une terre, une maison ; elle doit jouir des mêmes droits et ne pouvoir être aliénée que pour cause d'utilité publique.

L.-N. BONAPARTE.

LA PROPRIÉTÉ UNIVERSELLE.

Dans la langue économique, le nom de *capital* est donné à tout fonds inconsommable et productif d'une rente ou d'un profit, qu'il s'agisse d'immeubles, d'inscriptions sur l'État, d'actions d'entreprises, d'effets de commerce, de billets de banque, de numéraire disponible, de marchandises emmagasinées, de charges achetées, de professions exploitées, d'arts ou de talents lucratifs, etc., etc. ; le nom de capital s'étend ainsi à peu près à tout ; dans la langue usuelle, au contraire, le nom de *propriété* n'est guère usité que pour désigner la possession d'immeubles ; d'où l'on voit que l'acception usuelle du mot *propriété* est aussi étroite que l'acception économique du mot *capital* est large.

Il n'entre pas dans le plan de ce livre de disserter longuement sur la propriété, d'en rechercher l'origine douteuse, le caractère distinctif, la légitimité contestée ; on a pu remarquer qu'écrivant l'histoire de l'avenir et non l'histoire du passé, je datais exclusivement du présent.

Le présent est mon point de départ. Je prends donc la propriété telle qu'elle existe, seulement je la prends dans sa plus large acception, et j'appelle propriété tout ce que la langue économique appelle capital. Pour

moi, capital et propriété sont tout un. Je n'admets
pas, je ne veux pas admettre de différence entre la
propriété terrienne, la propriété industrielle, la propriété scientifique, la propriété littéraire, la propriété
artistique, ou toute autre propriété. Matérielle ou immatérielle, naturelle ou artificielle, personnelle ou impersonnelle, inconsommable ou viagère, peu m'importe !

S'il y avait une propriété à laquelle j'hésitasse à
donner ce nom commun, ce serait précisément celle
qu'il est d'usage de considérer comme étant la propriété par excellence, ce serait précisément la terre.

Je m'explique, et mon explication va être une hypothèse. Je suppose que, par suite de la liberté du commerce et de la réciprocité des échanges, la terre cul-
tivable et cultivée ne rapporte plus que strictement
ses frais de culture et la somme prélevée par l'État
sous le nom d'impôt ou d'assurance, que deviendrait,
dans ce cas, la rente foncière ou fermage ? Elle s'annu-
lerait. Plus de rente foncière, conséquemment plus de
propriété terrienne proprement dite. La terre ne serait
plus aux mains de l'homme qu'un instrument de travail, qu'un moyen d'appliquer ses forces, ses facultés
personnelles pour en tirer un salaire qu'il se payerait
à lui-même. Ce que je viens de supposer peut se réaliser et se réalisera peut-être plutôt que je ne l'entrevois. Dans ce cas, des trois éléments principaux dont
se compose la richesse sociale : *la terre, les facultés
personnelles* et *les capitaux artificiels*, il n'en restera
plus que deux, et la propriété terrienne ne serait plus
qu'une propriété de même nature que la propriété industrielle, scientifique, littéraire ou artistique. La
terre vaudrait ce que vaudrait le cultivateur, ce qu'il
tirerait de ses facultés personnelles ou de ses capitaux
artificiels employés à la culture du sol.

Que la propriété terrienne, propriété d'origine séculaire et d'essence aristocratique, ne se hâte donc pas de
m'accuser de la faire déchoir du rang suprême qu'elle
occupe pour la confondre avec les propriétés qu'elle conteste ou qu'elle dédaigne, propriétés d'origine récente
et d'extraction démocratique, propriétés qui s'appellent maintenant : industrielle, scientifique, littéraire,
artistique !

La propriété terrienne aurait tort de se plaindre qu'ainsi on la fît déroger, car elle s'ôterait par là tout droit de réclamer, s'il arrivait que plus tard telles autres propriétés refusassent de la reconnaître en lui disant crûment : — « Vous n'êtes pas le fruit du travail de l'homme, nous ne vous reconnaissons pas le titre de propriété. Ce titre n'appartient légitimement et ne s'applique maintenant qu'aux fruits du travail. »

Il est manifeste que si l'on tient compte des perfectionnements et des exigences de la navigation, laquelle portant au loin, rapidement et à peu de frais, les produits manufacturés des États les plus civilisés, a besoin de *retours*, on reconnaîtra que la terre, considérée comme propriété assise sur le *produit net*, n'a de valeur vénale et productive que celle qu'elle emprunte au régime arbitraire de la protection, régime qui a, incontestablement, pour objet et pour effet de protéger l'oisif aux dépens du travailleur, le patrimoine au préjudice de l'épargne, le capital antérieur au détriment du capital en voie de formation.

Mais je ne veux point décrier ni abaisser la valeur vénale que possède encore à l'heure où j'écris la propriété terrienne ; je l'admets pour ce que, présentement, elle vaut et rapporte ; seulement j'élève au même rang la propriété industrielle et la propriété personnelle. Par ce nom de propriété personnelle j'entends désigner le fonds inconsommable de toutes professions lucratives : scientifique, littéraire, artistique, libérales ou manuelles.

A mes yeux, propriété personnelle, propriété industrielle et propriété terrienne tirent leur existence de la même origine : l'utilité individuelle légitimée par l'utilité publique. L'incontestable stimulant du travail, c'est la possession incontestée de ses fruits, sous la seule réserve imposée à qui ne les détient pas de ne pouvoir se les approprier qu'après payement préalable de leur valeur vénale, authentiquement constatée.

De là, le droit de préemption universelle, qui est à la propriété ce qu'une extrémité du levier est à l'autre.

Propriété universelle et préemption universelle sont les deux extrémités du levier social, les deux pôles du Monde civilisé, les deux temps du pendule politique.

Qu'est-ce que la préemption, telle que je l'ai déjà

exposée ailleurs *? C'est le droit consacré d'expropriation pour cause d'utilité publique, *individualisé* et *universalisé*; c'est le droit de l'État souverain, transporté, aux mêmes conditions et par les mêmes considérations, à l'Individu souverain; c'est enfin le droit individuel d'expropriation pour cause d'utilité privée ayant trouvé son contre-poids nécessaire dans le droit individuel d'expropriation pour cause d'utilité publique.

Le droit d'expropriation pour cause d'utilité privée s'exerce sans protestation, pourquoi n'en serait-il pas ainsi du droit d'expropriation pour cause d'utilité publique ? Ce dernier serait-il donc moins légitime que le premier ?

Le créancier qui a prêté sur hypothèque ou sur gage, s'il n'est pas exactement payé au jour de l'échéance, peut exproprier l'immeuble ou s'approprier le gage. Ne serait-ce pas en vain que, pour arrêter cette expropriation forcée, ou cette appropriation suprême, le débiteur dirait au créancier : « Cet immeuble est le patrimoine de mes parents, de père en fils, ces meubles ont appartenu à ma mère, j'y tiens autant qu'à mon honneur, à ma vie, de grâce. ne me les enlevez pas; de grâce, laissez-moi le temps et l'espoir de me libérer ! » Devant le créancier, s'il demeure inexorable, devant l'huissier, devant l'avoué, devant le juge, tous également impassibles, vaines supplications! Elles ne seront point entendues. Considérations de famille, invocations du cœur, rien ne sera écouté.

Ou devant ces considérations pieuses et touchantes doit s'arrêter saintement le droit d'expropriation pour cause d'utilité privée. ou il n'y a pas de motif pour que, devant elles, s'arrête le droit d'expropriation pour cause d'utilité publique. Il faut être conséquent et opter :

Si le droit d'expropriation pour cause d'utilité privée est maintenu. il n'existe pas d'objection sérieuse contre le droit d'expropriation pour cause d'utilité publique.

Dans cet ordre d'idées, toute chose qui a une valeur vénale est réputée marchandise. Toute marchandise peut et doit s'acheter au cours. Or, la préemption, telle qu'elle s'exerce, ajoute à la *valeur déclarée* un DIXIÈME

---

* Voir l'IMPÔT, par *Émile de Girardin*, pages **273** et suivantes.

EN SUS. Qui redoute la préemption a donc un moyen fort simple de s'y soustraire, c'est d'estimer la chose qu'il tient à conserver, le prix qu'elle vaut, ou un tel prix que nul ne soit tenté de la préempter. En tout cas, le préempteur peut, à son tour, être le préempté.

La première conséquence de la préemption universelle, c'est d'élever à leur plus haute valeur les propriétés de toute nature, assujetties à l'impôt transformé en assurance générale et spéciale; la seconde conséquence, c'est de rendre la prime d'assurance d'autant plus faible que la richesse publique sera plus considérable; la troisième conséquence, c'est d'ouvrir à l'activité individuelle un Monde nouveau, c'est de donner à la spéculation l'entière liberté de son essor; la quatrième conséquence, enfin, c'est de résoudre les difficultés, réputées jusqu'à ce jour insolubles, qui s'opposaient à ce que les fruits du travail scientifique, artistique, littéraire, industriel, fussent considérés comme des propriétés, ayant les mêmes droits à la pérennité que la propriété immobilière et mobilière.

Le régime admis de la préemption universelle, il n'y a plus de motifs, ni fondés ni spécieux, il n'y a plus de prétextes, pour que l'inventeur, le savant, l'auteur, l'artiste, ne possèdent pas les œuvres qui sont les leurs, aux mêmes titres et conditions que le cultivateur possède les fruits de la terre qu'il a ensemencée, du pré qu'il a fumé ou de la vigne qu'il a plantée.

Si le détenteur d'un domaine ne sait pas en tirer tout le parti que ce domaine comporte, il pourra être préempté; de même si le détenteur d'une invention ne sait pas l'exploiter, il pourra être préempté; pareillement pour le détenteur d'une œuvre littéraire, auteur ou éditeur. Alors la concurrence qui n'était qu'un champ étroit sur lequel se pressait et se ruait une foule immense et compacte devient un champ libre où chacun peut se mouvoir librement dans le rayon de son aptitude. Des améliorations et des progrès de toute nature, qui rencontraient, dans l'ordre vicieux des choses, d'invincibles obstacles, n'en rencontrent plus. Chaque chose prend d'elle-même son niveau et rien n'arrête plus l'élan de chaque homme. Dès qu'il en est ainsi, le travail abonde, et ses fruits se multiplient en suivant la progression géométrique.

Qu'importerait alors la question de savoir si le sol

doit appartenir à la propriété collective ou à la propriété individuelle? Ce ne serait plus qu'une question oiseuse. Ce qui importe, c'est que, par la loi naturelle du travail et de l'épargne, la terre passant des mains oisives aux mains laborieuses soit définitivement possédée par les plus capables d'en tirer tous les produits dont elle est susceptible, en y appliquant les procédés et les instruments les plus perfectionnés.

Je suppose qu'un nouveau Fulton ait inventé une machine à vapeur labourant la terre aussi facilement, aussi rapidement, que le steamer laboure la mer, mais que cette machine ne puisse être avantageusement employée qu'à la condition d'avoir à parcourir d'immenses espaces; je suppose que cette machine à labourer soit à la charrue en usage, ce que le métier à filer est au rouet, que l'impuissance de soutenir la concurrence sur le marché a condamné à l'abandon; eh bien! dans les conditions de la propriété terrienne, telle qu'elle est morcelée, cette machine serait sans utilité, car elle serait sans emploi; tandis qu'avec la préemption il serait aussi facile de l'appliquer qu'il est facile maintenant de transporter en huit heures, de Paris à la frontière belge, mille voyageurs par le chemin de fer. De riches compagnies se formeraient; elles préempteraient toutes les terres dont elles auraient besoin; puis elles diviseraient leur fonds social en actions qu'elles émettraient. On serait alors actionnaire du sol comme on est actionnaire d'un chemin de fer.

J'entrevois dans l'avenir une époque où l'agriculture se divisera en *agriculture à l'eau froide* et en *agriculture à l'eau chaude*, où la terre avant d'être ensemencée, labourée, hersée, subira des préparations analogues à celles que la laine subit avant d'être convertie en drap tissé, tondu et apprêté. Avant de labourer la terre, on la nettoiera, on en extraira les pierres, on la cardera, en quelque sorte, comme on nettoie et comme on carde, avant de les filer, la laine et le coton.

Dès qu'une opération est susceptible d'atteindre une rigoureuse précision, la machine peut s'en charger? l'homme n'a plus qu'à s'effacer; ce qu'il faisait, elle le fera mieux que lui; et si elle ne le fait pas tout de suite, elle le fera plus tard.

L'homme est supérieur aux machines par l'intelli-

gence ; les machines sont supérieures à l'homme par
la précision. La précision est l'âme des machines, c'est
leur génie.

Toutes les opérations où la puissance mécanique intervient ne tardent pas à se lier étroitement et métho-
diquement. Un progrès se déduit de l'autre. Il suffit,
pour s'en convaincre, d'avoir visité une seule fois une
grande filature et d'en avoir suivi une à une toutes les
opérations. La terre se traitera comme se traite un
un tissu. Semer en ligne, et moissonner mécaniquement ne seront plus des difficultés dès que la première
difficulté aura été vaincue : celle de régler, à volonté,
la profondeur du labour, et de labourer à la vapeur à
moins de frais qu'en se servant de bœufs, de vaches ou
de chevaux [*].

Application de la machine à vapeur à la culture de
la terre, jardinage mécanique, voilà ce que j'appelle
l'agriculture à l'eau chaude ; maintenant ai-je besoin
de dire que par *l'agriculture à l'eau froide*, j'entends
l'art des irrigations appliqué, sur la plus vaste échelle,
à toutes les terres montueuses, accidentées, qui par la
même raison qu'elles seraient impossibles à labourer
mécaniquement, se prêteraient admirablement à être
converties en prés naturels, ce qui permettrait de nourrir un grand nombre de bestiaux, et de substituer dans
une forte proportion l'usage de la viande à l'usage
du pain dans l'alimentation des travailleurs. Avec
autant de bestiaux et beaucoup de fourrages, on aurait
assez de fumier pour fumer les terres labourées par la
machine à vapeur. Dans l'un comme dans l'autre système, *agriculture à l'eau froide* et *agriculture à l'eau
chaude*, la préemption universelle est impérieusement
nécessaire. Sans elle pas d'application possible.

Le progrès agricole, tel que je l'entrevois, exige que
la terre soit une marchandise et se vende au cours
comme s'achète le coton. D'abord le prix de la terre
s'élèverait rapidement parce qu'elle serait plus demandée qu'offerte, puis elle ne tarderait pas à être plus
offerte que demandée par suite de l'impossibilité où

[*] « La vapeur peut se faire laboureur. » Discours de
M. Magne, ministre de l'agriculture ; preuve : *la piocheuse
à vapeur* inventée par MM. Barrat frères.

serait le cultivateur et sa paire de bœufs de lutter contre la machine aux narines de feu, si elle permettait de vendre avec profit les céréales, la betterave, la pomme de terre, etc.. seulement à 1 °/₀ de moins. Lorsqu'on a assisté aux progrès qu'a faits, depuis vingt années, la fabrication du sucre indigène, on peut tout prévoir et il ne faut douter de rien.

Quoi qu'il en soit, quoi qu'il en puisse être de la préemption universelle appliquée au progrès agricole, ce que l'on ne contestera pas, ce que l'on ne saurait contester, ce sont les avantages qu'elle offrirait appliquée au progrès industriel.

Combien d'inventeurs qui étouffent l'invention à laquelle ils ont donné le jour parce qu'ils s'en exagèrent l'importance, la valeur ! L'accès de fièvre qui est utile pour mettre au monde une invention est ce qu'il y a ensuite de plus nuisible pour l'exploiter. Le préempteur, n'ayant pas les mêmes raisons d'aveugle enthousiasme que l'auteur, en devient le correctif salutaire autant que nécessaire. Tenterait-on de m'objecter que l'inventeur saura toujours mettre son invention à un assez haut prix pour la rendre inaccessible au préempteur? Si cette objection m'était faite, j'y répondrais, le taux de l'assurance à payer étant proportionnel au montant de la valeur déclarée, l'objection tombe d'elle-même. Ainsi, on le voit, l'impôt transformé en assurance devient l'inflexible régulateur de toutes les valeurs.

La même observation s'applique avec la même justesse à l'auteur qui estime son œuvre trop haut ou qui l'exploite mal. Il n'est ni plus ni moins propriétaire de son livre que le propriétaire ne l'est de sa terre. On peut les exproprier tous les deux et s'approprier terre et livre aux mêmes conditions : payement préalable de la valeur déclarée et le dixième en sus.

Le payement du dixième en sus, on le remarquera, constitue un privilége au profit des valeurs préemptées relativement aux autres marchandises qui s'achètent au cours du marché ou de la bourse.

Ce privilége doit être considéré comme une transition ; cette transition constituant un privilége, les propriétaires assujettis à la préemption, loin d'être fondés à se plaindre, n'auront qu'à s'applaudir d'avoir été l'objet d'une telle exception et qu'à se hâter d'en profiter.

Je me résume :

La préemption universelle est ce qui permet de proclamer et de réaliser la propriété universelle.

Or, la propriété universelle, c'est le salaire à son taux le plus élevé et l'alimentation à son taux le plus bas ; c'est la consommation et la production s'aidant réciproquement comme s'aident les deux seaux qui servent à tirer de l'eau d'un puits, l'un descendant pour s'emplir toutes les fois que l'autre monte pour se vider ; c'est le travail occupant toutes les têtes et faisant mouvoir tous les bras ; c'est le travail sans chômage ; c'est plus que tout cela encore, c'est le bien-être universel.

DÉCRET DE L'AVENIR.

La propriété est une.

La propriété est inviolable.

Toutes les propriétés sont égales entre elles sans distinction d'origine ni de nature : matérielle ou immatérielle, personnelle ou impersonnelle, naturelle ou artificielle, inconsommable ou viagère.

Toute propriété, foncière, industrielle, scientifique, littéraire, artistique ou autre, est inviolable, en ce sens qu'aucune expropriation ni préemption, pour quelque cause que ce soit, ne peut avoir lieu sans le payement préalable du prix de l'objet tel qu'il a été déclaré, et le dixième en sus.

La déclaration est celle qui a été faite devant le percepteur et constatée par lui sur la police d'assurance générale délivrée à l'assuré. A défaut de déclaration préalable, le propriétaire est tenu d'accepter le prix qui lui est offert.

LIVRE DIXIÈME.

L'homme a été créé droit et juste ; c'est lui qui s'est embarrassé
dans une foule de questions.

Ecclésiaste.

Pour atteindre la vérité, il faut une fois dans sa vie se défaire de
toutes les opinions qu'on a reçues, et reconstruire de nouveau tout
le système de ses connaissances.

DESCARTES.

Puisque la nature n'a mis aucune différence entre ses enfants,
puisqu'elle me donne à moi comme a vous le même droit à ses fa-
veurs ; puisque nous avons tous la même raison, les mêmes sens,
les mêmes organes ; puisqu'elle n'a point créé des maîtres, des sujets, des esclaves ; des princes, des nobles, des roturiers ; des riches,
des pauvres ; comment les lois politiques qui ne doivent être que le
développement des lois naturelles pourraient-elles sans danger
établir une différence choquante et cruelle entre les hommes. Pourquoi la loi qui doit satisfaire la raison pour produire le bien la ré-
volterait-elle sans produire le mal ?

CONDILLAC.

Que la politique imite la nature. Si le travail qu'elle nous impose
n'est pas proportionné à nos forces, si l'espérance qui le ferait entreprendre avec joie est trompée, s'il ne peut pas suffire à nos besoins,
il devient insupportable et ne peut être que l'occupation ou le châtiment d'un esclave.

MABLY. Entretiens de Phocion.

L'étude de la physiologie du cerveau nous montre les bornes et
l'étendue du règne moral et intellectuel de l'homme. Elle nous
montre une immense disproportion entre les facultés éminentes et
nous entraîne vers ce résultat que, partout où les hommes se font
gouverner par la multitude, où les règlements, les décisions, les
lois sont l'œuvre de la pluralité des votes, c'est la médiocrité qui
l'emporte sur le génie.

GALL., Sur les fonctions du cerveau, t. II, p. 50.

Il y a une science des quantités qui force l'assentiment, exclut
l'arbitraire, repousse toute utopie ; une science des phénomènes
physiques qui ne repose que sur l'observation des faits ; il doit
exister aussi une science de la société absolue, rigoureuse, basée
sur la nature de l'homme et de ses facultés et sur leurs rapports,
science qu'il ne faut pas inventer, mais découvrir.

J.-F. XOUDVORP. Ehenamid.

Il n'y a de vraies révolutions que les révolutions d'idées.

JOUFFROY. De la destinée humaine.

La destinée humaine donne une heure par siècle à l'humanité
pour se régénérer ; cette heure, c'est une révolution, et les hommes
la perdent à s'entre-déchirer ; ils donnent à la vengeance l'heure
donnée par Dieu à la régénération et au progrès.

LAMARTINE. Voyage en Orient.

Toutes les heures perdues dans l'époque où nous vivons sont une
perte irréparable.

LE PREMIER CONSUL au ministre Decrès,

L'AUTONOMIE UNIVERSELLE.

D'où vient que les astres se meuvent en pleine liberté sans se rencontrer ni se heurter jamais? C'est que chacun d'eux se meut dans son orbite sans en pouvoir sortir. Cet ordre astronomique est ce qui constitue l'équilibre universel. C'est un équilibre pareil que j'ai cherché à créer dans l'ordre politique. Pour y parvenir, je me suis appliqué à restituer premièrement à la puissance individuelle sa plénitude; deuxièmement, à la puissance communale son indépendance; troisièmement, à la puissance publique son unité; quatrièmement, à la puissance corporative son action; cinquièmement et enfin, à la puissance judiciaire sa suprématie. Chacune de ces puissances se fait contre-poids; mais aucune d'elles n'a de limites autres que celles qui lui sont propres, comme il est propre, selon l'observation de Montesquieu, à tous les rayons d'un cercle d'être égaux entre eux.

Partout où j'ai trouvé une limite arbitraire, je l'ai effacée; partout où j'ai trouvé une limite naturelle, je l'ai conservée. Je n'ai voulu d'aucune pondération factice. L'autonomie universelle, voilà quel a été mon but. L'ai-je atteint? ai-je découvert toutes ses lois? n'en ai-je transgressé aucune? C'est ce qu'à défaut de l'application, que je souhaite sans l'espérer, m'apprendra la discussion que je provoque.

Les neuf livres qui précèdent, mûrement médités, ont été rapidement écrits dans l'exil où je suis privé de la plupart de mes notes, patiemment amassées; il n'y faut donc voir que l'imparfaite ébauche d'un tableau dont je me propose de faire l'œuvre de toute ma vie. La pensée fraternelle du lecteur sympathique saura suppléer ce qui manque et rectifier ce qui devra être rectifié. J'ai compté sur elle.

L'expérience de tous les temps et de tous les pays, à l'exception des États-Unis, exception qui s'explique d'elle-même, a démontré ce que valaient et ce que duraient les constitutions écrites. Il fallait donc combler cette ornière pour n'y plus verser. Assez et trop de constitutions ont été tracées sur le papier. Il fallait faire ce que fit le premier homme sensé qui, au lieu de disserter sur le mouvement qu'on niait, marcha. Il fallait faire ce qu'a fait le mécanicien qui, remontant pratiquement des effets aux causes, s'est appliqué à rendre plus rares les explosions originairement si fréquentes des machines à vapeur; il fallait faire ce qu'a fait l'horloger des mains duquel sortent les plus irréprochables chronomètres; il fallait entreprendre le mécanisme de la liberté; il fallait en construire tous les rouages, en ajuster toutes les pièces; il fallait enfin transporter de la tribune dans l'atelier la liberté, et la mettre en œuvre au lieu de la mettre en paroles. Commencer par exercer ses droits est plus sûr et plus prompt que commencer par les proclamer. Les droits qu'on exerce se règlent d'eux-mêmes et se rectifient par l'usage, tandis que le plus petit abus suffit pour détruire les droits qui n'existent qu'à l'état de *Déclaration. Déclaration des droits!* c'est le mot consacré.

Placé devant l'étau, j'ai donc tenu le marteau et la lime, et de même que s'y prend le constructeur de machines pour construire un générateur de force, je m'y suis pris pour construire un générateur de liberté.

Il y avait dans cette entreprise une double difficulté à vaincre, et contre laquelle on avait toujours échoué. Il fallait que la puissance indivisible conservât une force assez grande pour suffire à son œuvre, sans avoir jamais à craindre d'être faussée ni brisée, et cependant que cette force ne fût pas telle qu'elle pût usurper et jamais mettre en question et en péril la puissance individuelle. Le moyen de vaincre cette double difficulté, c'était : premièrement, de définir avec précision ce qu'il fallait entendre par puissance indivisible et par puissance individuelle; c'était de tracer la ligne de démarcation entre la puissance de l'État et la puissance de l'Individu avec une telle certitude que jamais ces deux puissances, renfermées chacune naturellement dans son orbite, ne pussent jamais se rencontrer et se heurter; c'était, deuxièmement, de placer entre la puissance nationale et la puissance individuelle deux puissances intermédiaires : la puissance communale et la puissance corporative, et au-dessus de ces quatre puissances une puissance suprême, la puissance judiciaire; ainsi donc cinq puissances : deux puissances extrêmes, l'Individu et l'État; deux puissances intermédiaires, la Corporation et la Commune, et une puissance suprême, la Justice : — voilà tout le mécanisme, mécanisme qui pourrait être comparé à une machine composée de cinq cylindres, tous indépendants les uns des autres et mis en mouvement par un moteur commun : le suffrage universel; c'était, troisièmement, de restituer à la puissance nationale l'unité qu'elle avait perdue, l'unité sans laquelle il n'y a pas et il ne saurait y avoir ni de puissance réelle, ni de responsabilité effective, ni de libre essor du génie; c'était, quatrièmement et enfin, de simplifier tous les rouages, de supprimer tous les frottements, d'utiliser toutes les forces.

Le mécanisme dont j'ai entrepris la construction a été conçu avec cette pensée, que le dépositaire de la puissance indivisible eût-il à sa disposition ce que je ne voudrais pas qu'il eût jamais, une force armée de cinq cent mille soldats, il ne pût s'en servir, en aucun cas, que pour défendre l'inviolabilité nationale, et jamais pour menacer l'inviolabilité personnelle.

Je me suis donc posé la question de savoir ce qui arriverait si le dépositaire de la puissance indivisible, quel que fût le nom qu'il portât, celui de Président de la République ou de Président du Conseil, de Maire d'État ou de Ministre du Peuple, abusait du dépôt qui lui aurait été confié pour tenter d'anéantir la puissance individuelle, d'absorber la puissance communale, de supprimer la puissance corporative, de paralyser la puissance judiciaire?

Voici la réponse que les choses elles-mêmes m'ont faite :

La Commission nationale de surveillance et de publicité, composée des onze membres ayant obtenu, dans l'échelle des votes, le plus grand nombre de voix après celui obtenu par l'Élu du peuple, *individualisant, personnifiant* la puissance collective, se hâterait de convoquer l'arbitre suprême, c'est-à-dire l'universalité des électeurs.

—Mais, reprend-on, la première mesure que ne manquerait pas de prendre l'Élu du peuple aspirant à la dictature temporaire ou à la royauté héréditaire, ce serait de mettre les onze membres de la Commission nationale de surveillance et de publicité dans l'impuissance de faire obstacle à la réussite de ses projets d'usurpation.

Je réponds : Soit ! et j'ajoute : Les 6 ou 7,000 Communes de France ayant toutes la même organisation que l'État, il faudrait alors arrêter et incarcérer, en même temps que les onze membres de la Commission nationale de surveillance et de publicité, les 6,000 Maires de communes et les 66,000 Membres des Commissions communales de surveillance et de publicité ; ensemble, 72,000 Élus du peuple, représentant la souveraineté à tous ses degrés, la confiance nationale et la défiance démocratique dans toutes leurs combinaisons et dans toutes leurs nuances. Ce ne serait pas tout encore, il faudrait arrêter et incarcérer les Maires de toutes les Corporations, et détruire d'un coup de plume et d'un revers de main toute l'organisation, aussi forte que simple, des Corporations ; ce ne serait pas tout encore, il faudrait improviser des prisons, puisqu'elles auraient été démolies, ou organiser des massacrés, le même jour, sur tous les points du territoire. Ce ne serait pas tout encore, il faudrait enfin arrêter et incarcérer le grand-juge, les 35 juges de cassation, les 360 juges d'appel et les 6,000 juges de paix, car ces juges ne tiendraient pas leur siége du dépositaire infidèle de la puissance indivisible, ils le tiendraient du peuple souverain ; ils seraient ses élus. Ces juges ne seraient pas fonctionnaires, ils seraient juges ; ils seraient plus qu'inamovibles, car ils seraient rééligibles. Je le demande, avec de telles garanties se prêtant les unes aux autres une mutuelle assistance et s'assurant réciproquement, le risque qu'on vient de supposer, serait-il à craindre, serait-il probable, serait-il possible ? Quiconque se sera rendu exactement compte de ce mécanisme, où toutes les lois de la gravitation ont été étudiées et appliquées, répondra, sans hésiter, non.

Si l'on s'étonnait de trouver si souvent écrit sur les pages d'un livre politique le mot mécanisme, je répondrais à cette remarque en disant que la puissance nationale me paraît appelée à se simplifier par les mêmes moyens que ceux auxquels la puissance industrielle est redevable de tous les progrès qu'elle a accomplis, depuis un demi-siècle, sous le régime de la liberté.

Première période : L'homme fait tout ; la machine ne fait rien ; elle n'existe pas encore.

Période intermédiaire : L'homme et la machine se partagent la tâche par moitié.

Troisième période : Les machines font tout ; les hommes ne font plus rien, car ils n'ont plus qu'à mettre en mouvement les machines lorsqu'elles se sont arrêtées, ou qu'à rattacher le fil lorsqu'il s'est brisé.

Même sort est réservé à la puissance nationale :

Première période : L'homme est tout ; les institutions ne sont rien. Elles n'existent pas encore. C'est la monarchie traditionnelle.

Période intermédiaire : L'homme et les institutions se partagent la tâche par moitié. C'est la monarchie constitutionnelle.

Troisième période : Les institutions seront tout, l'homme ne sera plus qu'un modeste conducteur de machines ou qu'un simple rattacheur de fil. Ce sera la période de la République universelle.

La société est à la recherche de son mécanisme ; dès qu'elle l'aura trouvé, *Gouvernement* sera un mot qui n'aura plus de sens que dans le passé. Au lieu de dire le *Pouvoir*, on dira le *Savoir* ; au lieu de dire l'*Autorité*, on dira la *Supériorité*. La *liberté mutuelle* sera la *loi commune*. Il n'y aura pas, il n'y aura plus besoin d'autre loi que celle-là. Hormis les cas où il y aura lieu de délibérer et de voter sur un intérêt nécessairement *indivisible*, conséquemment *indivis*, essentiellement *collectif* et exclusivement *public*, la majorité n'imposera plus, n'aura plus le droit arbitraire d'imposer sa volonté à la minorité. Il n'y aura plus de pouvoir législatif, car il n'aura plus de raison d'être ; il n'y aura plus qu'une administration publique de la CHOSE publique.

Lorsque le suffrage universel n'aura qu'à viser un but marqué droit et clairement devant lui, il n'y aura plus à craindre qu'il commette d'écarts, car, en fît-il, qu'il aurait le moyen de les réparer presque aussitôt qu'il les aurait commis.

Lorsque le suffrage universel aura à élire un Maire d'Etat, et que ce Maire d'Etat sera exclusivement l'administrateur de la CHOSE publique, le suffrage universel apprendra, par l'élection de 6,000 Maires de Communes, qu'il faut se garder de nommer un dilapidateur ou un ambitieux ; il nommera donc le meilleur administrateur qui se sera révélé, et les moyens de se révéler, pour un bon administrateur ne manqueront plus, dès que l'administration communale s'exercera dans toute sa liberté et dans toute sa responsabilité.

Lorsque le suffrage universel aura à élire un juge d'Etat, un juge suprême, *individualisant, personnifiant* la conscience publique, un Grand-Juge, devant lequel seront juridiquement portées les accusations de forfaitures, le suffrage universel, par l'élection de 6,000 juges de paix, apprendra quelles garanties préalables d'impartialité il devra demander au caractère de celui qui rendra la justice AU NOM DE LA JUSTICE.

Alors l'universalité des électeurs, l'universalité des justiciables ne se tromperont pas, car elles ne procéderont plus au hasard et dans les ténèbres ; elles sauront exactement ce qu'elles voudront et ce qu'elles devront vouloir.

En tous cas, le suffrage universel n'aura jamais à élire qu'un administrateur de la richesse indivise, jamais un législateur de la raison individueile.

Le seul risque qu'on pourra courir, ce sera de voir gaspiller son argent donné à titre d'impôt ou d'assurance ; jamais on ne courra le risque de voir entamer sa liberté.

N'est-ce pas là l'essentiel ? Et un tel progrès dût-il se payer par une petite perte d'argent, serait-ce le payer trop cher ?

Assurément non, me répond-on ; mais en même temps qu'on me fait cette réponse, on m'adresse cette question : Est-il possible et raisonnable d'espérer que jamais les lois de l'autonomie universelle soient observées, même en supposant le triomphe d'une révolution nouvelle ?

Pourquoi donc ne seraient-elles pas observées? Elles sont l'Absolu et non pas l'Arbitraire, elles sont l'Unité et ne sont pas la Dictature, elles sont la Liberté et ne sont pas la Terreur, elles sont la Pacification et ne sont pas la Guerre, elles sont les Réconciliations et ne sont pas les Représailles, elles ne menacent de mort la vie de personne et ne dépouillent de son bien aucun vivant; elles ne poursuivent que l'erreur démontrée par la vérité, que l'abus dévoilé par la justice; elles attendent lorsqu'il y a doute et ne se hâtent que lorsqu'il y a certitude.

Si ces lois sont les véritables lois de l'autonomie universelle, sera-t-il nécessaire de les soumettre préalablement à la sanction populaire? A cette question que je me suis posée à moi-même, j'ai répondu : non. Ou ces lois sont fausses, ou elles sont vraies, pourquoi exposer à la complicité d'une erreur le peuple qui les adopterait; si ces lois sont vraies, pourquoi exposer au risque d'une méprise le peuple qui les rejetterait? Est-ce que si le peuple était consulté sur la loi de gravitation universelle, le vote du peuple pourrait infirmer ou confirmer la découverte de Newton? Est-ce que si le peuple était consulté sur la question de savoir si la terre tourne, le vote du peuple pourrait trancher la question qui fut indécise entre Galilée et le pape Urbain VIII? Est-ce que si le peuple était consulté sur la question que Napoléon posa le 21 juillet 1804, à l'Académie des sciences, à l'occasion de Fulton, il serait plus infaillible que l'Académie des sciences qui traita Fulton de « *visionnaire* » et son idée « *d'idée folle, d'erreur gros-* » *sière, d'absurdité?* »

Ce qui appartient au domaine de l'expérience doit se résoudre par l'épreuve de l'expérience; le juge de ce qui est le progrès, c'est l'essai.

Le progrès se découvre et ne se vote pas.

Si les lois que j'ai exposées ne sont pas les véritables lois de l'autonomie universelle, il faut le démontrer, et faire plus ou mieux; il faut, tous et chacun, les chercher sans relâche, jusqu'à ce qu'elles aient été incontestablement trouvées, afin qu'au lendemain d'une révolution, il n'y ait plus qu'à supprimer les obstacles qui empêcheraient, cette fois encore, qu'elles ne se fissent jour.

Mais les lois que j'ai exposées ne fussent-elles qu'un

progrès sur tous les régimes condamnés par l'expérience, que ce progrès devrait encore être accueilli si rien d'égal ne s'était produit qui pût lui disputer la préférence.

Le jour d'une révolution, si l'on ne sait pas ce qu'il faut immédiatement faire, j'ajouterai, si on ne le sait pas la veille, on le saura encore moins le lendemain.

Charlatans et impuissants sont ceux qui disent, pour masquer leur paresse et leur ignorance : « On consultera le peuple! »

Qui et comment?

Qui le consultera?

— Un dictateur que rien ne contiendra ou un comité que tout divisera.

Comment le consultera-t-on?

— En mettant aux voix ce que la majorité n'aura aucun droit d'imposer à la minorité.

Si l'on veut fermement, sincèrement qu'une quatrième révolution éclatant en France, n'y soit pas un quatrième avortement, il faut, ne dût-elle s'accomplir que dans vingt années, s'appliquer dès aujourd'hui, et sans perdre une seconde, à rechercher : premièrement, les véritables titres de la puissance individuelle et de la puissance communale afin de ne plus les confondre avec ceux de la puissance nationale ; deuxièmement, les moyens de séparer la Force de la Justice, afin de les rendre indépendantes l'une de l'autre ; troisièmement, les termes de la convention libre qui devra se substituer à toute constitution imposée.

La preuve que 2 multipliés par 2 égalent 4, c'est que cela n'est contesté par personne et que cela est accepté par tout le monde ; la preuve qu'une convention sera bonne, c'est qu'elle aura été acceptée par le nombre le plus grand et qu'elle n'aura été contestée que par le nombre le plus petit ; la preuve qu'elle sera la meilleure possible, c'est que l'intérêt de tout le monde aura été de l'accepter et que nul n'y aura été contraint.

Le régime constitutionnel, c'est le régime de la majorité substitué au despotisme de la royauté ; le régime conventionnel, c'est le régime de la liberté substitué au despotisme de la majorité.

Le droit conventionnel est donc un progrès sur le droit constitutionnel.

C'est l'autonomie universelle.

RÉSUMÉ.

I.

L'autonomie universelle, c'est la liberté limitée par la réciprocité.

II.

La propriété universelle, c'est le droit de conquête par le travail ; c'est le travail glorifié ; c'est l'oisiveté déchue ; c'est la propriété légitimée par son origine et par ses œuvres.

III.

Le décime universel, c'est l'épargne individuelle élevée à sa plus haute puissance par l'épargne collective ; c'est la misère entretenue par la charité impuissante, abolie par le salaire suffisant ; c'est l'abîme entre la pauvreté et le luxe comblé et nivelé par le bien-être.

IV.

Le douaire universel, c'est l'égalité des enfants devant la mère ; c'est la fin du vieux monde et la naissance du monde nouveau ; c'est l'homme ne valant plus par ses ancêtres, mais valant exclusivement par ses œuvres ; c'est la titulation héréditaire faisant place à l'illustration personnelle, le privilége de la naissance à l'universalité de l'élection, l'aristocratie à la démocratie, et la république universelle à la monarchie séculaire.

V.

La justice universelle, c'est la Justice arrachée à l'esclavage de la Politique et reprenant au-dessus de celle-ci le rang qui lui appartient ; c'est la condamnation de la Force sous tous ses noms : guerres et conquêtes ; révolutions et dictatures ; superstitions et nécessités ; crimes et délits arbitraires ; c'est la justice mutuelle vouant au blâme, au mépris, à l'exécration de chaque pays et de chaque siècle tout acte qui a blessé la conscience publique.

VI.

Le suffrage universel, c'est le Monde politique ayant trouvé son axe et l'ordre social ayant trouvé sa loi; c'est le droit présumé de la capacité succédant au prétendu droit de l'hérédité ; c'est, partout où il y a un intérêt collectif, l'intérêt du plus grand nombre administré par l'Elu du nombre le plus grand.

VII.

L'inscription universelle, c'est le contrôle réciproque des hommes par les choses et des choses par les hommes ; c'est l'ordre moral établi par l'ordre matériel ; c'est l'ordre durable fondé sur la publicité au lieu de l'ordre précaire maintenu par la compression.

VIII.

La pacification universelle, c'est le risque de guerre anéanti par l'assurance mutuelle internationale et disparaissant de lui-même comme disparaît un effet qui n'a plus de cause; c'est la rivalité des produits succédant à la rivalité des territoires, l'art de produire remplaçant l'art de détruire ; c'est le progrès apportant partout la liberté et la liberté accélérant partout le progrès ; c'est le *prix de revient* réduit de tout ce que coûte le dispendieux entretien des armées permanentes ; c'est conséquemment pour moins de travail plus de bien-être.

IX.

L'assurance universelle, c'est l'association avec tous ses avantages sans les inconvénients de la communauté ; c'est l'application successive de tous les progrès à l'anéantissement graduel de tous les risques ; c'est le caprice destitué par le calcul; c'est l'arbitraire remplacé par l'absolu ; c'est le mal traduit mathématiquement en risques dans l'ordre social comme dans l'ordre physique, le mal scruté et combattu non dans ses effets, mais dans ses causes ; c'est, enfin, la répression, qui n'a jamais su inventer que des peines se réfugiant dans le passé et livrant l'avenir à la prévoyance, qui, de l'étude des probabilités, a réussi à faire une science exacte, science qui ouvre l'ère de la politique universelle, science dont les trois termes seront :

LIBERTÉ, PUBLICITÉ, UNITÉ.

La liberté mutuelle est la loi commune.

L'Etat, être abstrait et collectif, n'a le droit de régir et de régler que ce qui est nécessairement *indivisible*, conséquemment *indivis*, essentiellement *collectif*, exclusivement *public*.

Nul ne peut être contraint de rester dans l'indivision.

Tout ce qui est individuel est libre.

Donc :

La parole est libre.

L'imprimerie est libre.

L'enseignement est libre.

L'association est libre.

Les cultes sont libres.

Les conventions sont libres.

Les conventions sont la loi des parties.

Les codes indiquent à l'inexpérience des hommes les formules consacrées par l'expérience des siècles. Ils indiquent et ne prescrivent pas.

Le crime ou le délit *commis* a pour peine le crime ou le délit *constaté*.

Le dommage causé a pour peine le dommage réparé.

Les enfants sont égaux devant la mère.

La mère est responsable du sort de ses enfants.

La maternité offrant seule la certitude nécessaire au droit de succéder, l'Etat ne garantit le droit de succéder qu'aux descendants et ascendants de la ligne maternelle.

La probabilité du risque règle le taux de la prime.

La prime volontaire abolit l'impôt forcé.

Le payement et l'encaissement de la prime d'assurance générale sont le contrat librement et réciproquement conclu entre l'individu souverain et l'Etat souverain.

Tout fonctionnaire dont un fonctionnaire supérieur n'est pas responsable est élu.

Tout fonctionnaire élu n'est responsable de ses actes que devant la justice élective et le suffrage universel.

LE DROIT CONVENTIONNEL.

Les lois devraient être des *conventions* faites *librement* entre des hommes *libres*.
BECCARIA. *Des délits et des peines.*

Dans une démocratie, il n'y a lieu, en dernière analyse, ni à constitution ni à gouvernement. La politique dont on a écrit tant de volumes et qui fait la spécialité de tant de grands génies, la politique se réduit à un simple contrat de garantie mutuelle de citoyen à citoyen, de commune à commune, de province à province, de peuple à peuple, variable dans ses articles suivant la matière, et révocable *ad libitum* à l'infini.
PROUDHON. *Contradictions économiques.*

D. Qu'est-ce que le droit conventionnel?

R. C'est le moyen nouveau d'exclure les maîtres, substitué au droit ancien de les subir, et au droit moderne de les choisir.

D. Comment une nation peut-elle agir sans gouvernement?

R. Comme la terre tourne sans roues, et comme l'homme marche sans lisières.

D. Mais une nation n'est ni un astre céleste, ni un être vivant?

R. Non; une nation est un être collectif qui agit d'après les lois qui lui sont propres.

D. Mais quelles sont ses lois?

R. Les plus simples. Pour les connaître, il suffit de savoir distinguer ce qui est essentiellement indivisible de ce qui est essentiellement individuel, ce qui est nécessairement public de ce qui est naturellement privé.

D. Mais n'est-ce pas là précisément que la difficulté

commence ? Comment tracer cette ligne de démarcation sans tomber dans l'arbitraire ?

R. En vous posant à vous-même les simples questions que je vous adresse : Chaque citoyen peut-il, pour défendre sa personne ou sa propriété, entretenir une armée ? — Non. Donc, l'armée est l'un des membres du corps social. Ce qui est vrai pour l'armée est également vrai pour la marine qui protége le commerce national, car chaque citoyen ne peut pas entretenir une escadre. Ce qui est vrai pour l'armée et la marine est pareillement vrai pour la voie publique, car chaque citoyen ne peut posséder une fraction de route nationale, un bout de chemin communal.

D. Il est facile de limiter ainsi ce qui est indivisible, mais est-il aussi facile de limiter ce qui est individuel ?

R. Tout aussi facile et par le même moyen, en continuant de vous poser à vous-même ces simples questions : Chaque citoyen, être pensant, a-t-il le droit d'avoir une croyance religieuse, scientifique, politique, littéraire ou artistique, sans que l'Etat, être non-pensant, intervienne et la règle ? — Assurément. Donc, la liberté de croire, de penser, de parler, d'apprendre ou d'enseigner est l'une des facultés de l'Etre individuel, faculté que n'a aucun droit de limiter l'Etre collectif.

D. Ne pouvez-vous préciser plus nettement votre pensée ?

R. L'Etre collectif est celui qui fait et possède ce que ne peut pas faire et posséder l'Etre individuel ; l'Etre individuel est celui qui fait et possède ce que ne peut pas faire et posséder l'Etre collectif. En conséquence de ce principe, rien de ce qui se peut faire par la puissance individuelle ne doit se faire par la puissance indivisible.

D. Définissez la puissance indivisible.

R. Ce qui protége relativement la faiblesse individuelle et l'indépendance nationale, ce qui ne peut être divisé sans être détruit.

D. Définissez la puissance individuelle.

R. Ce qui ne peut être protégé sans être diminué.

D. Décomposez la puissance indivisible.

R. La force publique,

La voie publique,

La dette publique,

D. Décomposez la puissance individuelle.

R. La liberté du domicile,

La liberté de la parole,

La liberté de la correspondance,

La liberté d'imprimerie,

La liberté d'association.

D. Vous avez défini et décomposé la puissance indivisible ; mais la force publique ne se recrute pas et ne s'entretient pas toute seule ; la voie publique a besoin qu'on la trace et qu'on la répare ; la dette publique, enfin, exige des recettes égales aux payements semestriels, toutes choses qui supposent une Administration publique.

R. Sans doute, mais administrer la *chose*, qui est *commune*, ce n'est pas gouverner l'*homme*, qui est *libre*. C'est le contraire. Car la chose commune n'a de raison d'être qu'autant qu'elle est la garantie de la liberté réciproque. C'est afin de conserver sa liberté entière et non pour qu'on la lui ravisse ou qu'on la lui restreigne que chacun aliène, sous le nom d'impôt ou d'assurance, une part de son revenu ou de son salaire. On paye pour être plus libre et non pour l'être moins. On met en commun une somme proportionnelle d'argent pour s'assurer contre certains risques, entretenir une armée, une marine, une justice, voire même une police, acquérir la facilité et la sécurité de circulation, mais on ne met en commun sa personne à aucun titre, et pour l'exposer à des risques aussi grands ou plus grands que ceux qu'elle courrait si ce qu'on a l'usage d'appeler un gouvernement n'existait pas.

D. Définissez donc plus sommairement ce que vous entendez par l'administration publique.

R. J'entends par l'Administration publique l'administration exclusive de ce qui est nécessairement indivisible, conséquemment indivis, de ce qui est véritablement et matériellement la *chose publique*. L'Administration publique ainsi réduite à l'administration de la *chose* publique, si l'administrateur, quel qu'il soit et quelque nom qu'il porte, est peu habile, la prime que j'aurai à payer sous le nom d'impôt ou d'assurance sera plus forte relativement au risque, ou le risque sera moins certainement garanti relativement à la prime, mais voilà tout ; cette inhabileté se traduira en chiffres : ce sera une question d'argent en plus ou en moins, et non une question de liberté en moins ou en plus. Qui voudra payer peu n'aura qu'à réfléchir beaucoup avant d'élire l'Administrateur commun de la *chose* commune. Je comprends enfin l'administration d'un Etat, comme je comprends l'administration d'un chemin de fer, à l'exploitation duquel on est intéressé pour une action, et où l'on ne peut perdre au plus que sa mise sociale. Le risque de voir son argent gaspillé doit être le seul risque qu'on ait à craindre et à courir.

D. Mais à qui confierez-vous l'Administration publique de la *chose* publique ?

R. A un administrateur élu chaque année par l'universalité des intéressés, à la majorité des voix, contrôlé par une commission nationale de surveillance composée de onze membres élus par la majorité de la minorité défiante, et toujours révocable. Chaque électeur n'écrivant qu'un nom sur son bulletin. Le premier nom sortant de l'urne désignant l'Administrateur élu par la majorité. Les onze noms qui ont ensuite le plus grand nombre de voix désignant les onze membres de la Commission nationale de surveillance représentant ainsi toutes les nuances de la minorité.

D. Mais si cet administrateur a le commandement de la force armée et qu'il veuille en abuser pour convertir l'administration des *choses* en gouvernement des *hommes*, la gérance en tyrannie, comment vous y prendrez-vous pour l'en empêcher, écarter ce risque et prévenir ce péril ?

R. Je l'en empêcherai en commençant, avant de confier à qui que ce soit l'Administration de la chose publique, et le dépôt de la force armée, par abolir préalablement l'impôt indirect et multiple pour y substituer l'impôt direct et unique, ce qui est le seul moyen de rendre facile et efficace le refus de l'impôt. Pas d'argent, plus d'armée. En même temps que j'abolirai préalablement l'impôt indirect et multiple, j'abolirai tous les priviléges qui ont survécu aux trois révolutions de 1789, de 1830 et de 1848, et parmi ces priviléges se trouvent encore les brevets d'imprimeurs. En même temps que je restituerai au droit commun la liberté d'imprimer sa pensée, de la publier et de la distribuer sous toutes les formes, je donnerai à cette liberté individuelle la garantie de la pleine indépendance communale, de telle sorte que chaque Commune soit moralement une forteresse où puisse se réfugier sûrement le droit commun menacé par la tyrannie d'un usurpateur. Ce n'est pas tout encore; je m'appliquerai à simplifier l'administration centrale afin que l'Administrateur public ait à nommer le plus petit nombre possible de fonctionnaires subalternes; ce n'est pas tout encore, j'établirai l'entière indépendance de la Justice par la séparation absolue du Pouvoir judiciaire et du Pouvoir administratif; car, cette séparation est fictive et illusoire lorsque c'est le chef du Pouvoir administratif qui pourvoit aux nominations et à l'avancement des membres du Pouvoir judiciaire. Le Pouvoir judiciaire sera électif et élu au même titre, le même jour, par le même mode et par les mêmes électeurs que le Pouvoir administratif. Ce n'est pas tout encore; je chercherai et je trouverai un dernier contre-poids au commandement de la force armée dans l'organisation unitaire des Corporations industrielles. Enfin, tout sera prévu pour contenir le Pouvoir administratif entre des digues si fortes qu'il ne puisse jamais lui venir même la pensée de tenter de les rompre. D'ailleurs, au premier effort qu'il ferait, les onze membres de la Commission de surveillance ne seraient-ils pas là pour le dénoncer à la défiance et à l'indignation du Peuple tout entier qui courrait aux urnes et le révoquerait immédiatement ?

D. Vaine précaution ! La première chose qu'il ferait serait d'arrêter les onze membres de la Commission nationale de surveillance.

R. Eh bien ! Quand il aurait fait arrêter les onze membres de la Commission nationale de surveillance, à quoi cela l'avancerait-il ? Est-ce que chaque Commune n'aurait pas sa Commission communale de surveillance instituée et fonctionnant en vertu du même principe ? Je suppose le nombre des Communes de France réduit à 6,000 : est-ce qu'il serait possible de faire arrêter les 6,000 maires qui représenteraient toutes les forces compactes de la majorité et les 66,000 membres des Commissions communales de surveillance qui représenteraient toutes les nuances réunies des minorités diverses? Donc matériellement aucune usurpation ne serait plus possible. L'Administrateur public de la *chose* publique. constamment révocable, pourrait toujours être aussi facilement que certainement révoqué. C'est alors que véritablement existerait la souveraineté du Peuple, *s'exerçant* et ne se *déléguant* plus, mais s'exerçant dans ses limites naturelles et infranchissables, ne sortant jamais de son orbite et n'en pouvant jamais sortir. Sous le régime du droit conventionnel, le Peuple, agissant, agit toujours comme Peuple, de même que la Commune agit toujours comme Commune, la Corporation comme Corporation, l'Individu comme Individu.

Le Peuple intervient pour régler ce qui est national ; il n'intervient pas pour régler ce qui est individuel. Au besoin, la Corporation suffirait pleinement pour protéger ses membres, en toutes circonstances où la liberté se trouverait aux prises avec la force. Mais Commune, Corporation et Etat se prêtant ainsi un concours réciproque et commun, désormais l'Individu ne courrait pas plus de risque d'être frappé dans sa liberté que l'habitant de la terre n'est exposé à périr écrasé sous la chute de la lune. Etat, Commune, Corporation, Individu, tourneraient chacun comme autant de sphères inégales et diverses sur leur axe. Ni chocs, ni frottements. Rien de fictif, tout réel : les rouages nécessaires, aucun d'inutile : — tels sont les avantages que présenterait le droit conventionnel substitué au droit constitutionnel ; ce serait le régime vrai de la Liberté, de la Publicité, de l'Unité.

L'Etat aurait son Maire.

La Commune aurait son Maire.

La Corporation aurait son Maire.

Chacun de ces trois maires personnifierait à tous les degrés la majorité contrôlée par la minorité ; la minorité et la majorité ainsi fidèlement représentées seraient alors véritablement l'universalité des intérêts, l'universalité des opinions, l'universalité des idées.

FIN.

TABLE DES MATIÈRES.